二〇二一年度國家社會科學基金重大項目『中國古農書的搜集、整理與研究』（項目批准號：21&ZD332）
子課題二『古農書序跋總集的彙編與珍稀文獻的選編』成果之一

湖北地區藏漁業類古農書珍本萃刊

謝春枝●主編

長江出版傳媒
湖北科學技術出版社

圖書在版編目（CIP）數據

湖北地區藏漁業類古農書珍本萃刊 / 謝春枝主編 .—武漢：湖北科學技術出版社，2023. 7
ISBN 978-7-5706-2655-7

Ⅰ. ①湖…　Ⅱ. ①謝…　Ⅲ. ①漁業－圖書目録－湖北－古代　Ⅳ. ①Z88:S

中國國家版本館 CIP 數據核字（2023）第 122054 號

湖北地區藏漁業類古農書珍本萃刊
HUBEI DIQU CANG YUYELEI GU NONGSHU ZHENBEN CUIKAN

策　　劃：章雪峰　羅　萍
責任編輯：秦　藝
特約編輯：楊　猛
責任校對：陳横宇　　封面設計：喻　楊

出版發行：湖北科學技術出版社
地　　址：武漢市雄楚大街 268 號（湖北出版文化城 B 座 13—14 層）
電　　話：027-87679468　　郵　　編：430070

印　　刷：武漢精一佳印刷有限公司　　郵　　編：430311

787×1092　1/16　　50 印張　830 千字
2023 年 7 月第 1 版　　2023 年 7 月第 1 次印刷
定　　價：188.00 元

《湖北地區藏漁業類古農書珍本萃刊》爲二〇二一年度國家社會科學基金重大項目『中國古農書的搜集、整理與研究』（項目批准號：21&ZD332）子課題二『古農書序跋總集的彙編與珍稀文獻的選編』成果之一

編委會

主　　編：謝春枝

副 主 編：柳　巍　范志毅

編　　委：（按姓氏筆畫排序）

方　敏　石　婷　李莎莎　岑東明　周　嚴　徐　良

陳小兵　陳學波　孫明慧　孫潤之　黄亞軍　許艷玲

章利君　彭筱澂　葉映紅　楊　毅

作者簡介

謝春枝，湖北省圖書館副館長，三級研究館員。中國圖書館學會學術研究委員會用户研究與服務專業組和公共圖書館分會圖書館政策研究專業組委員，湖北省信息學會副理事長兼信息資源建設專業委員會主任。研究方向爲古籍和地方文獻的整理和保護。相關成果有《日藏珍本湖北方志叢編》《武昌近現代公共圖書館史話》等。謝春枝是二〇二一年度國家社會科學基金重大項目『中國古農書的搜集、整理與研究』（項目批准號：21&ZD332）子課題二『古農書序跋總集的彙編與珍稀文獻的選編』負责人。《湖北地區藏漁業類古農書珍本萃刊》是其中一種成果，主編謝春枝負責總體策劃和文稿審核。

柳巍，湖北省圖書館館員。研究方向爲古籍和地方文獻整理。參與《湖北省圖書館藏稀見方志叢刊》《徐行可舊藏善本圖録》等項目。參與二〇二一年度國家社會科學基金重大項目『中國古農書的搜集、整理與研究』（項目批准號：21&ZD332）子課題二『古農書序跋總集的彙編與珍稀文獻的選編』。整理《湖北地區藏漁業類古農書珍本萃刊》所收每種漁業類古農書底本，爲每種漁業類古農書撰寫提要，整理全書目録、凡例等。

范志毅，湖北省圖書館理論研究部主任，研究館員。研究方向爲古籍和地方文獻的整理和保護。代表性成果有《湖北家譜總目》《湖北省圖書館藏稀見方志叢刊》《崇文書局版刻叢刊》《全國公共圖書館縮微文獻聯合目録（古籍編）》等。參與二〇二一年度國家社會科學基金重大項目『中國古農書的搜集、整理與研究』（項目批准號：21&ZD332）子課題二『古農書序跋總集的彙編與珍稀文獻的選編』。輾轉多館，訪求底本、目驗原書並進行仔細核查，保證了《湖北地區藏漁業類古農書珍本萃刊》影印出版的品質。

序

兩年前，湖北省圖書館副館長謝春枝研究館員曾到我辦公室，談及她參與的武漢大學信息管理學院吴平教授主持的國家社會科學基金重大項目『中國古農書的搜集、整理與研究』的工作進展，并告知將附帶編纂一部《湖北地區藏漁業類古農書珍本萃刊》。我聽罷甚爲感奮。因爲我此前的工作，有三件與此相關：一是我受命擔任《中華大典·農業典》主編，其中專設《漁業水産分典》；二是我應邀參加農業農村部『二〇二一年長江水生生物科學增殖放流活動』，對長江生態狀况體悟殊深；三是安徽蕪湖市爲配合國家的長江十年禁漁决策而興建『中國（蕪湖）長江漁文化博物館』，珍藏傳統的漁船漁具，我應邀參與了博物館的籌建策劃。因此，我對謝春枝研究館員主持的《湖北地區藏漁業類古農書珍本萃刊》（以下簡稱《萃刊》）就特别寄予厚望。

長江是中華民族的母親河、生命河，是維護我國水域生態安全的重要屏障。長期以來，受各種高强度人類活動的影響，長江水域生態功能顯著退化，珍稀特有魚類全面衰退，經濟魚類資源接近枯竭，生物完整性指數到了最差的『無魚』等級，保護形勢十分嚴峻。爲貫徹落實習近平總書記『共抓大保護，不搞大開發』重要指示精神，扭轉長江生態環境持續惡化趨勢，黨中央、國務院從中華民族長遠利益出發，做出了長江流域重點水域實行十年禁漁的重大决策。禁漁十年，讓捕撈漁業退出長江及大型湖泊，讓長江休養生息，漁業種質資源得以恢復。

《萃刊》著眼於長江經濟帶，從突出特色、填補空白、做細做精方面著手，確定以漁業類古農書爲研究主題，并在古漁書搜集整理中著力關注湖北地區館藏漁業類的古農書，挖掘湖北地域特色的漁文化資源。《萃刊》在把握中國漁業發展的歷史演變和漁業類古籍的歷史特點基礎上，從中國漁業類古農書的學術價值出發，對古代漁業類農書進行了一次系統的梳理。《萃刊》展現了漁業類古農書原貌，使漁業類古農書化身千百，成爲一部嘉惠學林、潤澤千秋的記録中國古代漁業文化的專業性圖書。

承蒙編纂者抬愛，《萃刊》稿成收筆之際，示我先睹其容。《萃刊》收録了湖北省内古籍收藏單位所藏的七種漁業類古籍，分别是安陸市圖書館藏《異魚圖贊》[清道光五年（一八二五）刻本]，浠水縣博物館藏《鶴魚譜》（明末刻清文富堂重修本），安陸市圖書館藏《異魚贊閏集 異魚圖贊補》[清道光五年（一八二五）刻本]，浠水縣博物館藏《然犀志》[清乾隆間綿州李氏萬卷樓刻嘉慶十四年（一八〇九）李鼎元重校刻本]，孝感市孝南區圖書館藏《記海錯》[清光緒五年（一八七九）東路廳署刻本]，華中師範大學圖書館藏《海錯百一録》[清光緒十二年（一八八六）刻本]，華中師範大學圖書館藏《中國漁業歷史》[清宣統三年（一九一一）鉛印本]。最值得嘉許的是，編纂者爲便於讀者勘校和悟解，《萃刊》特將影印原本和導讀提要一并付排入册，既揭示了中國古代漁業典籍的成書背景、編輯思想、出版和傳播情況，又展示了中國古代漁業治理和漁業科技的成果，爲後續古農書研究提供了第一手素材。我們有理由相信，《萃刊》填補了漁業類古農書搜集與整理領域的空白，開啓了地方性漁業古籍整理與研究的先河。

湖北素稱九省通衢，三城環集，江河貫流，湖泊星布，又是物産勝地，人文淵藪，是長江經濟帶重要區域，漁業資源豐富。典數先賢漁業遺産，湖北領其魁首。除見之《萃刊》的漁業古籍，散見於經史子集、筆記雜考的漁業資料多矣。期待編纂諸君傾力乎此，搜集三楚漁文獻於一函，更爲長江漁文化培基固本，開枝展葉。

是爲序。

二〇二三年六月二十二日

於北京

（曹幸穗先生係農業農村部全球重要農業文化遺産專家委員會副主任委員、全國鄉村文化産業創新聯盟專家委員會副主任）

凡例

一、《湖北地區藏漁業類古農書珍本萃刊》所選古籍爲湖北省内古籍收藏單位所藏七種漁業類古籍。

二、時限範圍。自明中期，至清光緒末年。

三、排列順序。按照漁業類古農書的成書時間先後排列。

四、每種農書撰寫提要一篇，置於農書書影之前。提要包括每種漁業類古農書的基本著録、著者簡介、内容要旨、篇章分合、刊印者、行款版式、題名頁牌記、刊寫題記、避諱、批校題跋、鈐印、書目著録、按斷考證、版本價值等。

五、農書書影使用灰度技術影印。遵從學術規範，按原樣刊出，不擅自删去版心重排，不顛倒篇章順序，不遺失序跋，不妄改題名。

總目録

據安陸市圖書館藏清道光五年刻本影印原書版框高十九點二釐米寬二十八點八釐米

異魚圖贊

〔明〕楊慎 撰
〔清〕李調元 校定

提要

《異魚圖贊》四卷，明楊慎撰，清李調元校定，清道光五年（一八二五）刻本。是書屬清乾隆間綿州李氏萬卷樓刻道光五年（一八二五）李朝夔補刻本《函海》一百五十二種叢書零種。

楊慎（一四八八—一五五九），字用修，號升庵。四川新都（今成都市新都區）人。明正德六年（一五一一）狀元，授官翰林院修撰。明世宗繼位，起充經筵講官。嘉靖三年（一五二四）謫戍雲南永昌衛。嘉靖三十八年（一五五九）在戍所逝世。明穆宗時追贈光禄少卿，明熹宗時追謚『文憲』。著述多达百餘種，涉及經史、詩文、書畫等方面，後人擇其要者輯爲《升庵集》。

李調元（一七三四—一八〇二），字羹堂，號雨村，綿州（治今四川綿陽）人。乾隆二十八年（一七六三）進士，歷任吏部主事、廣東學政、直隸通永兵備道等職務。以事罷官，遣戍伊犁，後以母老贖歸。建『萬卷樓』，貯書達十萬餘卷。刊刻《函海》叢書，大部分爲川蜀先賢著述。著有《童山全集》。

楊慎鑒於海洋中有異物，而其中有不知其名者，人們往往以其形狀稱呼，故編撰《異魚圖贊》，以解釋海中物產。李調元稱《異魚圖贊》『怪怪奇奇，一收之宏深肅括之筆，可謂富矣』，又爲之校定，收入叢書。

是書開本高二十五點三釐米，寬十七點三釐米；版框高十九點二釐米，半葉寬十四點四釐米。十行二十字，小字雙行同，白口，四周雙邊，單黑魚尾，版心上鎸『異魚圖贊』。全書八千餘字，共四卷。所述水産多爲海洋類水産，亦有淡水類水産。每種均簡述其形狀特徵，正文下雙行小注説明所引文獻及考證内容。卷前有清李調元所撰《異魚圖贊序》。

卷一有總贊，包括鯤、魴鯉、赤鯉、嘉魚、蒲魚、八魚異性色（鰋、鯉、鱧、魴、鱒、鱓、鰻、鱨）、鰅鮒、鯆、鱒、鯽魚、鯊魚、鱸魚、鱏鰉、泂魚、時魚、鯕魚、鱟魚、鯧鰆、郎君子鯗、鯷、鰽魚、鱷魚、鮃鰤、魚舅、弓魚、鰛兒等條目。

卷二包括鯪魚、勁鯌、石首魚、石首化鳧、比目魚、王餘、鰕魚、鰼鰼魚、文魮、飛魚、王鮪、丹魚、鰫魚、望魚、鮫、龍魚、烏魚、瓊魚、石桂魚、橫公魚等條目。

卷三包括髮魚、琵琶、含光魚、䱊魚、婢屣奴屬、石斑魚、戴星魚、鯧魚、鯗魚、鰥魚、何羅魚、鯛魚、鮐魚、鯯魵鱸鯚鱳、鰣魚、鰸魚、烏鰂魚、鰻鱺、青魚、鮞魚、竹頭鯩魚、鰟魚、鯸魚、沙魚、鱓魚、蘆鰐、鰇魚、鱀魚、海鰌、鯨等條目。

卷四包括鼉鼊、鼂鼉、海月、海鏡、陵龍、山蠣、海蛤、江瑶柱、紫紶、石決明、東海夫人、海牛、大蟹、彭蜞、沙狗、擁劍、招潮、倚望、石蜐、蜂江、蘆虎、車螯、蠣房、蚶子、貝、蚌、螺、蠃等條目。

據《中國古籍總目》載，是書版本有：明嘉靖二十五年（一五四六）蜀郡席和刻本，台灣圖書館藏；明萬曆三十二年（一六〇四）楊宗吾刻本，南京大學圖書館藏；明萬曆三十六年（一六〇八）范允臨刻本，國家圖書館、浙江圖書館、台灣圖書館藏；清乾隆間内府寫本《四庫全書》，國家圖書館藏。又有衆多叢書本，如：明刻本《楊升庵雜著》十四種，國家圖書館、福建省圖書館藏；清嘉慶道光間浦江周氏刻本《紛欣閣叢書》十三種，國家圖書館、上海圖書館、天津圖書館等單位藏；明萬曆間沈氏亦政堂刻本《亦政堂鐫陳眉公家藏彙秘笈（寶顏堂彙秘笈）》四十二種，國家圖書館、中國科學院圖書館、故宫博物院等單位藏；清乾隆間内府寫本《四庫全書》三千四百六十一種，國家圖書館、台北故宫博物院、浙江圖書館等單位藏；清乾隆間綿州李氏萬卷樓刻嘉慶十四年（一八〇九）李鼎元重校印本《函海》一百五十二種，國家圖書館、北京大學圖書館、南京圖書館等單位藏；清乾隆間綿州李氏萬卷樓刻道光五年（一八二五）李朝夔補刻本《函海》一百五十二種，國家圖書館、天津圖書館、南京圖書館等單位藏；清光緒七至八年（一八八一—一八八二）廣漢鍾登甲樂道齋刻本《函海》一百六十種，國家圖書館、北京大學圖書館、上海圖書館等單位藏。

本書據安陸市圖書館藏清道光五年（一八二五）刻本影印。（柳䰠）

目録

異魚圖贊序

范正叔遯齋閒覽云海中異物不知名者人大抵以狀名之此升菴異魚圖贊所由作也先生博學多聞山經地志無書不窺故其贊異魚也怪怪奇奇一收之宏深肅括之筆可謂富矣然觀卷首一條引元儒南充范無隱說莊子云北溟有魚其名鯤此寓言也以至小爲至大便是滑稽之開端後人不得其言詮郭象之元奧沉思亦誤況司馬彪輩乎後世禪宗衲子却得其意故有龜毛兎角石女懷胎一口汲盡西江水新羅日午打三更之偈亦可信以爲實耶余嘗

謂天地乃一大戲場堯舜爲古今大浄千載而下不得其解者皆矮人觀場也據此則所謂異魚亦非盡實矣然則此書其殆先生有感而作乎明末安縣胡世安有異魚圖贊補三卷閏集一卷復有箋四卷採注可謂博矣余爲之刋行噫如世安者不得解而必求解亦可謂矮人觀場矣羅江李調元雨村撰

異魚圖贊卷一

成都 楊 慎 撰 綿州 李調元 校定

總贊

魚之爲字燕尾相似水蟲之中實繁厥類鱗鬐風濤抑龍之次百種千名研桑莫記圖贊所取亦秪以異

鯤

鯤本魚子細如蟄茸莊周寓言鯤化爲鵬譬彼詩頌雖育桃蟲千古詮誰發其矇○莊子云北溟有魚其名爲鯤鯤之大不知其幾萬里此寓言也按內則卵醬卯音鯤國語乃亦云魚禁鯤鮞皆以鯤爲魚子至小之物也莊子乃以至小爲至大便是滑稽之開端後人不得其意晉江逌詩曰巨鼇戴蓬萊大鯤運天池倏忽雲雨興俯

仰三洲移採放詩巨細同一馬物化無常歸修鯤解
長鱗鵬起扇雲飛撫翼搏積風仰淩垂天翬皆不得
其言詮也雖郭象之元奧沉思亦誤況司馬彪輩乎
後世禪宗衲子却得其意故有龜毛兎角石女懷胎
一口吸盡西江水新羅日午打三更之偈亦可信以
爲實事耶余嘗謂天地乃一大戲場堯舜爲古今大
淨千載而下不得其解皆矮人觀場也○
元儒南充范無隱有是說而余推衍之

魴鯉

伊洛魴鯉天下最美伊洛鯉魴貴于牛羊洛口黃魚
天下不如 河洛記引諺

赤鯉

務光憤世自投盧川盧川水伯赤鯉送荊易名琴高
化形而仙至今揚光清泠之淵 事見符子靈圖有水仙騎赤鯉者即其

也

嘉魚

南有嘉魚出於丙穴黃河味魚嘉味相頡最宜爲鯅南以蕉葉不爾脂腴將滴火滅事見水經蜀都賦任豫益州記樊綽雲南記博物志○丙穴穴向丙也味魚出黃河卩

蒲魚

蜀有蒲魚其形如粥出于郫縣蒲村之麓魏武帝四時食制○杜詩魚知丙穴由來美酒憶郫筒不用沽注引沔南丙穴沔南去郫千里不應遠取盍卽此魚也其魚亦出于穴

八魚異性色

鰋偃鯉俯鱧圓魴方鱒青鱓赤鰻白鱨黃陸農師

鱮鮒

清檢出佳鱮濁檢出好鮒美珎於常味取以二月初水經注清檢濁檢俱在陽平閑

鮒

洞庭之鮒出于江嵎宏腴青顱朱尾碧鱗劉邵七華節文○嵎郎岷字又作汶

鱮

緡調餌芳可獲鱮魚網魚得鱮不如𨁥茹或名曰[illegible]其性慵如說苑子賤語又古諺云云

鱒

鞏洛之鱒割以爲鱌分芒析縷細亂蠻足張平子七問節文

鯽魚

滇池鯽魚冬月可薦中含腴白號水母線比客乍餐以爲麪纜樊綽○甫夷志蒙舍地有鯽魚大者重五斤西洱河及滇池冬月多鯽魚

鮆魚

浮玉之山北望具區苕水出焉中多鮆魚胡蝶所化刻蔑長須嶺表錄異嘗有人浮南海泊於孤岸忽有一物如蒲帆飛過海將近舟舟人競以物擊之如帆者盡碎墜舟上視之乃蛺蝶也去其翅足稱之得肉八十斤啖之肥美如魚此蓋蝶將入水化魚者也胡蝶化魚此又一證

鱸魚

鱸魚肉白如雪不腥東南佳味四腮獨稱金虀玉膾擅美寧馨

鱓鰉

鱓鰉逆流不過鎖江在叙州灘崩秭歸癸卯年事又隔巫陽魚官空設玉板不嘗黃魚一名玉板

洄魚

河豚藥人時魚多骨兼此二美而無兩毒粉紅雪白洄美堪錄西施乳湎水羊胛熟洄魚一名水底羊

鱘魚

䲖魚似魴厥味肥孅品高江東價百鱣鮪界江而西謂之瘟魚棄而不餌

鮧魚

鮧魚偃額兩目上陳頭大尾小身滑無鱗或名曰鮎粘滑是因爾雅翼

鱀魚

鱀形如帆與便面同厥足二六雌常負雄漁人取之必得其雙子如麻子南醬是供

鯌鰭

魚有鯌鰭一頭數尾有脚如鼈食之肥美

郎君子鯗

郎君子鯗雄雌相雜置之醋盂逡巡便合下卵如粟項刻廿州善治産難誕生如達本草名郎君子元文類作郎君子鯗

鯷音題

魚有名鰾匹妙切亦號爲鯷化而爲人會謁仲尼鬣戟鱗甲由也仆之陳蔡之厄天濟聖饑衝波傳

鱛魚

潛有鱛魚飛有鱛鳥同是一物互爲形表鳥藏魚出變化莫曉

䲡魚

鱷似蜥蜴一卵百子或如白虺或成蒼兕喙餘三尺長尾利齒岸掉渴虎人肉爲胏造化至仁胡乃育此

又

南海有魚其名爲鱷其身已朽其齒三作李淳風物類相感志

鯸鮐

魚有鯸鮐或名江豚欲風則涌恒隨浪翻

又

鯸鮐之魚出淮及五湖黃肥不可食大如百斤猪數枚相隨沉浮自如魏武帝四時食制

魚舅

嘉州魚舅載新厥名鱗鱗迎媵夫豈其甥其文實鰫

江圖可徵說文鰫一名當互

弓魚

西河弓魚三寸其修誰書以公音是字謬又哂多子

亦孔之羞弓魚見魚譜○滇中俗訛旣誤作公魚而今誤作公怪其有子遂綴爲謔語云

大理公魚皆有子雲南和尚豈無兒

鰽兒

鰽兒極耿僅若針鉤盈咫萬尾一筋千頭漁師取之

不以網收來如陣雲壓幾沉舟名曰跳鰱厥義可求

異魚圖贊卷二

成都　楊　慎　撰　緜州　李調元　校定

鯪魚

吞舟之魚其名曰鯪背腹有刺如三角菱呂師畏之

網羅莫膺臨海水土志

勁鰆

南越勁鰆揚鬐排流洞腹養子朝泳暮遊臍入口出

貯水若抽鱗皮斑駮可餙蒯緱

石首魚

石首之魚有石在頭瑩白如玉可植酒籌石首魚一名鯼見江

賦

石首化鳧

南有魚鳧國古蜀帝所都郪縣石首魚至秋化爲鳧

魚鳧之名義斥此可求諸張勃吳錄

比目魚

東海比目不比不行兩片得立合體相生狀如鞋屧

鰈實其名

王餘

王餘孤遊比目雙逝水旣有之陸亦相儷單鶼匹鴛

性亦相似易林鴛鴦必匹飛鳥必單栖

鰕魚

鰕實四足而有魚名頭尾類鯷岐岐而行長生山澗出入沉浮云是懶婦怨懟自投異物志贊

鰼鰼魚

鼓翮十運一翼窮翻厥鳴如鵲鱗在羽端郭璞鰼鰼魚贊

文鮏

形如覆銚包玉含珠有而不積泄以尾閭闇與道會

可謂奇魚郭璞鴛鴦贊

又

海經鴛鴦江賦文魮孕璆音磬鳥首魚尾出鳥鼠穴

禹貢攸紀

飛魚

飛魚身圓長丈餘登雲游波形如鮒翼如胡蟬翔泳俱仙人甯封曾餌諸著藻灼爍千載舒衍七言頌王子年

王鮪

王鮪岫居科斗其面性最有毒獺所不噉人饒食之肥美盈蠊

丹魚

丹水丹魚出于南陽以夜伺之浮水有光夏至十日其期不爽取血塗足水上可行抱朴子

⿰魚臽魚 音陷

海有⿰魚臽魚衆魚蓐母魚欲生卵觸腹以首蛇醫應[illegible]

物性固有

望魚 又名刀魚

明都澄澤望魚之沼形側如刀可以刈草 魏武帝四時食制

鮫 又名魚虎

天淵魚虎老化爲鮫其皮朱文可飾弓刀

又

鮫之爲魚其子既育驚必歸母還入其腹小則如之

大則不復 楊孚交州異物志舊贊

龍魚

龍魚一角似鯉居陵候時而出神聖攸乘飛騖九域

騎龍上升文選龍鯉一角卽此也

又

龍魚之川在汧之瑱河圖授羲實此出焉神行九野

如馬行天

烏魚

烏魚戴星禁在仙經鯇鮦鱧鱻紛其別稱其膽獨甘

以是爲徵

瓊魚

仙人上藥劉淵墳魚昔西王母漢武受圖銀刀尾尾

今乃其餘衍漢武內傳

石桂魚

石桂之魚天仙所餌猶有桂名鱖借音爾流水桃花

眞隱詠美鱖魚即石桂魚又名鳜魚仙人劉憑所食即此也唐張志和詩桃花流水鱖魚肥

橫公魚

北荒石湖有橫公魚化而爲人刺之不殊煑之不死

游鑊育育烏梅廿七煑之乃熟約神異經元黃錄。魚豢魏畧云文帝將受禪赤魚游于露鑊乃此魚也

其性自然乃嬌誣以爲瑞應

異魚圖贊卷三

成都　楊　慎　撰　　綿州　李調元　校定

髮魚

髮魚帶髮形如婦人出于滇池肥白無鱗（魏武帝四時食制）

琵琶

海魚無鱗形類琵琶一名樂魚其鳴亦嘉聞音出聽曾識鮂巴（沈懷遠南物志）

含光魚

含光之魚臨海郡育南人臠炙雖美而毒煎燒已乾耀夜如燭（沈懷遠）

䱴魚

䱴魚長咫大如竹竿爆之爲燭光明有爛脊骨又美可作羹餐臨海水土志

婢屣奴屩

魚有婢屣亦有奴屩其名雙偶其形兩肖味皆堪噉出臨海嶠

石斑魚

石斑蝷蟲虎文形蚓蝘蜑爲牡水邊呼引石斑即走上岸合化其性既惡羹不可飲

戴星魚

戴星之魚背有星文點點玓瓅因之名云

鱠魚

鱠魚兩肋大肉堪臠炰之粳米其骨亦軟號狗磕睡

謂無餘衍○鱠魚只有一脊骨治之以薑葱炰之以粳米其骨亦軟食之無餘俗號狗磕睡魚

鯗魚又作鮝

鯗魚之味其美在頷古諺有之價覺世宅鱣腮沙刺

黃骨鱠脊南京所珍百倍秦炙○古諺云寧去屢世宅不去鯗魚頷○鱣魚之美在腮沙魚之美在刺○南中八郡志黃魚形似鱣骨如葱可食郭義恭廣志云犍爲郡僰道縣出臑骨黃魚

鯀魚

敝笱在梁其魚惟鰥其大盈車餌以豚豥鰥死以餌士死以貪子思子曰鰥貪以餌死士貪以祿死

何羅魚

何羅之魚一身十首化而爲鳥其名休舊竊糈于舂傷隕在臼夜飛曳音聞春疾走

鯛魚

周成王時揚州獻鯛其皮有文出樂浪東漢神爵初捕輸考工

鮯魚

東方有魚其形如鯉其名爲鮯六足鳥尾鱐爲之毋

胎育厥子

鰗魵鱸鯙鱳

樂浪潘國魚之淵府異哉鰗魚鮭有兩乳魵鱸鯙鱳各以類聚漢獻大官叔重是取五魚皆出樂浪潘國并見說文

鰯魚

魚之美者東海之鰯伊尹說湯水羣首兹徒聞其名而形未窺

鰸魚

遼東湏水鰸狀如蝦無足長寸形如股文兹雖微蟲其味特佳

烏鰂魚

烏鰂八足集足在口縮喙在腹形類鞋囊其名烏鰂吸波潠墨迷射水隱萬振海物異名記

魚有烏賊狀如算囊骨間有鬐兩帶極長含水潠墨欲蓋反章

烏則之魚鶂又作鴨鳵也今俗名山呼烏所變海若小史懷墨帶算須與其足皆在眼畔風波稍急粘石爲纜章舉石距同狀異面食品所珍圖畫悉絢呂氏春秋注引古月令曰九月寒烏入水化爲烏則魚之入月令七十二候者惟烏則爾○天台智顗禪師請禁海際捕魚滬陳宣帝勑答曰此江既無烏則珍味宜依請觀此烏則之味爲食品之珍尚矣○[illegible][illegible]石距烏則之別種見[illegible][illegible]

○今山東登萊有之名八帶魚

鰻鱺

海鰻江鱺善攻岸碕又善升木水居畏之既愈人痾復裨牛肥驅蝨如掃兹功亦奇

青魚

江有青魚其色正青泔以爲鮓曰五侯鯖枕如琥珀可以籠燈亦爲冠笄以椒麗婷魚枕即青魚枕骨也可爲燈罩又作女冠

鮞魚

黃帛其鮞石鼓崴鐫杳頭縮項味珍襄川詞林藻詠名播錦牋鮞即鯿

竹頭鯙魚

張揖廣雅欄竹頭鯙滇池所饒亦名竹丁貫以爲鋌案酒薦馨

鮬魚

鮬惟妾魚厥形如瓜亦名爲鯧同彼狹邪淫蟲相邇

其味苦嘉說文魚部凡一百三十三始鰫終鮁

鮍魚

鮍魚味爽可非朝醒左晉虞郎獻于帝庭其方俱在食經可徵

沙魚

沙魚二族胡沙白沙礐背鮫魚其實稍差功大余屬
名號曰華

鱓魚即蟮也

上龍之屬荇莖苓根化而爲鱓黃白異豐抱朴子曰荇莖苓根

土龍之屬化而爲鱓有黃白二種白鱓出交趾

蘆䱐

蘆䱐之魚產蘆陵南俗以爲醬海岷所甘䱐音胞

罽魚又作鯚

吳楚罽魚其文如罽薦以上春美而多刺

鱀魚

鱀一名鱁喙銳大腹長齒羅生上下相覆音混於鱀而不同物鱀又作鯢

海鰌鰍同

魚之最巨曰海鰌爾舟行逢之不知幾里七日逢頭九日逢尾産子仲春赤徧海水

鯨字一作鱷又作鱇

海有魚王是名爲鯨噴沫雨注鼓浪雷驚目作明月精爲彗星淮南子鯨魚死而彗星出

東海大魚鯨鯢之屬大則如山其次如屋時死岸上身長丈六膏流九頃骨充棟樑不明月之珠乃是其目

魏武帝四時食

嗟海大魚蕩而失水螻蟻制之横岸以死輜重君海

不可以徙策士之談譬其有理說苑

異魚圖贊卷四 螺貝蠡蛆 海錯附

成都 楊 慎 撰　綿州 李調元 校定

鼊麛 音迷 麻

鼊麛海魭，名曰㔶鼊。形大如蘧，出自沙䶒。一枚剖之，有三斛膏。說文名㔶鼊，江賦名鼊麛，臨海水土志曰海魭，實一物也

鼅鼊

鼅鼊鼊頭，鱉身蝦尾。斑似玳瑁，漫無甲指。賺餚弓軸，緗帙增美。

海月

海物正圓，名曰海月。指如搔頭，有緣無骨。海賦江圖

藻詠互發

海鏡

海鏡殼圓中甚瑩膩腹有小蟹朝出暮至或生剖之蟹子跂跂逡巡亦斃

又

海鏡蟹爲腹水母蝦爲目虛有感受羨補不足人固有之無惑乎物

陵龍

陵龍之體黄身四足形短尾長有鱗無角南越海人嘉羞見逐　臨海水土異物志

山蠵

嶺表螭蠵是曰山黿人立其背可負而馳木楔其肉
聲吼如牛巧匠琢之以爲梳篦

山蠵 說文蠵以胷鳴其音如鼓洛
神賦所云馮夷鳴鼓是也

蠵惟水黿涪陵是育其緣中文其甲堪卜馮夷所命
切和靈曲 漢郊祀歌馮夷切和注
馮夷水神命靈蠵也

海蛤

海蛤魁陸瓦瓏鑛殼外眉内渠形摯渾朴 萬震南州
志贊○注
眉高爲眉
渠疏爲渠

江珵杜

江瑤柱句厥甲美句王音裕肉柱膚寸名江瑤柱萬震此贊尤古

又

今之馬甲柱古曰玉珧厥名之珍海圖所標昔人賞之謂美無涯取類南果以配荔枝

紫紶

蘭陵紫紶江淹紫藟是惟蚌類發華應春瑇瑁錦蛤玉盤同珍荀子東海有紫紶即石蜐也江淹石蜐賦又名紫藟江賦石蜐應節而揚葩謝朓詩紫藟爆春流王維詩去問珠官俗來經石蜐春或曰即石決明又名龜脚

石決明

鰒步角切句似蛤句無鱗有殼一面附石石叶音錯細孔雜雜

或七或八入藥品者以七孔八孔爲佳九孔十孔不堪用也○郭璞爾雅贊○此贊尤奇

東海夫人　淡菜

東海夫人淡菜有殼形雖不典而益帷箔求以象類堪爲一噱

海牛

海牛魚皮潮信可卜潮至毛張潮退則伏刻像押簾招風斯速

大蟹

女丑大蟹其廣千里舉鰲爲山身故在水海陽專車曷云其比女丑見山海經海陽見王會

彭蜞

爾雅彭蜞元經郭索均爲蟹謚蜞訛以越梁王醢化

茲乃臆說

沙狗

蟹有沙狗亦似彭蜞穿沙爲穴見人則蟄曲徑易通

了不可得

擁劒

蟹有擁劒　一螯偏大隨潮退殼隨退復裹力能鬭虎

利甚戟刲

招潮

蟹有招潮遡刀而翹背向不失與潮相招矗物有知

云誰之教

倚望

蟹有倚望常起顧睨東西其形兩翹八跂望常如此

入穴乃止

石蜖　蜂江　蘆虎

蟹有石蜖蜂江蘆虎石殼鉄卵不中咢俎好事取之

充畫圖譜　蜂江又作蚄江蚄音流

車螯

海有惟錯車螯蝺蚶眉目内缺鑛殼外緘瓦礫何異

庖厨是堪

蠣房 房讀作阿房之房音旁

海曲蠣房或名蠔山眉渠磊砢牡牝異斑肉曰蠣黄

醰味海臠 南州志舊贊

蚶子

蚶為蚌屬文似瓦屋殼中有肉紫色滿腹縱横其理

伍味具足 盛宏之荆州記

貝

夏元周錦貨貝以市砑螺暈紙光我毳士厥有神功

消霧寧水豈特把玩止娛童子 鹽鐵論夏后氏以元貝詩曰成是貝錦貝

文如錦也餘見嚴助相貝經

蚌

蚌爲鷸謀今日不出明日不出必有死鷸鷸爲蚌語今日不雨明日不雨必有蚌脯兩國相爭不忘則傾兩土相鬭兵仗其後不聞不爭鷸蚌兩生衍春秋後語

螺

香螺文贌寶蛤珠龜視雷開閉與月盛衰明璣無歷

赱子天涯淮南子曰蛤蜯珠龜與月盛衰左思賦曰蛤實月晦則蚌蛤虛又淮蚌珠胎與月虧全呂覽曰月望則蚌南子明月之珠出于蠬蜄

蜃乃雉化氣成樓臺摩殼以耨始于姬郃農耨从辰文有自來 篆書農耨皆从辰以古者摩蜃而耨也

蠃

蠃式玉度蚌象寶爻螺書蝸籀篆剮蟲琱取類斯大稱名則貊何傷磊落無損賢毫 蠃蚌之狹而長者見周禮○易離爲螺寶爻見京房易傳○唐崔融贊神禹岣嶁碑云龍畫傍分螺書缺三字徐楚金言篆法貴蝸扁蝸音果其字从蟲从斛當作蝸隸變作螺今訛作蝸見湘山野錄貊見史記叙傳

異魚圖贊卷四畢

鶴魚譜

〔明〕王象晉　纂輯

據浠水縣博物館藏明末刻清文富堂重修本影印原書版框高十九點八釐米寬二十八點六釐米

提要

《鶴魚譜》一卷，明王象晉纂輯，明末刻清文富堂重修本。《鶴魚譜》是《二如亭群芳譜》三十卷首一卷中最後一卷。

王象晉（一五六一—一六五三），字藎臣，號康宇。山東新城（今山東桓臺）人。明萬曆三十二年（一六〇四）進士。明萬曆四十一年（一六一三）升任翰林，歷任河南按察使、浙江右布政使等職。著有《賜閒堂集》《剪桐載筆》《群芳譜》等書。

王象晉認爲鶴與魚雖不屬植物，然鶴羽衣蹁躚，魚則錦鱗游泳，既有一段活潑之趣，又『足窺化機之一班，動護惜之一念』，故在編纂《二如亭群芳譜》時，作《鶴魚譜》一卷，與群芳并。

是書一萬三千餘字。開本高二十五點八釐米，寬十六點一釐米；版框高十九點八釐米，半葉寬十四點三釐米。半葉八行，行十八字，小字雙行同，白口，左右雙邊，單黑魚尾，版心上鎸『群芳譜』，不諱『玄』『弘』。目録前有王象晉撰《鶴魚譜小序》。

是書包括《相鶴經》《養魚經》《鶴魚譜》等内容。其中《相鶴經》總體論述關於鶴之理論；《養魚經》總體論述關於金魚之理論；《鶴魚譜》中詳細論述有關『鶴』的内容：介紹『鶴』之形狀、習性等，附録鶴子草，引用《草木狀》之内容。記載鶴之『療治』功效，引用《活幼全書》《嘉祐集》之内容；有關鶴之『典故』，引用《六帖》《抱朴子》等書之内容，有關鶴之『麗藻散語』，引用《易》《詩》等書之内容，又引用鮑照、何景明、李白等名家關於鶴之描述。詳細論述有關『金魚』的内容：首先介紹金魚之形狀、習性、特點，介紹金魚『喂養』『生子』『築池』『收藏』『占驗』『衛魚』之方法；又介紹金魚之『療治』功效，有關金魚之『典故』，引用《抱朴子》《博物志》《述異記》等書之内容；有關金魚之『麗藻散語』，引用王鳳洲、戴叔倫、曹大章、杜甫等名家關於金魚之描述。

據《中國古籍總目》載，是書版本有：明末刻本，國家圖書館、天津圖書館、南京圖書館等單位藏；明末刻清清沙村草堂刻本，南京圖書館、遼寧省圖書館藏；清刻本，中國科學院圖書館、天津圖書館、重修本，國家圖書館、北京大學圖書館、南京圖書館等單位藏；清書業古講堂刻本，南京圖書館藏；清文富堂刻本，遼寧省圖書館藏；南京圖書館等單位藏。

本書據浠水縣博物館藏明末刻清文富堂重修本影印。（柳巍）

目録

重鐫二如亭群芳譜

重鐫二如亭

羣芳譜

文富堂

藏版

鶴魚譜小序

鶴羽禽也魚鱗蟲也於群芳何與然而羽衣蹁躚錦鱗遊泳一段活潑之趣亦足窺化機之一斑動護惜之一念書窗外間一寓目何減萬綠一紅動人春色夫聞野聞天在淵在渚詩人與園檀園穀並侈咏歌安見鶴與魚不可偶群芳也作鶴魚譜

濟南王象晉藎臣甫題

二如亭群芳譜貞部目録

第七冊

雀魚譜

鶴魚譜首簡

相鶴經　淮南八公

鶴陽鳥也因金氣依火精以自養金數九火數七七年小變十六年大變百六十年變止千六百年形定體尚潔故色白聲聞天故頭赤食於水故喙長軒於前故後指短棲於陸故足高而尾彫翔於雲故毛豐而肉疎大喉以吐故修頭

以納新故壽不可量所以體無青黄二色者木
土之氣内養故不表於外鶴之上相瘦頭朱頂
露眼玄睛高鼻短喙䶵頰䏶耳長頸促身燕膺
鳳翼龜背鼈腹軒前垂後高脛麤節洪髀纖指
此相之備者也鳴則聞於天飛則一舉千里二
年落子毛易黑點三年産伏復七年羽翮具復
七年飛薄雲漢復七年舞應節復七年晝夜十
二時鳴中律復百六十年不食生物變大毛落

茸毛生雪白或純黑泥水不汚復百六十年雌
雄相視目睛不轉而孕千六百年後飲而不食
鸞鳳同爲群聖人在位則與鳳皇翔於甸

又

鶴不難相人必淸於鶴而後可以相鶴夫頂丹
頸碧毛羽瑩潔頸纖而修身聳而正足癯而節
高頰類不食烟火人迺可謂之鶴望之如雁鶩
鶉鸛然斯下矣養以屋必近水竹給以料必備

魚稻昔以籠飼以熟食則塵濁而之精采豈鶴俗也人俗之耳欲教以舞從其餧置食於濶遠處拊掌誘之則奮鬣而飛若舞狀久則聞拊掌必耙此食化也豈若仙家和氣自然之感召哉

養魚經

嘗怪金魚之色相變幻徧考魚部即山海經異物志亦不載讀子虛賦有曰網玳瑁紫貝及魚

素同置五色文魚固知其色相自來本異而金

魚特總名也惟入好尚與時變遷初尚純紅純白繼尚金盔金鞍錦被及印紅頭異頭紅連鰓紅首尾紅鶴頂紅若八卦若骰色繼尚黑眼雪眼珠眼紫眼瑪瑙眼琥珀眼四紅至十二紅二六紅甚有所謂十二白及堆金砌玉落花流水隔斷紅塵蓮臺八瓣種種不一總之隨意命名從無定顏者也至花魚俗子目爲癩不知神品都出是花魚將來變幻可勝紀哉而紅頭種類

竟屬庸极矣第眼雖貴於紅呂然必泥此無全
魚矣乃紅忌黄白忌蠟又不可不鑑如藍魚水
晶魚自是陂塘中物知魚者所不道也若三尾
四尾品尾原係一種體材迟滞而色都鮮艷可
當具品第金管銀管廣陵新都姑蘇競珍之夫
魚一玩類而好尚每貴世風之華實其亦一驗
與

二如亭群芳譜鶴魚部卷全

濟南　王象晉藎臣甫　纂輯

松江　陳繼儒仲醇甫

虞山　毛鳳苞子晉甫　仝較

寧波　姚元台子雲甫

濟南　男王與齡
孫士禎曾孫系燁　詮次

鶴魚譜

鶴

仙人之騏驥也一說鶴䳍也其羽白色䳍䳍

然也一名仙客一名胎仙陽鳥而遊於陰行
必依洲渚止不集林木秉金氣依火精以生
有白者有玄者有黄者有蒼者有灰者總共
數色首至尾長三尺首至足高三尺餘喙碧
綠色長四寸丹頂赤目赤頰青脚脩頸凋足
麤膝渦尾皜衣玄裳頸有黑帶雌雄相隨如
道士步斗之狀履跡而孕又曰雄鳴上風雌
鳴下風聲交而孕歲生數卵四月雌鶴伏卵

雄往來爲衛見雌起則啄之見人窺其卵則
啄破而棄之常以夜半鳴聲唳霄漢雛鶴三
年頂赤七年翮具十年十二時鳴三十年鳴
中律舞應節六十年藂毛生泥塗不能汚一百
六十年雌雄相視而孕一千六百年形始定
飲而不食乃胎生大喉以吐故長頸以納新
能運任豚無死氣於中故多壽一曰鶴爲露
禽逢白露降鳴而相警即馴養於家者亦多

飛夫相鶴之法隆鼻短口則少眠高脚疎節則多力露眼赤睛則視遠回翎亞膺則體輕鳳翼雀尾則善飛龜背鱉腹則能産輕前重後則善舞洪髀纖指則能行羽毛皓潔舉則高至鳴則遠聞鶴以揚州呂四場者爲佳其聲較他産者更覺清亮舉止聳秀別有一番莊雅之態別鶴脛黑魚鱗紋呂四産者綠色龜紋相傳爲呂仙遺種

○附錄鶴子草 當夏開花形如飛鶴觜翅尾足無所不備出南海云是媚草有雙蟲生蔓間食其葉久則蛻而爲蝶赤黃色女子佩之號爲媚蝶能致其夫憐愛【本草】

○療治 鶴卵煑一枚與小兒食之解痘毒多者令少少者不出【本草綱目】 鶴骨酥炙入滋補藥 脛骨爲笛聲甚清越 血和砂石子磨水服解蠱毒邪氣【本草綱目】

○典故 鶴千歲集於偃蓋松【抱朴子】 千歲之鶴能登木未千歲者終不集樹【抱朴子】 白鶴知夜半鶴水鳥也夜半水位感其時則喜而鳴【春秋繁露】 青田有白鶴年年來伏雛精白可愛世謂神仙所養【永嘉郡記】 遼東華表有鶴止其上鳴曰有鳥有鳥丁令威去家千年今始歸城郭雖故人民非 周穆王時塗脩國獻丹鶴一雌一雄飼以漢高之粟

飲以潞溪之水咬以太湖之萍【拾遺記】周
穆王南征一軍盡化君子爲鶴爲猿【抱朴子】
周靈王太子晉好吹笙作鳳鳴上嵩山三
十年七月七日乘白鶴於緱氏山頭舉手謝
時人後數日去【列仙傳】 閔公二年狄人伐
衛衛懿公好鶴鶴有乘軒者將戰國人受甲者
皆曰使鶴鶴實有祿位予焉能戰【左傳】 師
曠援琴而鼓一奏之有玄鶴集於郭門再奏
之延頸而鳴舒翼而舞【史記】 詔曰朕郊見
上帝巡於北邊見羣鶴留止光景並見其赦
天下【漢書】 漢章帝至岱宗柴望畢白鶴三
十從西南來立壇上【東觀漢紀】 晉陸機有
異材成都王穎假機大都督討長沙王乂敗
績被收機神色自若歎曰華亭鶴唳豈可復
聞乎遂遇害 湘東王脩竹林堂新楊太守
鄭裒送雄鶴於堂其雌者尚在裒宅霜天夜

月無日不鳴商旅江津附考蓬瀛時有野鶴
飛赴堂中驅之不去郎哀之雌也交頸頡頏
撫翼聞奏鐘磬翻然共舞婉轉低昂妙契絲
節 臨江鄉有南翔寺初寺基出片石方徑
丈餘常有二白鶴飛集其上人皆以爲異有
僧號齊法師者謂此地可立伽藍即鳩財募
衆不日而成因聚徒居焉二鶴之飛或自東
來必有東人施財自西來則施者亦自西至
其他皆隨方而應無一不驗久之鶴去不返
僧號泣甚切忽於石上得一詩曰白鶴南翔
去不歸惟留真跡在名基可憐後代空王子
不絕熏脩享二時因名其寺曰南翔【嘉定縣】
【晉】支公好鶴住剡東岇山有人遺其雙鶴
少時翅長欲飛支意惜之乃鎩其翮鶴軒翥
不復能飛乃反顧翅垂頭視之如有懊喪意
林曰既有凌霄之姿何肯爲人作耳目之玩

養令爾成置使飛去　桓闓事陶弘景辛勤十餘年一旦有二青童白鶴自空而下集庭中桓服天衣乘白鶴升天而去〔廣記〕　隋煬帝東京成詔定輿服羽衣課州縣送羽毛時烏程有樹高百尺鶴巢其上百姓欲取鶴羽乃伐樹根鶴恐殺其子遂自拔氅毛投地嗚呼四月之雅曰匪鶉匪鳶翰飛戾天至此雖戾天之鳶亦無所逃矣　太康二年冬大寒南州人見二白鶴於橋下曰今茲寒不減堯崩年言畢並飛去〔異苑〕　唐張九齡母夢九鶴自天而下集於庭遂生九齡後爲宰相　宋楊大年初生母夢羽人自言武夷仙君託化既生乃一鶴雛棄之江追視之則鶴蛻而嬰兒具焉體尚有毛其長盈尺經月乃落　蘇仙君名耽桂陽人有白鶴數十降於門遂騎鶴昇雲而去後有白鶴集郡城樓上或挾

彈彈之鶴以爪攫樹晋云城郭是人民非
三百甲子一來歸吾是蘇仙君君彈我何爲
【神仙傳】唐韋嗣立宅後林木邃密有黃鶴
一雙潛於宅左每有喜慶事必先期盤翔【清
異録】茅君盈西句曲山一日告三弟曰吾
去有局任不得數相往來炎老歌曰三神乘
白鶴各在一山頭白鶴翔金穴何時復來遊
【茅君内傳】太和中長安慈恩寺有一美人
從數青衣夜遊題詩云黃子陂頭好月明强
踏華亭到曉行烟收山色翠黛橫折得荷花
遠恨生俄僧將燭之化爲白鶴飛去【洞
東記】李衛公遊嵩山聞呻吟聲乃一病鶴見李
作人言曰我被樵者傷腳得人血則愈但人
血不易得乃拔眼睫毛曰持此照之即知矣
李公自照乃馬頭也至路中所遇皆非全人
或犬彘驢馬之類惟一老翁是人以鶴故告

翁釘臂出血公受之往濡鶴傷處鶴謝曰公即爲宰相後當鶴昇語畢沖天而去【固州】司馬裴沆於鄭州道左見病鶴呻吟有老人曰得三世人血塗之則能飛矣惟洛中葫蘆生三世人也裴訪生授針刺臂得血塗之遂飛去　曾參行遇玄鶴被傷乃收養之既愈放去一夜雌雄皆銜明珠以報【搜神記】　荀瓌好道術事母至孝潛棲却粒嘗遊江夏黄鶴樓望西南有一物飄然降自霄漢俄至乃駕鶴之賓也就席羽衣虹裳相與歡對已乃辭去跨鶴騰空眇然烟滅【述異記】　衛濟川養六[illegible]日以粥飯啖之三年識字濟川檢書皆使鶴啣取之無差【記事珠】　晁采畜一白鶴名素素一日雨中忽憶其夫試謂鶴曰昔王母青鸞紹蘭燕子皆能寄書達遠汝獨不能乎鶴延頸向采若受命狀采即以詩一章三絕

繫於其足竟致其夫尋即歸　某揮使有女病瘵羸然待盡出叩蓬頭蓬頭曰與我寢處一宵尚何病哉揮使大怒欲摑其面細君屏後趨出止之謂揮使曰神仙救人終不以淫慾爲事倘能起病何惜其軀遂許諾其夜蓬頭命選壯健婦女四人抱病者而寢自運眞陽逼熱病體衆見蟣蝨無數飛出用扇撲去黎明輒以湯藥飲食病疾頓除一家驚喜愧謝遂還西川鶴鳴觀乘石鶴而去先是觀前舊有兩石鶴不知何代物也蓬頭乘其雄者上昇其雌者中夜悲啼土人驚怪爭來擊落其喙至今無喙石鶴一隻存焉　山陰祝瀚字惟容爲南昌知府廉明有威聽決無滯時逆濠漸熾哉民黷貨瀚屢裁抑之郡人賴以稍安王府有鶴帶牌者縱于道民家犬噬之濠牒府欲捕民抵罪傾奪其貲瀚批牒曰鶴

雖帶牌六不識字禽獸相爭何預人事濠李
不能退世頗得批鶴帶牌語以爲奇而未知
其爲瀚也　予山中徐德夫送一鶴至已受
所張公復送一鶴配之每欲作詩詠其事偶
讀皇甫湜鶴處鷄羣賦遂爲閣筆其中有句
云同李陵之入胡滿目異類似屈原之在楚
衆人皆醉慘淡無色低徊不平每戒此之匪
人常耻獨爲君子　元藏機有馴鳥
三類黃鶴一時翔空中呼之立至能授人語常
航海飄至一島島人曰此滄州産也分蒂瓜
長二尺碧棗丹栗大如梨池中有四足魚金
蓮花婦人采爲首飾曰不戴金蓮花不得在
仙家　昔劉淵材迂闊嘗蓄兩鶴客至誇曰
此仙禽也凡鳥卵生此獨胎生語未畢園丁
報曰鶴夜生一卵淵材呵曰敢謗鶴耶未幾
鶴展頸伏地復誕一卵淵材歎曰鶴亦敗道

吾乃爲禹錫（注話所誤）陳州倅盧其畜二鶴甚馴一創（死）一哀鳴不食盧勉飼之乃就食一日鳴繞盧側盧曰爾欲去耶有天可飛有林可棲不爾羈也鶴振翮雲際數四回翔乃去盧老無子後歸臥黃浦溪上晚秋蕭索曳杖林間忽一鶴盤空鳴聲凄厲盧仰視曰非我陳州侶耶即當下鶴竟投懷中牽衣旋舞不釋盧泣曰我老無血胤形悲影弔爾幸留當如孤山逋老共此幾年遂引歸爲寫溪塘泣鶴圖中繪已像置鶴其傍後盧歿鶴亦不食死家人瘞之墓左

○麗藻散語

鳴鶴在陰其子和之（易）

鶴鳴於九皋聲聞於天（詩）

鶴喜陰而惡陽（淮南）

王喬抱鶴以沖天（天台賦）

黃鶴之飛尚不得過猿猱欲度愁攀援

疊霜毛

而弄影振玉羽而臨霞朝戲乎芝田夕飲乎
瑶池 寧作野中之雙鳧不願雲間之別鶴
【鮑照】紛縱體而迅赴若驚鶴之群熊【西京
賦】夫黃鶴一舉千里集君華池啄君稻粱
君猶貴之以其從來遠也【韓詩外傳】鶴羽
族晉也而變小大不同金九火也而變生焉
七年一小變十六年再變百六年大變千年
變蒼二千年變黑所謂玄鶴也變極而與聖
人同隱顯晉賦白鳥朱冠鼓翼河干舉脩距
其至矣【揚子】而躍躍奮皓翅之猍猍宛迴
頸而顧步啄沙磧而相歡豈忘赤霄之上忽
池籞而盤桓飲清流而不舉食稻粱而未安
故知野禽野性未脫能樊賴吾王之廣愛雖
禽鳥兮抱恩方騰驤而鳴舞憑朱檻而蹁躚
【路喬如】 昏氣夜歇景物澄廓星翻漢迴曉
月將落感寒雞之早晨憐霜雁之違漠驚臨

風之瀟條對流光之照灼頰清響於丹墀舞
飛容於金闕始連下以鳳蹌終宛轉而龍躍
躑躅徘徊振迅騰躍驚身蓬集矯羽雪飛將
興中止若往而歸颯沓矜顧遷延遲暮指會
規翔臨期矩步態有遺妍貌無停趣奔機逗
節角睞分形長揚緩騖並翅連聲輕迹凌亂
浮影交橫忽星離而雲罷整神容以自持仰
天居之崇絕更惆悵以驚思何匪氏
之姝絕超丹青之矩度寫仙禽以逼真陋凡
鳥而不顧想意像而經營運精思以馳騖假
孤致於墨華得高標於豪素麗藻質以明煙
揮風翎而刷霧豈偶爾而髣髴真天然之神
趣偉茲羽之獨靈考仙經之遺篇鍾淳曠以
化胎善導引而延年志清迥而內真儀皎潔
而外宣音獨唳以聞野翼一飛而翀天朝翱
翔于玉林夕飲啄乎丹泉止必擇地動不妄

遷紛雲蕭蕭而清嚦隨蜿蜒以逕旋厭鶬鶊之喈喈滷白鷺之娟娟豈能言之鸚鵡非好殺之府鵾拂練光而凝想挹縮采而生憐松間碧蕊若斷紫錢徘徊竹下俛仰海邊翱翔秋而若勁心歲寒而彌堅乃若琴標寡和山林無主翠巘絕鄰孳表詵語路杳杳以失雲庭栖栖而徬雨露淒淒以霑階霜肅肅而入户杭圓吭以長吟卷脩毛而獨舞意衎衎而欲伸態昂昂而猶武續遺哀於絕絃悲吊影於廢廳懷鶇巢之長風眺三湘之極浦憶嫭水而葺巢甘鳫鶩以爲伍悲夜渚而蓋寒食秋塘而蓼若孰圖畫之見珍惟網羅而受篩及夫上都富舍畫彩盈庭錦燦爛兮金谷花萼兆兮朱亭刻畢象兮繡柱閑孔雀兮翠屏彼靈質之姝操羞文章以自呈無俗狀以驗彙亦飛去而寘寘帳良工之求值莛誰識其高

情撫斯圖以睇覩久延佇以徜徉欣物品之
有遇見嗜尚之匪莊既獲貯於廣簏遂薦觀
於華堂儼縞衣而不驚騰玉羽而將翔恍映
雪而偃蹇若順風而飄揚集賓客以舉目顧
軒楹而有光吁嗟鳥類比之君子過則霄漢
失則荆杞棄捐胡憂登庸胡喜非恃寵而乘
軒亦何心於傾市依日月於蓬壺閬塵沙於
翳水闊玉笛之我招繞珠樹而相倚感主人
之背養常反顧於千里稟風義記熙寧十年
之莫逾垂披圖而自失何景明記秋彭城大
水雲龍山人張君之草堂水及其半扉明年
春水落遷於故居之東東山之麓升高而望
得異境焉作亭於其上彭城之山岡嶺四合
隱然大如環獨缺其西一面而山人之亭適
當其缺春夏之交草木際天秋冬雪月千里
一色風雨晦明之間俯仰百變山人有二鶴

甚翩而善飛旦則望西山之缺而放焉縱其所如或立於陂田或翔於雲表莫則傃東山而歸故名之曰放鶴亭郡守蘇軾時從賓客僚吏往見山人飲酒於斯亭而樂之揖山人而告之曰子知隱居之樂乎雖南面之君未可與易也易曰鶴鳴在陰其子和之詩曰鶴鳴於九皋聲聞於天蓋其爲物清遠閑放超然於塵垢之外故易詩人以比賢人君子隱德之士狎而玩之宜若有益而無損者然衛懿公好鶴則亡其國周公作酒誥衛武公作抑戒以爲荒惑敗亂無若酒者而劉伶阮籍之徒以此全其真而名後世嗟夫南面之君雖清遠閑放如鶴者猶不得好好之則亡其國而山林遁世之士雖荒惑敗亂如酒者猶不能爲害而況放鶴乎由此觀之其爲樂未可以同日而語也山人忻然而笑曰有是哉

乃作放鶴招鶴圖蓬山之奇禽想瀛洲之縹
鶴之歌［東坡］贊 緲紫頂烟翹丹眸星皎昂然
佇眙霍若驚繳形留座隅勢出天表謂長鳴
於風霄終寂立于霜曉疑習益古銜察逾妍
無凝傾市聽似聞絃倘感至精［歌］鶴飛去兮
以變化或可弄景以浮烟［印］西山之缺
高翔而下覽兮擇所適翻然斂翼宛將集兮
忽何所見矯然而復擊獨終日於澗谷之間
兮啄蒼苔而履白石 鶴歸來兮東山之陰
其下有人兮黃冠草屨葛衣而鼓琴躬耕而
食兮其餘以汝飽歸來歸來兮西山不可以
久留［東坡］君不見鶖在梁目食魚腦蝦蟆
肪腸羶舌垢骨不香有鶴有鶴何清涼自歌
自舞如人長如人長化爲鷺投入王郎夢中
啄清露頂相紅翅毛薄雪中一點桃花落日
銜太上赤霄書騎君遊鼍入君幕已矣乎髮

己禿日月雨九共一轂日月送汝三十幅何
不從我山之南山之北先生百拜謝鶴奴須
臾鶴去雲糢糊雲糢糊不可　翩躚仙
呼北斗柄折海水枯[陳眉公]

詩五言

頂鶴
摩青鶴數群　歸羨遼東鶴　鶴下雲汀近
啼飛半嶺鶴　鳴鶴不歸林[李太白]　鶴
唳必青天　王喬鶴不群　獨鶴先依渚
[子美]寥有鶴上仙飛飛姿太清　方知黃
鶴舉千里獨徘徊徒霜鏡中髮羞彼鶴上人
飛來兩白鶴暮啄青泥芹[李太白]　錫飛
宵近鶴杯渡不驚鷗　王喬下天壇微月映
皜鶴　人傳有笙鶴時顧北山頭　太史候
皃影王喬隨鶴翎　梅黃雨撲地水白鶴橫
天[黃山谷]　不知鷗與鶴天畔弄晴暉
吹笛龍初下橫琴鶴乍低　北山無怨鶴南
浦有冥鴻　鶴聲縹緲外仙樂有無中

〔冢庵〕鶴長凫自短吾亦任吾天〔王[illegible]〕
鶴瘦帶道容松老入詩格〔吳石公〕仙鶴下
人間獨立霜毛整矯然江海思永與雲路永
〔杜子美〕天漢涼秋夜沉沉一鏡明山空猿
屢嘯林靜鶴頻鳴〔張[illegible]郎〕亂枝掛層軒
孤鶴巢其上警露一聲長天風散哀響〔王念〕
〔東〕空庭復何有白鶴照秋水渺渺望茶煙
時出幽篁裏〔馮冢庵〕獨夜出其柵空堦自
偶影摩空六翼聞警露孤心耿〔于念東〕久
鎖冲天質金籠忽自開無心戀池沼有意出
塵埃鼓翼離幽砌凌雲上紫臺應嗜鸞鳳侶
仙島任徘徊〔[illegible]宣〕海鶴勞相贈長鳴似念
群翮凝千仞下聲已九天聞願比雙黃鵠同
棲三素雲只愁珠樹影難謁玉宸君　病鶴
何年病經秋尚未蘇背驚清露冷影對夕陽
孤澤雉堪相狎鶄鶊莫浪呼何當雙翼健萬

一里下平燕【仄[illegible][illegible]】丁令辭世人拂衣向仙
路伏綠九丹成方隨五雲去松蘿蔽幽洞桃
杏深隱處不知曾化鶴遼海歸幾度【[illegible]大[illegible]】
馴狎經時久離褷短翮存不隨淮海變空
憐稻粱恩獨立秋天淨翠樓夕露繁欲飛還
斂翼詎敢望乘軒【[illegible][illegible]】一自青田至偏
與綠野親飛騰終戀主飲啄更宜人唳識鳴
皐舊梳看墮羽新去來從爾性吾亦任吾眞
偶自迷花縣依然到竹扉宵隨鳧鳥去偏
逐燕巢歸午夢驚棋局宵鳴立釣磯碧山長
好住莫向海雲飛【仄中[illegible]】便欲沖霄去
能無戀主情夢中愁失路客裏得同心巢樹
經春長臨軒一水盈今宵不成寐重聽九皐
聲【[illegible][illegible]】心爲辭官逸交因臥病疏舞堦
調翻鶴放水狎游魚懶著登樓賦閒看種樹
書短籬交茂木渾是野人居露下秋宇淨

清夜響胎禽乍驚開六翼羈淚耿孤心綿邈
芝田阻寂寞九臯深寧爲耳目玩終謫滄海
濤 美人抱瑤瑟哀怨彈別鶴雌
雄南北飛一旦異棲託諒非金石性安得宛
如昨生爲並蒂花亦有先後落秋林對斜日
光景自相薄猶欲悟君心朝朝佩蘭若
蟄龍三冬臥老鶴萬里心昔時賢俊人
未遇猶視今稽康不得死孔明有知音又如
壠底松用捨在所尋大哉霜雪幹歲久爲枯
林在昔龐德公未從八州府襄陽耆舊間處
士節獨苦豈無濟時策終竟畏羅罟林茂鳥
有歸水深魚知聚舉家隱鹿門劉表焉得取
蓬生非無根漂蕩隨高風天寒落萬里不復
歸本叢客子念故宅三年門巷空悵望但烽
火戎車滿關東生涯能 霜黃碧梧白鶴
幾何常在羈旅中 七言 棲 古

木松杉巢水鶴　黃鶴失侶亦哀號【王子美】
遼鶴歸時認城廓杜鵑聲裏含君臣　華
亭鶴唳詎可聞上蔡蒼鷹何足道　背飛鶴
子遺瓊蕊相趂晃雜入蔣芽【李太白】　天寒
白鶴歸華表川落青龍見水中　久拚野鶴
如雙鬢遮莫隣鷄下五更　獨鶴不知何事
舞饑烏似欲向人啼【杜子美】　願得化爲松
上鶴一雙飛去入青雲【[illegible]】　依舊
慈烏啼樹杪總無白鶴到人間　山僧野老
堪同坐海鶴汀鷗莫浪猜【[illegible]】　鶴過
幾迴沉影去僧來時復帶雲還　鶴有累心
猶被斥楠無高韻也遭刪【錢石公】　清溪道
寒滴露砍殊點周易【明皇賜葉法善】　鎖碧窗
上人不識上天下天鶴一隻洞門深　爲因
性癖愛山居盡日溪邊坐看魚何事驅車遊
朔漠猿驚鶴怨欲何如【[illegible]】　詹鈴無語

閉珠宮紫闕涼生玉殿風孤鶴夜驚滄海月
仙人歸去綠雲中 [illegible]氏女郎 黃鵠磯頭
黃鶴遠至今蹤跡落人間舊曾游處難忘却
城上樓臺江上山 [illegible]家[illegible] 獨眠不定仃于
竿看爾仙姿振羽翰別後山僧寄書至開函
先問鶴平安　開籠有鶴印蒼苔鶴到真如
道士來我已機心渾忘却自鳴自舞莫相猜
陳眉公 獨鍾靈秀號胎仙衆羽迴翔敢
占先一點丹誠堪貫日幾聲清唳透天關 王[illegible]
[illegible] 瑞羽奇姿踉蹡形稱爲仙馭過滄溟
何年厚祿曾居衛幾世前身本姓丁幸有遠
雲兼遠水莫臨華表與華亭勞君贈吾清歌
裕將去田園夜坐聽 薛能 昔人已乘白雲
去茲地空餘黃鶴樓黃鶴一去不復返白雲
千載空悠悠晴川歷歷漢陽樹春草萋萋鸚
鵡洲日暮鄉關何處是烟波江上使人愁 崔[illegible]

木松杉巢水鶴　黃鶴失侶亦哀號【王安石】　華
遮鶴歸時認城郭杜鵑聲裏令君臣
亭鶴唳詎可聞上蔡蒼鷹何足道　背飛鶴
子遺瓊蕊相趨凫雛入蔣芽【李太白】　天寒
白鶴歸華表川落青龍見水中　久拚野鶴
如雙鬢遮莫隣雞下五更　獨鶴不知何事
舞饑烏似欲向人啼【杜子美】　願得化爲松
上鶴一雙飛去入青雲【杜牧之】　依舊
慈烏啼樹杪總無白鶴到人間　山僧野老
堪同坐海鶴汀鷗莫浪猜【陸放翁】　鶴過
幾迴沉影去僧來時復帶雲還　鶴有累心
猶被斥樗無高韻也遭刪【姜白石】　清溪道
上人不識上天下天鶴一隻洞門深鎖碧窗
寒滴露研硃點周易【明皇賜葉法善】　爲因
性癖愛山居盡日溪邊坐看魚何事驅車遊
朔漠猿驚鶴怨欲何如【丁鶴年】　詹鈴無語

時翔集來華表每日沉吟看畫屏為報雞羣
虛嫉妬紅塵向上有青冥【[illegible]僊大鶴】旅舍
依棲曉復驪獨悲仙鳥逐人羣素姿帶月形
難辨丹頂經霜色更分顧影自憐雙侶在鳴
皋相和九天聞應知萬里心猶遠何日修翎
向白雲【方九功】極目長空鴈影南千峯當
檻落晴嵐淸秋斜日窺金象古木寒雲鎖石
龕地迥樓臺三嶺接天低烟樹萬家含虛寂
縹緲緣山頂時有簫聲駐鶴驂【張[illegible]菴】舞
鶴曾披鮑照文雪中姸態更紛紛碧空搖曳
仙人馭縞素騰驤君子軍響作珮環敲夜月
影翻簾幌卷晴雲寒鳴儀鶚空相妬雲漢孤
蹤自不羣【陳仲醇】秋暮遥聞警露悲夜風
獨傲歲寒時六花玉剪青田闕三樹珠榮碧
落姿北海霜鴻猶避弋西雛雲鷺可為儀從
今清賞銀屏夜不遣紅兒按栢枝【前人】客

從海上饋仙翁藻質雙雙辭故林六翮已摧
憐矯逸幾聲空唳響秋陰回翔豈破雷門鼓
別怨俄悲子牧琴何日翩翩同刷羽共依滄
海弄清音〔丁右湄〕一鶴雨環手自將碧松
深處靜焚香玄裳度海月生蓼白玉成田秋
有糧不放孤飛隨漢落欲因同駕入蒼茫烟
霞看爾真仙侶巖洞千秋佛日長〔鹿眉〕饒
然仙馭下寥天疎竹深松共海烟世外三山
玄圃近空中孤影白雲懸月明石屋長依竹
霜老丹砂莫計年此日逃禪依繡佛青城華
表定誰傳〔前人〕玉羽新秋帶閶風一尊江
色小軒同三千界內僧還我七十年來鶴亦
翁高石過雲山樹碧斜陽到岸浪花紅遠公
已逝東林禁歲歲長筵聽晚鍾〔前人〕一聲
遥唳下晴虛半畝閒庭飲啄初雲漢豈無儔
侶在閶風自惜羽毛疎佐卿沙苑迴翔後吳

詠梁園感慨餘幸傍高人結知已不須鐵舞

歎無魚〔王端如〕隱鶩巢松遍海瀛翩然唳

藻集池坪郎看飲啄神偏王政使飛冲羽自

輕偃仰流雲姝有意徘徊清沚亦多情秋高

露滴流清響嘹唳驚風萬壑晴〔王冲滄〕天

風滄岩鶴翩飛華表千年今日歸定有江妃

搖玉佩還驚洛浦弄珠衣聲餘焦尾雲裳冷

孤並蟾蜍月魄稀我自忘機誰具眼知君不

為稻粱肥〔王用每〕王子吹笙乘作仙雙飛

伏子下青田能驚烏尾身如雪不入鷄羣羽

亦玄聲滿十洲知半夜九成五色已千年迢

迢峻岳經多少爭得開庭松上眠〔王與瀛〕

丹頂霜毫倚碧霄遊人遲暮偶相招飛從瑶

水來程遠歸向璇宫去路遥珠樹三山虛老

幹王禾九畹長靈苗清風明月樓

頭滿謝得道隨破寂寥〔王與僴〕

金魚有鯉鯽鰍鰲數種鰍鰲尤難得獨金鯽耐久肉味短而韌甘鹹平無毒自宋以來始有畜者今在在畜玩矣初出黑色久乃變紅又或變白名銀魚有紅白黑斑相間者名玳瑁魚魚有金管者三尾者五尾者甚且有七尾者時頗尚之然而遊衍動盪終之天趣不如任其自然爲佳

〇喂養金魚最畏油喂用無油鹽蒸餅須過清明日以前忌喂生子金魚生子

多在穀雨後如遇微雨則隨雨下子若雨大則次日黎明方下雨後將種魚連草撈入新清水缸內視雄魚緣缸趕咬雌魚即其候也咬罷將魚撈入舊缸取草映日看其上有子如粟米大色如水晶者即是將草撈於淺瓦盆內止容三四指水置微有樹陰處晒之不見日不生烈日亦不生一二日便出大魚不撈久則自吞啗咬子將草不宜多恐礙動轉

築池　土池最佳水土相和萍藻易於茂盛魚得水土氣性適易長出沒於萍藻間又有一種天趣勿種蓮藕惟置上水石一二林池中種石菖蒲其上外列梅竹金橘影沁池中青翠交蔭草堂後有此一段景致即蓬萊三島木多讓也一云金魚宜甕中養不近土氣則色紅鮮

收藏　冬月將甕斜埋地內夜以草蓋羽覆之裨嚴寒時常有一二指冰

冰則魚過歲無疾

占驗

魚浮水面必雨缸底熱也此雨徵也

魚病

魚瘡白及水有沫亟換新水恐傷魚芭蕉根或葉搗碎入水治火魚毒草刺魚瘡生白點名魚蝨用楓樹皮或白楊皮投水中即愈一法新磚人糞桶浸一日晒乾投水亦好

魚忌

橄欖渣肥皂水芥草搗碎或諸色油入水皆令魚死魚池中不可漚麻及着鹹水石灰皆令魚泛魚食鴿糞食楊花及食自糞逼皆泛以圓糞解之缸內宜頻換新水夏月尤宜勤換魚食雞鴨卵黃則中兵而不子

備魚

池傍樹芭蕉可解泛樹蘆葦架可免鳥雀糞且可遮日色岸邊種芙蓉可辟水獺

○療治　久痢禁口痢勢欲死用金絲鯉魚一尾重一二斤者如常治淨用鹽醬葱必入

胡椒末三四錢煑熟置病人前嗅之欲喫
隨意連湯食一飽病即除根屢治有効
典故　丹水出京兆上洛縣冢嶺山入於支汋
水中有丹魚夏至十夜伺魚浮出水有
赤光如火網取割其血塗足涉水如履平地
浙江昌化縣有能潭廣數百畝座
紹興府
金銀魚禱雨多應　金魚出功婆塞江腦中
有金　彙物志　晉桓冲遊廬山見湖中有赤
鱗魚　述異記　蘇城有水仙祠頗靈異祠中
有魚池石岸水亦清潔鄰人蔣氏子浴池中
見金鯉游泳捕之魚入石岸乃探手取之其
手入石中牢不能出自辰至未百計莫解父
母驚惶懇禱神前始得出其子神思昏迷如
夢寐中歸而病甚未幾卒　元時燕帖木兒
奢侈無度於第中起水晶亭亭四壁水晶鑲
空貯水養五色魚其中剪綵為白蘋紅藍等

花罍水上壁內置珊瑚欄杆鑲以入寶奇石紅白掩映光彩玲瓏前代無有也【解醒語】

異時宦游所經歷至濟南謁德藩游真珠泉泉東西可十餘丈南北三丈許東一亭枕之共下瑟瑟羣起相箏振履則益起纚纚而鼓空明瑩徹與天日爭彩金鯉百頭小者亦可三尺其西泉竇宮墻而出爲大池皆以白石甃砌中有水殿前後各五楹彩鷁容與肅鼓四奏王時勞賜都亂往往丙夜又西爲長濭曲折以達後圃芍藥數百本高樓踞之泉出後宮墻爲水碓水磨以達大明湖湖景尤自韶壓【王鳳洲】

石浦真武殿前新甃石池一夕大風雨雷電翌旦池中見大金魚莫知所從來【山縣志】

〇麗藻散語　魚潛在淵或在于渚　魚在在藻依于其蒲　魚躍于淵　魚猗與漆

沮潛有家魚[illegible]攜文魚以賦中庭兮壽
警乘鳴王鸞以偕逝[illegible]辰熒熒兮
為池修鱗兮下上衆華兮參差綠蘋波兮作
驚聆繁英風兮照歷乱下上兮星列參差兮
霞絢容何為兮類且都意何為兮圍未舒聊
鼓沫兮就人悅若快兮潛乎虛乎懷兮未敢
言相對兮各莽莽然淪波兮萬頃目斷兮誰傳
則振袂兮清冷何升斗兮足憐[illegible]天
地好生萬物以成蠢爾麽類各肖厥形雖賤
乎之不齊均挺與而含靈覩鱗介之游泳覩
羽翼之騫騰或潛伏于太陰或飛翥于高宣
雖小大之分殊貴得性而忘情若夫鳳用千
初鵬搏九霄神龍巨鯤海運逍遥徙若移山
噴若鷩濤羨無心與物競胡異患之能撓相
盆池之儵魚專中餘之土德謝主人之優惠
藉餘波而假息方行魚之在轍數號濟之已

足矧盈堉之渟濘乃優游而縱逸目朴羊於
清沼行千里于只尺雖蒙恩於曲全終眷戀
于川澤　池塘養錦鱗〔鐵牧〕心滄
〔曹大章〕詩五言　水木會與幽魚鳥通〔岑嘉州〕
豈無成龍姿限此一勺水一釣連六鰲願
學任公子〔馮琢菴〕　自識濠梁樂盆魚亦足
歎枯忘勺水窄不羨五湖寬躍水朱光溷依
萍景色攢天機應有在時向靜中觀　澄渡
映空翠涵泳集穠鱗聚吹星彩動潛避月釣
新觸荇欣穿葉乘流樂契人蓮著儘可戲底
用縱適津　七言　魚吹細浪摇歌扇燕蹴飛花
〔于念東〕落舞筵〔林君〕　松下止埀君
是鸛濠間莫問我非魚〔馮琢菴〕　嫩荷香撲
釣漁亭水面文魚作隊行宮女齊來池而耆
傍簾呼喚勿高　猩紅數點媚清
冷煖慮香萍渡　向江胡　近來

鄒公名廻光字溪人言

魚網大縱橫咫尺無煩自濟勝廻
旋或可副探奇虛堂集客雲先到密樹藏人
月一窺歷歷文魚銜藻荇飛飛翠羽觸晨思
昔年堺壞金丹壑莫是山川亦有時

三如亭群芳譜鶴部卷之二　終

據安陸市圖書館藏清道光五年刻本影印原書版框高十八點一釐米寬二十九點二釐米

異魚圖贊補

異魚贊閏集

〔清〕胡世安　撰
〔清〕李調元　校

提要

《異魚贊閏集》一卷、《異魚圖贊補》三卷，清胡世安撰，清李調元校，清道光五年（一八二五）刻本。是書屬清乾隆間綿州李氏萬卷樓刻道光五年（一八二五）李朝夔補刻本《函海》一百五十二種叢書零種。

胡世安（一五九三—一六六三），字處靜，號秀巖，别號菊潭，四川資州井研縣人。明崇禎元年（一六二八）進士，曾任禮部尚書、武英殿大學士兼兵部尚書、太子太保等職。著有《秀巖集》《大易則通》《褉帖綜聞》等書。

李調元（一七三四—一八〇二），字羹堂，號雨村，綿州（治今四川綿陽）人。乾隆二十八年（一七六三）進士，歷任吏部主事、廣東學政、直隸通永兵備道等職務。以事罷官，遣戍伊犁，後以母老贖歸。建『萬卷樓』，貯書達十萬餘卷。刊刻《函海》叢書，大部分爲川蜀先賢著述。著有《童山全集》。

是書二萬三千餘字。開本高二十五點三釐米，寬十七點三釐米；版框高十八點一釐米，半葉寬十四點六釐米。十行二十字，小字雙行同，白口，四周雙邊，單黑魚尾，版心上鎸『異魚贊閏集』『異魚圖贊補』。每種均簡述其形狀特徵，正文下雙行小注。

《異魚贊閏集》包括摩竭大魚、海多、鱠楯、箬魚、帶魚、竹魚、烏頰、赤鯮、魽魚、水棍、松魚、沙姜魚、鰮魚、波郎、青鱗、黄雀、白雀、江魚、流魚、花鈴、娘哀、柔魚、鮀魚、鯐魚、沙緑魚、石鼈魚、魶魚、江蟯、蜩、沙蠶、土穿、半體魚、毬魚等條目。

《異魚圖贊補》卷上包括鯔魚、青脊魚、香魚、墨頭魚、馬嘉魚、鯈鯀、鮸魚、杜父魚、勒魚、沉虎、潛鹿、黄魟魚、油魚、黄鯝魚、白魚、陽鱎、白鰱、鰒魚、魣魚、印魚、井魚、毛魚、篋魚、鮊鮮魚、鰐魚、半湯魚、風雨魚、海燕魚、鬬魚、毒魚等條目。

卷中包括珠鳖魚、茈魚、鯥魚、赤鱬、鱄魚、修辟魚、鰰魚、荐魚、蚌魚、嬴魚、鰠魚、冉遺魚、鯈魚、滑魚、鱳魚、鮨魚、化魚、逆鱗魚、無鱗魚、二名魚、複名魚、倮虫魚、區别魚、足魚、色魚、器形魚、異同魚、羽鮮、亂壙魚等條目。

卷下包括互錯部（黿、鼉、鼅），能、賁、多目鼅、鼊；蟹，蛸蛑、虎蟳、彭蜞、數丸、百足蟹、蠘；蝦、躶步、寄居、海术、海扇、蜮蜼、蜆、蟶、土鐵、土肉、西施舌、海參、沙噀、石勃卒等條目。

據《中國古籍總目》載，是書版本有：清乾隆間綿州李氏萬卷樓刻嘉慶十四年（一八〇九）李鼎元重校印本《函海》一百五十二種，國家圖書館、北京大學圖書館、南京圖書館等單位藏；清乾隆間綿州李氏萬卷樓刻道光五年（一八二五）李朝夔補刻本《函海》一百五十二種，國家圖書館、天津圖書館、南京圖書館等單位藏；清光緒七至八年（一八八一—一八八二）廣漢鍾登甲樂道齋刻本《函海》一百六十種，國家圖書館、北京大學圖書館、上海圖書館等單位藏。

本書據安陸市圖書館藏清道光五年（一八二五）刻本影印。（柳巍）

目録

異魚贊閏集

西蜀　胡世安　撰

摩竭大魚

摩竭大魚，詈師莫干。瀛淵角鼻，可與齊觀。

四分律云：摩竭大魚長三百由旬，極大者長七百由旬。○智度論云：昔有五百估客下海採寶，值摩伽羅魚王開口，見三日出，白山羅列，一是實日，兩是魚眼，白山是魚齒，眼如日月，鼻如大山，口如赤谷。○拾遺記：瀛州之東有淵洞，廣千里，有魚長千丈，色斑，鼻有角，時鼓舞羣戲，噴水成雲，望者見其五色，如慶雲之麗。

海多

海多入言山儗徨鵾躍化李池張胡莫取

玉照新志宋嘉祐末有人攜一巨魚入京師能作人言號曰海多衒耀市井間亦常入禁中自誦云海多風錯被漁人下網打住將在帝城中每日教言語甚時放我歸去龍王傳與這底思量爾千回萬度後經李氏園中躍入池不可復獲是歲黃河大決○靈怪集吳郡漁者張胡于太湖釣得一巨魚腹上有丹書云九登龍門山三飲太湖水畢竟不成龍命付張胡子

海魚逸品總贊凡二十種注附八種

海寶魚府巨細紛游色味異系漁書是收

鱠楯

鱠之大者狀楯得名脯同嚼蠟市肆攸輕

鱠楯鱠魚大者形短而員狀類樹楯故名重可數百觔漁人不常得之間有脯而出于枯魚之肆人厭其肉老無味空負大名耳

箬魚

形同竹葉綴名貼沙佐觴雋品幼脯並誇

箬魚狀似竹葉閩鄉名貼沙以其身貼伏沙上象

形也鱗極細肉嫩無刺臨安江口時有之潮中有一種赤黑謂之幼鹽晒乾脯輕薄超雋下酒不可無此君○比目亦有箸名

帶魚

佩帶誰遺皚如曳練奇其說者原始仙媛

帶魚生深海中濶二三寸長可數尺色白如銀無鱗刺骨中有珠者名珠帶小者名帶絲皆因其狀似而或云西王母度東海侍女飛瓊腰帶爲大風所飄化此魚

竹魚

竹魚倏生博二寸許色奪浮筠寒食斯取貫尖無斥疑其黨與

竹魚倏生博可二寸長二三尺嘴尖而長通身綠色青翠可愛腹白狀似竹當寒食前後漁者以絲網取之又一種名貫尖亦名桂尖似竹魚而小一種名無唇卽桂尖之類而缺上唇口中有小蝦爲之取食○互詳前三卷竹頭鮮箋

烏頰　赤鯮

二魚異產形味稍同色羣可辨或釣或罾

烏頰身狹側視之則稍員厚鱗少骨多處水崖中

漁人以釣得之色近黑脊上有刺數十枝長二三寸或亦借此以防患者。赤鯮一名交鬣似烏頰而稍短結陣而至大小交錯因名交鬣色淺絳故又名赤鬃味不下烏頰黑赤之分衆寡之異小者名紅翅蓋其子也

鮓魚

身長骨弱性不樂羣豈懲狷狎出處峻分

鮓魚首圓鱗細身長骨弱大者數十斤或云性健不與諸魚爲羣故名鮓。雜書云鯧魚無定耦與衆魚狎

水棍　松魚　沙姜魚

豐肉鮮骨鱗判有無升之賓豆家庖是需

水棍身圓而短無鱗肉厚味甘大可五六斤莆中名爲嘉蔬以四五月間至鄉人以之充饔庖不以供客蓋賤之也○松魚狀似水棍頭扁尾尖身無鱗刺口有鬚九十月間至漁人以餌釣之肥甚肰而罕供賓祭與赤魚同類而異名五須者爲松三須者爲赤而赤殊勝云○沙姜魚身圓有鱗而白肉厚無刺呼爲飼子飫以其無骨便食但未免肉相耳

聚族雖三羣游則一海若拯貧結夏可必

鰛魚　波郎　青鱗

鰛魚身圓鱗厚長數寸波郎無鱗刺五六月間多結陣而來多者一網可售數百金漁人望海爲田此其一也青鱗似鰛而薄至亦結羣天若以海利私此窮人者

黄雀　白雀

飛躍貿形味隨氣革昊頊乘權術衒黄白

黄雀似箬葉而薄色黄異苑云魚以八月化爲雀十月復入海化魚出惠州作腤粤人多尚之又有

白色者名白雀蓋因色而名味不及黃復有白面赤鼻二種似二雀而小皆其種也赤鼻味勝

江魚　流魚

江魚瑩玉流魚浪花宜脯宜畜收盈舟車

江魚生于海長二寸潔白如銀其來成羣漁人以爲利舟車俱滿其用甚廣或醃或脯以行四方海澄有內港出者價與銀魚等但不多得耳白丁香又小于江魚。流魚如水中花喘喘而至視之幾不辨乃魚苗也諺云正烏二鱸正月收而放之池皆爲鯔魚過二月則鱸半之鱸食魚畜魚者呼

爲魚虎故多于正月收種其細似海蝦如谷苗植之而大流魚正苗時也

花鲶　娘哀

花鲶身紋娘哀脊刺徑寸厥形醢供遠致

花鲶大寸許上下身薄有花紋娘哀脊上有刺漁人或受其螫痛不可忍因致毋戚故名形似鲶而無花大如指皆可作醢行于四方

柔魚　海産止此

元鍾海錯爰有柔品鱸膾墨形炙薦佐飲

柔魚似墨魚而身長須脚皆相似腹亦有墨獨中

軟骨爲殊生食不及脯用火炙之肉條條有紋如銀絲此海味之絶佳者而海錯雜組絶無紀載則以獨產元鍾洞山江上其他齊越海南並不產故特表而出之

鮑魚

孟貢產鮑夷羞是供力反彎薑功配鹽龍

滇程記雲南百夷中有小孟貢江產鮑魚彼夷食之日御百婦故夷性極淫貴賤俱數妻山中亦產彎薑餌一刀圭終其世斷絶人道土人以飼牡馬不之宦也○何春遠渚紀聞宋徽宗時將軍蕭注

破南蠻得其所養鹽龍長尺餘藉以銀盤中置玉

盂以玉箸摭海鹽飼之每鱗中出鹽則收用酒送

一七專興陽道

鯀魚

比鯽則大膚縷玉瑩以膾諸庖無異雋永　原贊

宋祁益州方物畧云鯀魚出蜀江背鱗黑而膚理

似玉蜀人以爲膾味美

沙綠魚

長不數寸有駮其文淺瀨曲隈唯泳而羣　原贊

方物畧云沙綠魚魚之細者生隈瀨中狀如鰌大

不五寸味美蜀人珍之

石鼈魚

鱖鱗幺質本不登俎以味見錄雖細猶捕 原贊

方物畧云石鱉魚似鱖鮊而小上春時出自石間

庖人取爲奇味

魶魚 或云即鯢

有足若鯢大首長尾其啼如嬰緣木弗墜 原贊

方物畧云魶魚出西山溪谷及雅江狀似兒有足

能緣木其聲如鯢啼蜀人豢之○范鎮東齋筆錄

蜀有魶魚善緣木有聲如啼孟子言緣木求魚是

亦未聞此也

江蟯

介屬根植其名江蟯殼分碧瓣肉緣素毫

漁書江蟯生海泥中殼如花瓣而緣有根直植于泥白如豆芽殼軟肉邊有毛而白海味之佳者漳之詔安潮之海門皆有之郡中以爲珍羞但遠致經久則失其眞味矣。蠡史曰介屬生根柢惟此一種蓋奇品也昔有中貴食而美之籃盡見根笑謂海錯亦著豆芽乎。此與山人認鱟子作菜豆海粉作粉線何異目不經見見其似者

蜩

漳海泥蜩生緐質小種異蚶田霜候枯槁

漁書泥蜩似蚌而小惟漳浦詔安海中產焉不種而生采之不竭大不盈寸鮮作湯佳七八月間爲盛霜降則枯矣晒肉爲米可藏久用鹽連殼醃之可致遠

沙蠶　土穿

沙蠶類蚓味甘登俎別種土穿汁凝盛暑

漁書沙蠶一名鳳腸似蚯蚓而大生于海沙中首尾無別穴地而處發房飲露未嘗外見取者惟認

其穴荷插捕之鮮食味甘脯而中爼又一種名土穿生海泥中比沙蠶畧大其尾小六月煮之堅如凍漳浦雲霄多有之。蠡史曰沙蠶無筋骨之强爪牙之利穴沙吸露尚不免見食于人者以味美也近聞捕蟬食者廉而受殃口腹何厭之有土穿六月汁可成凍以視越中蓴菜四五月葉下有雲皆造物之至奇不隨俗炎凉者也

半體魚

廣武山麓漢高殿前有井入角三魚泳㴝其一半體云昔烹鮮刳腹圉圉新錄攸傳

陶朱新錄河南廣武山漢高皇廟在其麓殿前有八角井曰漢泉井中有三魚一金鱗一黑鱗一如常而半體鱗肉與骨皆無獨其首全與二魚並游水中但其游差緩不復有楊鬣撥剌之勢觀者憑欄俯窺雖異之而猶未審一日有墮井者因漉之遂得三魚鱗色如在水中時半體者五內皆無方大異之後復置井中至今三魚尚存俗傳漢高皇食膾庖人治魚及半而楚軍至倉皇棄井中而遁語雖難信肰以剞魚而游泳亦可怪也

毬魚

朱崖之漪有物鞠如貌形正號厥味雋腴

宋范正敏遯齋閒覽海中異物不知名者甚多人大抵似狀名之朱崖之旁溪有物正如鞠大小質狀無異亦有紋如線綠味極肥美土人但呼爲毬魚

異魚贊閏集

異魚圖贊補引

戊午之役觖望禹門自分泥蟠畢此生矣同社多挾策走長安而余復負笈入山寺章句瀋餘既所憎對覓話老衲外惟日披古函散帙以喻適志耳偶簡升菴先生異魚圖贊不避疎淺漫摭見聞詮次如卷己而老衲見之戲謂曰羨淵不如結網獲鮮可以忘筌余服膺其得斵輪微旨異日持青脊墨頭十數魚名暨山海經所載珠鼈之類來訊則又升菴先生所遺者余因類搜其餘補之維時陽萌寒谷氣啓負冰聊借筆墨作濡呴緣以傲簡蟫曰余將彈鋏衡泌不欲

自爾分飽神仙字也稿成命兒子輩較正魯魚乃亦

彷箋如左凡三卷又閏集一

萬歷戊午長至日蒲亭胡世安識

異魚圖賛補卷上

西蜀　胡世安　撰　綿州　李調元鶴洲　校

鰌魚

鰌魚肖鯉產淺海濟非鱘非鰦音旹混系首扁身圓
背軟肉細大者號鰅子味靡麗
雨航雜錄鰌魚似鯉生淺海中專食泥身圓口小
骨軟肉細似鰌而大者曰鰅神仙傳介象與吳王
共論魚以鰌爲上取其益陰○張九嵕頌鴛青虬
驂元螭肥而凝涅而淄似烏則此黑魚不嫌入淤
而食泥猶堪哺糟與啜醨○養魚經松之入于潮

泥地鑿池仲春潮水中捕鯔盈寸者養之秋而盈
尺腹背皆腴爲池魚之最是食泥與百藥無忌其
子味更佳京口錄云頭匾而骨軟惟喜食泥邑緇
黑故名粤人訛爲子魚閩志云目赤而身圓口小
而鱗黑至冬能牽被而自藏○李時珍云生東海
狀如青魚長者尺餘其子滿腹有黃脂味美獺喜
食之吳越人以爲佳品醃作鮝脂○齊諧記魏明
帝見雒水白獺不可得徐邈曰獺嗜鯔魚不死乃
刻畫板作鯔形懸于岸獺競來一時執得○鱓魚
出餘姚子鱭魚出山陰

青脊魚

青脊非鯽而有鯽名身扁鱗白腴美可鯖清明改侯

腦內蝨生肉瘦味減不中塼烹

海味索隱青鯽歌探茅積得元鯽顏如漆味如腊

鬻白石防中咽啖蟠桃吐崑核比五葷是雞肪中

間棄之殊可惜屠本畯云青脊魚身扁而鱗色俱

白以背上一條青脊得名非青鯽魚也其膏腴甚

美出秦化縣土庶咸珍之在俱魚之上過清明時

候腦中生蝨名魚蝨漸大而魚亦漸瘦便不堪食

矣豈張將軍食此魚正在生蝨時耶但脊作鯽土

人故自訛耳○漁書黃魚狀似時魚而小一名青

鯽寧波出者佳鱗薄刺柔海人尚之

香魚

鴈珍雜五香魚殿供丰美拔萃五斗易觵月增一寸

自春徂冬

雨航雜錄鴈山五珍謂龍湫茶觀音竹金星草山

樂官香魚也土人朱太守素無宦情嘗曰豈以五

斗易五珍香魚鱗細不腥春初生月長一寸至冬

月長盈尺則赴潮際生子生已輒槁惟鴈山溪澗

有之他無有也一名記月魚

墨頭魚

墨鱸類鱓出以三月魚火夜伺其來勃䘁好事相傳

墨瀋攸涮

墨頭魚蜀嘉州出形狀類鱓子長者及尺其頭黑如墨頭上有白子二枚又名二斗魚常以二三月出漁人以火夜照乂之惟郭璞臺前乃有世傳璞著書臺上魚吞洗硯之墨所化或名墨鱸。方物畧云黑頭魚形若鱓長者及尺出嘉州歲三月則至惟郭璞臺前有之里人欲怪其說則言璞著書臺下魚吞其墨故首黑贊曰黑首白腹修體短額

春則羣泳促罟斯獲嘉州又有客則魚似鱒肉嫩
而美不恒有也

馬嘉魚

福之馬嘉燕尾銀膚春夏乳子始與潮徂知進眯退
見東𦊙羅

癸辛雜識姚鎔效柳河東三戒作三説其一曰福
之馬嘉云海有魚曰馬嘉銀膚燕尾大者視晬兒
䲀而火鱐之可致遠常淵潛不可捕春夏乳子則
随潮出没而上漁者用此時簾而取之簾爲疏目
廣袤數十尋兩舟引張之縋以鐵下垂水底魚過

者必鑽觸求進愈觸愈怒則頰張鬣舒鉤著其目
致不可脫向使觸網而能退則攸然逝矣知進而
不退用罹烹醢之酷悲夫

鯈鮢

浮陽之魚名曰鯈鮢狀如柳葉羣游發發胠沙望洋
有怪莫詺省枯魚書徒增嗟咄

荀子鯈（音稠）鮢（當作䱁）者浮陽之魚也胠（祛同）于沙而思
水則無逮矣挂于患而欲謹則無益矣○本草名
鰷魚一名䱧魚一名鮂魚條其狀也粲其色也囚
其性也李時珍云生江湖中小魚長僅數寸形狹

而扁狀如柳葉鱗細而整潔白可愛性好羣游最宜鮓葅

鮸魚

腮有三四彷彿淞鱸雖有鰵名與鯰類殊

雨航雜錄鮸魚狀似鱸而肉粗三腮曰鮸四腮曰苧鮸樂講志所謂鰵音敏魚是也一曰茅狂○林日瑞魚書云鱵狀如石首而大黑色多鱗巨者鱗如海鏡眼如碗重數十斤生深海中可脯可醢其膠絕堅美工師爲几案諸器物常用之○篇海鯰鱝音憤卽鰵也此魚圓如盤口在腹下尾有毒此似

另種互見黃魟箋

杜父魚

溪澗小魚爰有杜父狀類吹沙口濶喙䂳脊鬐雖螫

渡父攸膴

杜父魚一名渡父魚一名黃𩶘（音幺）魚一名船矴魚

臨海志名伏念魚古今注江東呼童子魚爲土父

是也李時珍云溪澗小魚渡父所食故名見人則

以喙插入泥中如船矴也陳藏器云杜父魚生溪

澗中長二三寸狀如吹沙而短其尾岐大頭濶口

其色黃黑有斑脊上有鬐刺螫人

勒魚

東南海中夏初䚪䚪漁人設網伺鰳次逐狀刺如鰣

氷鮮是鬻甜瓜若生骨蔕尋熟

本草此魚腹有硬刺勒人故名出東南海中以四

月至魚人設網候之聽水中有聲則魚至矣有一

次二次三次乃止狀如鰣魚小首細鱗腹下有硬

刺如鰣刺頭上有骨合之如鶴喙形乾者謂之勒

鮝吳人嗜之甜瓜生者用勒鮝骨插蔕上一夜便

熟石首鮝骨亦然○養魚經鰳魚腹下之骨如鋸

可勒出與石首同時海人以氷養之而鬻于諸郡

謂之氷鮮

沉虎　潛鹿

惟海蠻師魚身虎首爰彼潛鹿亦斑龍偶變化無恒孰是樞紐

談乘沉虎虎頭魚也潛鹿鹿頭魚也互見前鮫箋○夢溪筆談嘉祐中海中漁人獲一物魚身而首如虎亦作虎文有兩短足在肩指爪皆虎長八九尺視人輒淚下舁至郡中數日方死有父老云昔年曾見又謂之海蠻師䏍書傳小說未嘗載○臨海水土異物志鹿頭魚有兩角如鹿又雷州出虎

鯊鹿鯊鼉白海中有鹿魚梅聖俞有鹿角魚詩海中魚角矗矗不擬龍乃擬鹿嶺表錄異鹿子魚頳色其尾鬛皆有鹿斑赤黃色羅州圖經云州南海中有洲每春夏此魚跳出洲化而爲鹿曾有人拾得一魚頭已化鹿尾猶是魚南人云魚化爲鹿肉腥不甚食

黃魟魚

魚曰黃魟音烘身似檞葉頭尖無鱗末刺堪慴西陽雜俎黃魟魚色黃無鱗頭尖身似大檞葉口在頷下眼後有耳竅通于腦尾長一尺末三刺甚

毒○雨航雜錄魟魚形圓似扇無鱗色紫黑口在腹下尾長于身如狸鼠其最大曰鯲其次曰錦魟曰黃魟曰斑魟曰牛魟曰虎魟魟或作鯕文選所謂鱝魚也尾端有刺甚毒大抵海魚惟魟尤毒于諸魚不可常餐

油魚

河首石穴油魚所𠫤三寸而修豈魟之儷肥以中秋炙食腴毳

油魚在雲南鄧川州南上有珥池又五里爲油魚穴魚長僅二三寸中秋則肥孟冬則絕○沮水記

云河首關有石穴八九月產油魚甚肥人謂水鹹

則肤油魚覩魟魚更小而肥美過之炙則腴毳

黃鯝魚

黃鯝小魚身扁鱗白潤不踰寸長不近尺可充鮓葅

宜于煿炙黃姑黃骨呼訛南北

本草黃鯝魚生江湖中小魚也狀似白魚而頭尾

不昂扁身細鱗白色潤不踰寸長不近尺可作鮓

葅煎炙甚美按魚腸肥曰鯝此魚長腹多脂魚人

煉取黃油然燈甚腥南人訛呼黃姑魚北人訛呼

黃骨魚

白魚

北勝陳海白魚是育江湖類生太湖擅獨鱎鮊殊稱

武舟戩穀雄詮鮂名崔豹有錄

一統志白魚出雲南北勝州陳海狀如鯉而色白

又淮水出白魚和州出淮白魚○避暑錄太湖之

白魚冠天下梅雨後十有五日入時白魚最盛謂

之時裏白○本草亦作鮊一名鱎魚白者色也喬

者頭尾向上也劉翰云生江湖中頭昂大者長六

七尺李時珍云鮊形窄腹扁鱗細頭尾俱向上肉

有細刺武王白魚入舟即此○古今注白魚雄者

曰魱子好羣浮水上名白萍

陽鱎

迎釣輒呑陽鱎則爾肉愫無味質薄不美譬彼冠蓋
前麈倒屣賢喆烹鮮云胡不鄙

說苑宓子賤爲單父宰過陽晝曰子亦有以送僕
乎陽晝曰夫投綸錯餌迎而吸之者陽鱎也其爲
魚博而肉厚子賤曰善未至單父冠蓋迎之者交
接于道子賤曰車驅之車驅之夫陽晝之所謂陽
鱎者至矣于是請耆老尊賢者而與之共治

白鰱

魚之貴者爰有白鰱納池白露違時則斃

養魚經曰鰱乃魚之貴者白露左右始可納之池中或前一月或後一月皆不育漁人攜于舟若煎炙油氣觸之則目瞎京口錄云巨首細鱗池塘中多畜之

鯼魚

魚贊類者江湖有鯼志訛石首食療混鯮其實三種稍有異同

李時珍云鯼性啖魚其目騣視故名異物志作石首非也食療作鯮鯮生江湖中體圓厚而長似鰔

魚而腹稍起扁額長喙口在頷下細鱗腹白背微黃色亦能噉魚大者二三十斤

鯆魚

閩莆有鯆鮮食𣌭頤剖腹子滿元冬佳時王得臣麈史鯆魚閩中鮮食最珍者長七八寸濶二三寸剖之子滿腹冬日正其佳時莆田迎仙鎮乃其出處黃公度云莆中佳產惟子魚紫菜荔枝蠣房也○宋方勺泊宅編興化軍子魚惟通應大師廟前者最美世稱通應子魚而東坡詩通應子魚猶帶骨應作印恐誤○漁書子魚似青魚而小

正二月間佳此種海上多有之惟鹹淡水之交其
品獨擅又有青鮀白鮀大同小異海人能辨之臨
安只子魚一種大則鯔魚也生江中者勝他產類
說秦檜夫人嘗春日入宮顯仁太后言近日子魚
大者絕少夫人曰妾家有之當以百尾進歸告檜
咎其失言乃謀之客以青魚進后撫掌大笑云我
道這婆子村果朕

印魚

首載篆籒浊諸魚死似青而修鋪必先祀勝鶚豕者
彼或疑此

雜俎印魚長一尺三寸額上四方如印有字諸大魚應死者先以印封之○明黃鐵橋海語印魚出南海中似青魚而修廣過之頭骨中折如解顱之嬰腦後垂皮方經三寸許若道巾之披餘肰上有黑文儼如篆籀島夷間有獲者必珍藏之○述異記城陽縣南有堯慶都墓前一池魚頭間有印文謂之印頰魚若非祀者捕而不得○郭詳正詩仙魚通印勝鷃炙亦猶蘇之誤也

井魚

井魚乃穴噴水濺濺經其噏吐變海而泉

雜爼井魚腦有穴每翕水輒于腦穴蹙出如飛泉
散落海中舟人兢以空器貯之海水鹹若經魚腦
穴出反淡如泉水焉成式見梵僧善提勝說

毛魚

南潯洞穴陰源下通中有毛魚與龍同宫髟鬛頷豪
可貼屏風

拾遺記南潯之國有洞穴陰源其下通地脉中有
毛龍毛魚同穴而處○續博物志海州有人持一
束黑物形如竹篾云海魚腮中毛可作屏風貼邑
似水牛角頭似猪鬃長二尺四寸廣可一寸

喙有箴紋字曰箴魚形同鱠殘瘦疾用除釣鍼所化

箴魚

俗說堪噞

本草作鱵臨海志作銅哾魚東山經栒狀山沢水

出焉北注于湖中多箴魚狀如儵其喙如箴食之

無瘦疾○寰宇記鱵魚生江湖中大小形狀并同

鱠殘但喙尖有一細黑骨如鍼是異耳俗云姜太

公釣鍼所化又名姜公魚○志吳江出針口魚首

載鍼芒身長五六寸土人多取充鱐

䱒鮮魚

鮊鮮之魚體蕘中薄滇黴所饒市充瘴藥

一統志徽江府河陽縣出鮊鮮魚一名康郎魚雲南諸府買作瘴藥一作𩶱𩸑注𩶱𩸑空鯢今此魚亦乾而中空

鰐魚

鰐魚無骨臑膩如膏徒哆厥口不足以豪

雨航雜錄鰐魚身柔如膏無骨鱗細口濶齒多一作鱴海上人目人弱者曰鰐○海味索隱須豐若無肌柔若無骨截之肪耶盡之脂耶乳沉雪山鉢底酥凝玉門關外露滴仙盤掌中其節若箇之化

身也耶四明屠本畯云水族風味眞上品也一作

風鱮

半湯魚

半湯湖魚五入輒死亦如鰌鮰不入江水

一統志應天府東北有半湯湖水同一壑而冷熱

相半熱可瀹雞中皆有魚魚交入輒死民引熱水

溉田一歲兩熟○埤雅鰌鮰入江水輒死韓文公

詩江魚不池活今魚生流水中則背鱗白而味美

生止水中則背黑而味惡亦一驗曹植云鹹水之

魚不游于江淡水之魚不入于海

風雨魚

海鷂風使白袋雨奴性同箕畢羽角形殊

雨航雜錄海鷂魚亦文鰩類也形似鷂有肉翅能飛上石頭齒如石板出主風又有白袋魚似牛而白自海入江則兆水澤諺曰海鷂風伯使白袋雨師奴○釋名海鷂魚一名邵陽魚食鑑作少陽魚一名荷魺同魚一名鱝魚一名鯆魮魚一名蕃蹹魚一名石蠣陳藏器云生東海尾有大毒逢物以尾撥而食之其尾刺人三刺中之者死二刺者困一刺者可以救候人溺處刺釘之令人陰腫痛拔

去乃愈海人被刺毒者以魚扈竹及海獺皮解之又有鼠尾魚地青魚並生南海俱有肉翅刺在尾中食肉去刺○李時珍云海鷂魚江湖一特有之狀如盤及荷葉大者圍七八尺無足無鱗背青腹白口在腹下目在額上尾長有節螫人最毒皮色肉味俱仝鮎魚肉內皆骨節節聯比脆軟可食吳人措之魏武食制蕃踰魚大者如箕尾長數尺是已即漳泉所謂鱝魚嶺表錄異雞子魚嘴形如鷂肉翅無鱗色類鮎魚尾尖而長有風濤即乘風飛于海上此亦海鷂類也○南越記天牛魚方圓三

丈眼大如斗口在脇下露齒無唇兩肉角如臂兩
翼長六尺尾長五尺或亦白袋類也

海燕魚

魚有海燕大小種殊聲如牛者嘺然潮驅以寸計者
陰雨翔匯

廣古今五行記齊鹽官縣石浦有海魚乘潮來去
長三十餘丈黑色無鱗其聲如牛土人呼爲海鷂
○本草海燕出東海大一寸狀扁面圓背上青黑
腹下白脆似海螵蛸有紋如簟菌口在腹下食細
沙口旁有五路正勾卽其足也臨海水土記陽遂

足生海中色青黑腹白有五足不知頭尾生時體
耎死即乾脆正此異物志載燕魚長五寸陰雨則
飛起亦即此主治陰雨發損痛亦入滋陽藥

鬬魚

有魚矯悍斑紋炫盼習訓爭長里兒競豢

宋張世南遊宦紀聞三山溪中產小魚斑紋赤黑
相間里中兒豢之角勝負爲博戲昔有鬬禽未見
有鬬魚亦可觀也閩永嘉亦有之○稗史波師魚
俗名師婆魚其大如指鬐鬣具五采兩腮有小點
如黛黑性矯悍好與魚鬬○五雜組閩莆中喜鬬魚

其邑爛漏喜鬭纒繞終日尾盡齧斷不解此魚吾郡亦有之俗名錢爿魚畜之盆中諸魚無不受齧人皆惡之而莆人乃珍重如許良可怪也

毒魚

䱱師越鮑及籬頭溺人中厥毒亦孔之慼

北山經饒山歷虢之水出焉東注于河中有師魚食之殺人陳藏器云魚師大者有毒殺人今無識者但唐韻鰤老魚也及北山經所云其卽此與○南越志績尾魚有毒一名鮑名酉陽雜俎傍海大魚脊上有石十二一名籬頭溺一名螃蟾其溺甚

毒

異魚圖贊補卷中

西蜀胡世安撰　綿州　李調元　鶴洲　校

珠鱉魚

珠鱉足六如肺有目𤸰癘若逐甘酸盈匊

東山經葛山豐水出焉東至于余澤中多珠鱉魚其狀如肺而有目六足有珠其味酸甘食之無癘一統志生高州海中四目六足而吐珠呂氏春秋澧水魚之美者名曰珠鼈淮南子蛤蠏珠鼈與月盛衰埤雅鼈珠在足皆指此也

茈魚

泚水茈魚一首十身臭越蘪蕪失氣以薉

東山經東始山泚水出焉中多茈魚狀如鮒一首而十身其臭如蘪蕪食之不糟郭注止失氣也按朔法師混作鱟魚非

鯥魚

鯥好陵居魼羽蛇尾音如留牛夏生冬死

南山經柢陽山之東（音蒂）山多水有魚焉狀如牛好陵居蛇尾有翼其羽在魼（亦作脅）下其音如留牛名曰鯥冬死而夏生食之無腫疾

赤鱬

即翼赤鱬是醫疥瘃人面鳥音茜質漾漾比之陳鳥
而無手足

篇海作鯟鱬南山經青丘山英水出焉南注即翼
之澤中多赤鱬其狀如魚而人面音如鴛鴦食之
不疥○海內北經陵魚人面手足魚身在海中

鱄魚

鱄音團狀皆鮒音毛鵗豚不利于見蟰薄之倫

南山經雞山黑水出焉南注于海中有鱄魚狀如
鮒而彘毛音如豚見則天下大旱○東山經獨山
末塗之水出焉東南注沔中多偹蟰狀如黃蛇魚

翼出入有光見則其邑大旱又女蒸山膏水出焉
西注于鬲水中多薄魚狀如鱣而一目其音如歐
謂如人嘔吐聲見則天下大旱

修辟魚

黽形鴟聲維喙則白功埒豪魚厥名修辟
中山經橐山橐水出焉北注于河中多修辟之魚
狀如黽而白喙其音如鴟食之已白癬○又渠豬
山之水中多豪魚狀如鮪赤喙尾赤羽可以已白
癬

鯩魚

鯩魚貌鮒其文則黑希夷先生或不薦食

中山經來需之水出于半石山陽而西注于伊中多鯩魚黑文其狀如鮒食者不睡

莽魚

莽魚形大龜首鼈身患劇鵜獺惟最不仁

中山經視水之河有莽魚其形至大龜首鼈身是

河內所出魚盡皆食之

蚌魚

招水源禺鮮厥府藏魚尾兩足狀鼈音羊

西山經英山禺水出焉北注于招水中多鮮魚狀

如鼈音如羊郭注狀如龜而魚尾二足

鸁魚

濛水注洋有鸁泳斯音鶩翼鳥陽侯是眡

西山經邽山濛水出焉南注于洋中多鸁音螺玉篇作𩵬

魚魚身而鳥翼見則其邑大水

鰠魚

鰠魚渭產其狀如鱣覯等朱獳休鰥代鬭

西山經鳥鼠同穴之山渭水出焉東注于河中多

鰠魚動則其國有大兵○東山經耿山有獸狀如

狐而魚翼名曰朱獳其鳴自叫見則其國有恐○

中山經少室之山休水出焉北注于雒中多鯑魚
狀如盩蜼而長距足白而對食者無蠱疾可禦兵

冉遺魚

北注陵羊是曰涴水誕育冉遺目如馬耳蛇首六足
朋鯑侶鮪捐眯禦凶山經稱美

西山經英鞮山涴水出焉北注陵羊之澤多冉遺
或作鱒蠙之魚魚身蛇首六足其目如馬耳食之使人
不眯眯同寐可以禦凶

鯈音猷魚

汨和捐平莫慘于憂詩詠萱草山經則鯈舊圖贊

北山經帶山茈湖之水其中多儵魚狀如鷄而赤色三尾六足四首其音如鵲食之已憂一云赤可以禦火○或謂萱草一句應改云霍山朏朏茈水則儵更切按中山經霍山有獸狀如貍而白尾有鬣名曰朏朏食之可以已憂

滑魚　鱳魚

諸毗有滑泰澤有鱳已疣功並宜用充庖

北山經求如山滑水出焉西注于諸毗之水中多滑魚狀如鱓赤背其音如梧食之已疣又獄法山瀤澤之水出焉東北注于泰澤中多鱳魚狀如鯉

而雞足食之已疣又展水饐魚亦已疣見前

鮨魚 音詣

囂水鮨魚兒章犬首琴牧而存吾以薦酒

北山經北獄山諸懷之水出焉西注于囂水中多鮨魚魚身而犬首音如嬰兒食之已狂

化魚

鱗而毛羽黃魚化鵡泡變豪豬沙魚更虎

倦游雜記黃魚化爲鸚鵡泡魚大者如斗身有刺化爲豪豬沙魚之斑者化爲虎○臨海記魚虎名土奴魚陳藏器云生南海頭如虎背皮如猬有刺

着人如虵咬能化豪豬亦有變虎者○海語虎頭鯊化虎惟四足難化經月乃成或曰虎支直而疏且長者魦化也炳炳成章者常虎也

逆鱗魚

魚逆鱗者仙經肉芝詭質殊育明遠志之

瑣碎錄魚逆水而上鳥向風而立取其鱗羽之順也按紀聞逆鱗魚仙經謂之肉芝○鮑照登雷岸與妹令嗶書繁化殊育詭質怪章則有芒須針尾之族逆鱗反舌之屬

無鱗魚

黃帝遊雒見鯉無鱗其長三丈赤文青身

河圖黃帝遊于雒見鯉魚長三丈青身無鱗赤文成字○西寧衛志城西三百里外西海方數百里中有魚無鱗背負黑點

二名魚

二名之魚篇海可披鯸鮈鰝鰐音革額鮨予鮲鯕鰪鰤鱸音蛤鰫鰗鰗音納鮬鮿音凝蒲夷堪矜音序山經攸垂

以上魚皆兩字名不及特表者鮨予魚其生也帶子鰪鰤海魚鱸鰫魚似鯖而小北山經碣石繩水出焉東注于河中多蒲夷之魚東南經犲山其下

多水中多堪孖之魚其餘形色地產未詳

複名魚

魚複名者鰼鰼鱅鱅䰽䰽鮯鮯蠻蠻禺禺音顒

鰼鰼鮯鮯見前東山經樕螽山食水出焉中多鱅鱅之魚其狀如犁牛其音如彘鳴北山經少咸山敦水出焉東注于雁門之水中多䰽䰽音沛或沛鯆之魚食之殺人西山經剛山之尾雒水出焉北流注于河中多蠻蠻之魚其狀鼠身而鼈首音如吠犬王會揚州獻禺禺之魚○按相如賦禺禺鱋鰨郭璞云即比目魚

湖北地區藏漁業類古農書珍本萃刊

倮虫魚

竊人形號貴賤皆倫水國塵寰易地一視

北山經龍侯山決決之水出焉東注于河中多人魚狀如鯑四足音如嬰兒食之無癡（一作瘕）疾又竹山竹水出焉熊耳之山浮濠之水出焉陽華之山楊水出焉朝歌之山潕水出焉其中皆多人魚陶弘景云人魚膏燃之不消秦皇驪塚所用人膏是也乾道六年湖州市戸弄蛇客養一魚于瓦盆狀如鮎而腹黑下出兩手若人狀十指皆具亦人魚也○鯑釋名人魚又名孩兒魚按孩兒魚有二種

生江湖中形色皆如鱣鮠腹下翅形似足其腮頰
軋軋音如兒啼即鯑也一種生溪澗中形聲皆同
但能上樹乃鯢魚也又名魶魚見范蜀公所稱按
郭璞云鯢魚四脚前脚似猴後脚似狗大者長八
九尺寇宗奭云鯑形微似獺四足腹重墜如囊身
微紫色無鱗常剖視之中有小魚小蟹小石數枚
也○雜俎梵僧普提勝說異魚東海漁人言近獲
一魚長五六尺腸胃成胡鹿刀槊之狀號秦皇魚
述異記鈞州有一陂陂之中有范蠡魚昔范蠡釣
得大魚烹食之小者放于陂又云和州歷陽淪爲

湖今湖中有名府魚奴魚婢魚○一統志臨海出
望潮魚一名海和尚○海內北經東洋大海有和
尚魚狀如鱉其身紅赤色從潮水而至○志重慶
東南二百五十里有魚池流合岷江圖經云嘗有
神魚游此世傳巴子魚也○養魚經鰕虎之魚類
土父而腮紅若虎善食鰕俗謂新婦之魚

區别魚

形色不一難以類求或地待顯或因地收何必淵羨
展卷與游

朝野僉載峰州有一道水從吐蕃中來夏冷如氷

霅有魚長一二寸來去有時人取烹之而食千萬家取不可盡不知所從來名峰州魚。雜俎興州有一處名雷穴水常半穴每雷聲水塞穴流魚隨流而出百姓每候雷聲繞樹布網獲魚無限非雷聲漁子聚鼓擊穴口魚亦輙出所獲半于雷時人呼雷穴魚韋行規作興州刺史書此事移親故云。晉吳隸爲魚塞于雲湖有大魚化人語隸云曉有大魚攻塞切勿殺隸許之須臾有大魚至羣魚從之隸同侶誤殺大魚是夕風雨冥晦魚悉飛上木間因號飛魚逕在九江城西二里。宋天聖中

丁少連侍母觀網魚得大鯉命烹之庖人驚報魚
頂生角魚已瀕死少連祝曰魚若變化分當再活
試以水圍圍如初遂放于清石潭盧載作送角鯉
文因以名池在醴陵縣東○東湖魚產南昌其湖
水清魚美宋徐附詩東湖春水百魚金是也又
江魚此魚食金花水其味美又南川九遞山下有
水豬爲池中產異魚人不敢取名九遞魚○鱁水
源出淩江其流會于保水春多鱁魚在南雄西十
里鯉魚潭水深碧中有異魚如鯉人取而烹食之
則化水在瓊州澄邁縣南五十里又魚翁井泉極

清冽相傳泉與海通中有一大魚頭白俗呼魚爺

呼之輒出在文昌縣西○宋景公食善星亥有淇

漳之體中山經有岷山江水之鰲

足魚

鱗鬣發發浮空若跋名異形殊乳同濡沫鰤鱈鯸鱅

從類槩括建洞浮湖推之愈濶

北戶錄全義嶺表異錄作金義嶺之西南有山曰盤龍山有

乳洞洞有金沙龍盤魚皆四足修尾丹腹狀如守

宮游泳水濆人莫敢犯按御覽云龍蟠山有石洞

洞中小水有四足魚皆如龍形人殺之即風雨也

肰唐韻云鰑魚四足鯑鯢別見但未見言其可致
風雨耳公路因思道書說五頭魚三足鹿皆神化
所致不可以類而推也○榮經水及西山溪谷出
魶魚有足能緣木聲如兒啼蜀人食之○山經樂
游山桃水出焉中多鮹音骨與滑音不同者此魚狀如蛇而
四足是食魚疑即鮹○篇海鰒音役魚有四足○梧
州放生池中多鰽魚有四足死後頭骨牙齒朽落
至五月後更生骨盡乃止此疑鱷類○真臘國出
建同魚四足無鱗鼻如象吸水上噴高五六丈又
浮湖魚八足狀如鯉嘴如鸚鵡○宜興顛山潛虬

泉幽深泓澄中有異魚四足能行率數歲一出出必有水灾

色魚

洪纖匪一五色備焉豈其水府染繢有權

北戸錄歷潤潭有五色魚○中山經景山雎水出焉中多文魚○拾遺記鯀沉羽淵化元魚時揚鬐振鱗橫游波上見者謂爲河精又瀛州名環州東有淵洞有魚長千丈色斑鼻端有角時鼓舞羣戲遠望水間有五色雲就視乃此魚噴水爲之慶雲之麗無以加也○裴晉公謂門人曰吾死無所繫

但午橋莊松雲嶺未成軟碧池繡魚尾未長漢書未終篇爲可恨耳○元志廣州有赤魚又韶州府東南五十里温泉中時見赤魚游泳人不敢捕○昌化縣西北千頃山有龍湫魚皆金銀色禱雨多應○昆陽平定鄉小山下有三洞泉出會而爲潭中有青白大魚俗呼隨龍魚人不敢獲○粤西陽朔縣西十五里有異魚塘中有魚綠鱗而紅鬛○劍州普安廢縣浴丹池唐杜光庭浴丹之所池有魚赤鬛色如金飛躍其中或探取必觸風雨之變

噐形魚

鋸筭鞘鏡以形似名斗𩸞筆管亦詭厥生腦金抱石

無忝別旌

寰宇記惠州出鋸魚亦名狼籍魚身長二丈口長

三尺廣三寸左右齒如鐵鋸南越志作鯢魚○漁

書云鋸魚生大海中不多見其牙齒長五六尺兩

傍如鋸齒故名魚人云此魚惜齒齒掛于綱則身

不敢動恐傷其齒諺謂千金之鋸命懸一綵是也

○筭魚色白如筭長尺餘又一種越王筭大如筭

白色生海邊池中見即取之可得取待則入土中

矣○鞘魚出江湖形如馬鞭尾有兩岐如鞭鞘因

名○雜爼濟南郡東北有鱣坑相傳魏景明中有人穿井得魚大如鏡其夜河水溢入此坑坑中居人皆化鱣又異物志南方鏡魚圖如鏡○南越志石魚形圓如七斗枓又君魚長三寸背上骨如筆管大者似口逢諸細魚及黿皆斷之○博物志金魚腦中有麩金出功婆塞江○吉安龍泉縣小江出抱石魚又太原保德州出石花魚

異同魚

波食欣賜逐侶而遊形味互似豈亦貢優

首句見關尹子○南越志䱷魚如織絲魚又云織

杼魚如眞魚背上正青又寄魚長三寸似白魚常附海船以濟洪波一曰寄載魚又鱶魚似鮇鯶尾上有刺如欓樹刺也○鯽魚似蛇長一丈○魶魚似鱉無甲有尾口在腹下土人呼爲黨魚又謂之鑊蓋魚取其形似有蠆尾世言蟄人劉姓輙死他不皆然當是惡業所感○鮥海魚似鯿肥美○鯼魚似鯶相如賦鯿鮥鯼魠○鱭音齊魚出漢水似鯉而小○鰷魚似魟色白鼻長

羽鮮

魚禽易化不隔天淵今之似者應謚羽鮮

山海經子桐山子桐之水出焉西注餘如之澤中多鮹音滑肉狀如魚而鳥翼出入有光音如鴛鴦見則大旱○青箱雜記海有魚虬尾似鴟用以噴浪則降雨漢柏梁災越王上厭勝之法乃大起建章宮遂設鴟魚像于屋脊以厭火災即今世鴟吻是也○惠州志黃雀魚常以八月化黃雀十月後仍入水化魚○廣州元志有鳳尾魚○安南嘉興州嵾縣龍門江漢書封谿縣隄防龍門水即此傍有穴多出鸎鵡魚色青綠口曲而紅似鸎鵡相傳此魚能化龍云○象山縣西東攝潭舊潭中產鶴龜

其甲尺許觜如鸚鵡尾長八九寸鱗甲熌然

亂壙魚

不隸毛王詭形水族艮惡性同無復並育

肇慶志陽江縣江中有潛牛形似魚能上岸與牛

鬬角軟還入水堅則復出○廣志東海有馬鰍魚

或名馬交○南越志鼠魚頭似鼠○文登志縣北

海中有海驢常以八九月上島產乳其皮水不能

潤可以禦雨又海狸亦上牛島產乳逢人則化魚

入于水○雜俎象浦有馬頭魚色黑長五丈餘頭

如馬伺人入水食之又周陵溪中有魚其頭似羊

俗呼羊頭魚豐肉少骨殊美于餘魚○海豚腦上有孔噴水直上百數爲羣人先取其子繫水中母自來就取之河豚無頰無鱗觸之則怒氣滿腹江豚鼻中作聲出入水上舟人候之知風雨○南方物狀水猪魚似猪形

異魚圖贊補卷下

西蜀　胡世安　撰　綿州　李調元鶴洲　校

互錯部

黿

介蟲之元升沉隨月以其類求倜然雄鼈作梁夏周脂可蘈鐵子公染指遂成鄭孽

爾雅翼黿似鼈而大南人亦捕食之濶至一二丈介蟲之元也鼈以爲雄故黿鳴而鼈應淮南子燒黿致鼈此以其類求之○一云黿大于鼉朔望隨月浮水月沉則没此屬陰也○拾遺記禹濟巨海

黿鼉爲梁又紀年周穆王東至九江叱黿鼉爲梁而履之○埤雅黿亦思化其脂得火可以爇鐵張鼎云其脂磨鐵則明○楚人獻黿于鄭靈公子公之食指動謂子家曰必嘗異味及宰夫烹黿食大夫不與子公子公染指于鼎嘗之而出○五雜組殺黿割肉縣桁間見無人便自垂至地聞人聲即縮黿肉刲盡而留腸屬于首數日不死鳥攫之仍爲所嚙

鼉

鼉狀守宮亦名土龍吐水向日鳴即雨從力攻碕岸

樹皷逢逢其枕瑩潔卵至盈胸就穴掘牽人不易蹤
說文鼉狀如守宮長一二丈文五色背毛有鱗甲
如鎧能吐雲致雨身具十二肖肉蛇肉最後在尾
皮堅厚可冒鼓○本經名鮀魚一名土龍其甲黑
色能橫飛不能上騰夜鳴應更吳越謂之鱓音陀更
向日吐水日沉則没此屬陽也埤雅云欲雨則鳴
舊云性嗜睡目常閉力九酋健善攻碕岸○詩鼉
鼓逢逢夏小正剝鼉以鼓陶宏景云惟至難死沸
湯沃口入腹良久乃能剝之李斯傳樹靈鼉之鼓
晉安海物記鼉宵鳴如桴鼓今江淮間謂鼉鳴為

鼉鼓○陳藏器云入于穴中掘之百人掘須百人
牽一人掘亦一人牽不肰終不可出○李時珍云
穴極深漁人以篾纜繫餌探之候其吞鉤徐徐引
出其枕瑩潔勝于魚枕生卵甚多至百亦自食之
南人珎其肉以爲嫁娶之敬

龜

元衣督郵質應離象星散瑤光前知幽眖
古今注一名元衣督郵一名洞元先生一名冥靈
甲曰神屋又號先知君抱朴子山中巳日稱時君
者龜也○李顒賦質應離象位定坎居按易離爲

龜○春秋運斗樞瑤光星散爲龜事類賦伊神龜
之效質實瑤光之散精○說苑靈龜文五色似玉
似金背陰而負陽上隆象天下平法地槃衍象山
四趾轉運象四時文著象二十八宿蛇頭龍頸左
睛象日右睛象月千載之化下氣上通能知存亡
吉凶之變
天生神物十朋之龜或游于火或游于蓍雖云類殊
象二一歸疊疊致用極數盡幾　郭璞贊
漢書元龜距形尺四寸直一千一百六十爲尺貝
十朋公龜九寸以上直五百爲壯貝十朋侯龜七

寸以上直三百爲公貝十朋子龜五寸以上直百
爲小貝十朋爲寶四器○孫氏瑞應圖龜生三百
歲游于蕖葉之上三千歲尚在蓍叢之下爾雅十
曰火龜注猶火鼠類又抱朴子千歲之龜五色具
焉額生兩骨起似角解人語或浮蓮葉之上或在
叢蓍之下其上時有白雲○龜甲蟲之長外骨內
肉腸屬于首能運任脉廣肩大腰思抱其息以耳
雌雄尾交亦與蛇匹靈而多壽

能　賁

鼈三足曰能龜三足曰賁食之已蠱腫產于從伊潰

爾雅鼈三足者曰能龜三足者曰賁山海經從水多三足鼈食之無蠱○又大若山陽狂水出焉注于伊中多三足龜食之可以已腫○姚福庚巳編太倉民家得三足鼈烹食畢入臥少頃形化血水止髮耳鄰人疑其婦謀害訟之官時令黄廷宣鞫問不決乃别取三足鼈令婦如前烹治取死囚食之入獄亦化如前人遂辨其獄竊謂能之有毒不應如此肰理外事亦未可臆斷也而山海經云云近亦有誤食無恙者何哉○大明會典暹羅獻六足龜宋史趙霆獻兩頭龜此又前人所未知者也

多目龜

星池神龜爰有六眸或四或八塵食獨游

拾遺記星池千里池中有神龜八足六眼背負七星日月八方之圖腹有五嶽四瀆之象時出石上望之煌煌如列星○江賦有鼊三足有龜六眸○劉宋太始二年八月四眼龜見會稽六年吳興獻八眼龜齊永明五年六月建城獲四月龜八月延州獲六目龜唐書江州獻六眼龜

鼊

穹脊周裦目聽思化九肋稱良一足堪訝神守在

龍誘可謝

本草鼊水居陸生穹脊連脇與龜同類四緣有肉裠裠甲無耳以目爲聽純雌無雄以蛇及黿爲匹卵生思抱其行鼊蹩故謂之鼊俗呼團魚因形圓也黿一鳴而鼊伏遇蚊叮則死得蚊煮則爛而熏蚊者復用鱉甲物相報復如此之異。段成式云甲蟲影伏鱉伏于淵而卵剖于陵此思化也。九肋者勝目白腹下天字者不可食摭言袁州盧肇答人云亚如沅江鼊甲九肋者稀白澤圖一足鼊池精名長頊。養魚經魚滿三百六十則龍爲之

長而引飛出水內有鼈則魚不復去故一名神守

一名東明一名河伯從事

蟹

鶻眼鱟足蛭腦蜩腹流止色殊雌雄異錄敗漆集鼠

膏金髓玉執穗朝魁無腸爪于

傅肱蟹譜總論云蟹水蟲也亦曰魚屬以其外骨

則介蟲取其横行目爲螃蟹鶻眼蜩腹蛭腦鱟足

其抵類拳丁其螯類執鉞其跪又皆外刺性復躁

或編諸繩縷或投諸苓箐則引聲噀沫至死方已

類皆鮹育生于濟鄆者其色紺紫出于江湖者其

色青白小者謂之彭蚏中者謂之蟹匡長而銳者謂之蟛大者謂之蝤蛑雖皆有佳味獨蟹參于藥論耳明越溪澗石穴中亦出小蟹其色赤而堅俗呼爲石蟹與生伊洛者無異匾圓多腴而奪之瞽臍長多足其生于盛夏者無遺穗以自充止食茭蘆根俗呼爲蘆根蟹瘠小而味腥至八月則蜕而形浸大秋冬之交稻粱已足各腹芒走江俗呼樂蟹最號肥美由江而納其芒于海中之魁遇冰雪則自伏淤溼不可得矣今人設䈪具以接酒者特先置焉何曾食疏宏君食檄虞悰食品未必不珍

此味也琮南史有傳但名存而書亡此爲恨耳。陸龜蒙蟹志云執穗而朝其魁不近于義耶捨沮洳之江海自微而務大不近于智耶外剛躁而無他腸不近于正耶其見稱如此。本草蟹性多躁引聲噀沫至死乃已生于流水者色黄而腥生于止水者色紺而馨佛書言其散子後即自枯死霜前食物故有毒霜後將蟄故味美。雨航雜錄䲔即蟹也經霜則有赤膏曰赤蟹無膏曰白蟹蛤穴洳洳稻熟時及出各執一穗朝其魁或曰以輸海神入江則稍大入海益大廣雅雄曰鯢䲔雌曰博

帶雜狙其腹毛能殺人性能敗漆燒之致鼠凡蟹
漆相合則化爲水服之長生是物以解結散血得
名惟霜後可食餘節食之多致疾故有籃名孕婦
猶忌獨目獨螯四足六足兩目相向皆有大毒不
可食○爾雅翼隨潮退殼潮退徐行泥中者名攤
塗在蠣殼中爲蠣取食者名蠣奴皆蟹之族○皮
日休詩蟹因霜重金膏溢羅鄴詩賸膚未解黃金
甲骨體常留白玉香○八跪二螯外骨内肉殼上
多作十二點深胭脂色其腹中虛實亦應月大者
箱角兩出足節屈曲行則旁橫故里語稱螃蟹陸

佃云圓臍者牝尖者牡也性走明漆見之輒解名蟹似出乎此或曰此物之來秋初如蟬蛻故名蟹

譜蟹之類隨潮解甲更生新者故字从解抱朴子山中辰日稱無腸公子者蟹也埤雅梓人注仄行

蟹屬

蝤蛑

蟹有蝤蛑其力撥棹兩螯無毛隨潮退殼

扁而最大後足濶者蝤蛑雨航雜錄南人謂之撥棹子言力可撥棹隱居云以後脚形如棹也蟳乃蝤蛑之大者隨潮退殼一退一長其大者如升小

者如盞楪兩螯無毛所以異于蟹埤雅蝤蛑大者
螯力敵虎是也○爾雅翼蝤蛑大者長尺餘兩螯
强能與虎鬬其大而有虎斑文隨波淫淪者名虎
蟳○五雜組蝤蛑大者如斗俗名曰蟳其螯至强
能殺人捕之者伸手石罅中爲其所鉗牢不可脫
遇潮至便致淹沒即至小者亦鉗人出血其肉肥
大于蟹而味不及也○漁書蟳一名黄甲蟹生海
岸中殼圓而滑後脚有兩葉如棹而濶其螯無毛
穴處石縫中慣捕者徧尋其穴而得故名蟳是善
走漁人得之即以草縈繫而藏之簍當潮至時雄

在甕中亦引聲沸沫嶺南人謂之撥棹子一名蝤

蛑余鄉蟳有一二尺大殼可作花盆汲冢專車之

殼必此類然蟹勝蟳蟳勝蠘故陶穀云一蟹不如

一蟹

虎蟳

蟹有虎蟳蹣跚而行猙獰斑爛遂昌虎名

雨航雜錄大者有虎斑文濶足亦如蟳○嶺表錄

異虎蟹殼上有虎斑可裝爲酒器與紅螺皆產瓊

崖海邊雖非珍奇亦不易採得也（）敬美閩部疏

海中蟳有冬春間生者蝤蛑類也而色瑪瑙斗殼

作猙獰斑斕盡似虎頭土人名之曰虎蟳余以鼀
龍蝦爲的對也○五雜組設斑如虎頭形它方人
多取作戧器而味彌不及蟹矣○漁書云蟳小者
不結黄惟深海産者其黄與秋蟹冬蠘同一名爲
紅蟳食品重之又有石蟳虎獅蟳狀如獅頭

彭蜞

小則有蠞大則蝺朴惟兹彭蜞與蛸混錯不熟爾雅
幾死勸學因兆相如敖忽于卓

雨航雜録蠞似彭蜞而小蝺朴大于彭蜞黑斑有
文以大螯障日以小螯食彭蜞似蟹有毛而赤性

極寒。○漁書二。螯並者爲彭蜞生海泥中食土大僅盈寸一名長卿。○爾雅注彭蜞亦蝟類晉書蔡司徒謨初渡江見彭蜞大喜曰蟹有八足加以二螯令烹之旣食吐下委頓方知非蟹後向謝仁祖說此事謝曰卿讀爾雅不熟幾爲勸學死按大戴禮勸學篇蟹二螯八足非蛇鱓之穴無所寄託者用心躁也。○古今注彭蜞小蟹生海邊泥中食土一名長卿按成都古事王吉夜夢一彭蜞在都亭作人語曰我翌日當舍此吉覺而異焉使人早候見司馬長卿至吉曰此人文章當橫行一世因呼

彭蜞爲長卿卓文君一生不食彭蜞

數丸

介蟲數丸形亦似蜞丸土三百潮信與期

雜俎數丸生海邊形似彭蜞取土作丸數滿三百

而潮至八以爲候因名常在海沙中一曰沙丸有

青脚白脚二種○爾雅翼南海之物感應經蟹屬

名彭蚏以螯取土作丸從潮來至潮去或三百丸

因名三百丸

百足蟹

善宛貢蟹百足四螯煑殼成膏勝鳳喙膠

述異記善宛國貢一蟹長九尺有百足四螯因名
百足蟹煮其殼謂之螯膠勝于鳳喙膠並見雜俎

蠘

行氣尠毒莫佳于蠘肉殼多黃螯最利銛
陶隱居云蟹未被霜者甚毒以食葭故也然族類
最多六足名蛫四足名北皆有大毒潤殼而多黃
者名蠘其螯最銳斷物如芟刈焉。五雜組殼兩
端銳而螯長不毛俗名曰蠘在雲間名曰黃甲。
雨航雜錄蠘肉殼多黃食之行風氣。造化權輿
龍易骨蛇易皮麋鹿易角蟹易螯折其螯足後復

更生○蟣漁書作蟣云海蟣蟹屬甲廣兩角尖利
螯長數寸無毛端有兩牙如剪刀遇物截之即斷
故名螯有花文生時色綠熟則變紅殼有白花如
繪肉白膏赤味不下于蟹解甲虛實亦與蟹同名
有數種各以類聚漁人網取輙盈車舟五六月間
鄉人空手入水探之隨取隨得作醢爲佳螯則另
聚而臠之以爲上羞作脯亦佳有冬蟣花蟣黃蟣
青脚蟣三目蟣四目蟣四時皆有形多相似惟文
色差別時候不同耳大者盈尺小者不下二三寸
臍下之子宜膾

蝦

蝦代蛇睇亦兆兵蒇須可杖簾尢繁厥系

水母目蝦詳前又蟹譜吳俗有蟹荒蝦兵之語以其披堅執鋭也蒇或暴至則鄉人以爲兵證。爾雅鰝大蝦出海中者長二三丈游行則豎其鬢高于水面故字从高鬢長數尺可以織簾。嶺南錄異劉恂曾登海船入柂樓忽見窻板懸二巨蝦殼頭尾鉗足具全各七八尺首占其一分觜尖利如鋒刃觜上有鬢如紅筯各長二三尺雙脚有鉗鉗麤如人大指長二尺餘上有芒刺如薔薇枝赤而鍩硬手不可觸腦殼烘透彎環尺餘何止于盃盂也。北戶錄滕循爲廣州刺史有客語循曰蝦鬚有一丈者堪作柱杖循不之信客去東海取鬚四尺以示循方伏其異交廣記曰有廣州刺史語滕修蝦長一丈不之信其人後至東海取蝦鬚長四丈四尺封以示修一事而載小異又交趾蝦巨如柱鬚長七八尺者海濱以作柱杖甚佳陳剛中詩蝦鬚作笻杖。廣韻蝦魚屬閩中有五色蝦梅蝦盧蝦泥蝦苗蝦又海中有管蝦。梅蝦數千萬尾不及斤五六月間生一日可滿數十舟色白可愛

泥蝦可爲醬并苗蝦皆極細不可辨。五雜組吳
越王宴陶穀蝦自龍蝦至線蝦計亦不下三十餘
種按龍蝦大者重二十餘斤須三尺餘可作杖。
漁書云龍蝦一名蝦魁其首如龍有刺如蟹而大
眉上起二角鬚長數尺兩旁共十脚脚末有爪爪
上有毛徑寸黃金色負介昂藏體似小龍大可二
三斤色綠碧炊熟硃紅鬚紅白相間味絕甘美鮮
食尤佳出閩之元鐘銅山間海蝦名最多黃蝦兩
尾相插成對有金鉤斑節沙蝦劍青尾之類又有
蝦姑蝦倈各種雖不中俎皆蝦族也溪澗中亦有

多產其大者產婦食之有乳鄉人呼爲狗蝦

躶步

螺名躶步負殼露行卵著石軟取輒堅貞浮于海際

兆世昇平

拾遺記有大螺名躶（同裸）步負其殼露行冷則復入其殼生卵著石則軟取之則堅明王之世則浮于

海際焉

寄居

鷃鴟外遊有蟲寄居葢顔美志火炙出逋味蝦形黿

以匹鱆魚

異苑鸚䳇螺形如鳥常脫殼而遊朝出則有蟲類蜘蛛入其殼中戴以行螺夕還則此蟲出一名䗩庚闡所謂鸚䳇外遊寄居負殼也按此螺出肉爲魚所食則殼出浮人因取作杯○陶宏景云寄居蟲盎顏色美心志南州异物志寄居之蟲如螺而有腳形如鼅本無殼入空螺中戴以行蠲之縮足如螺閉户也火炙乃出走又一種寄居蟹名蝺奴居蚌腹按孫愐云寄居在龜殼中者名曰蜎則寄居亦非一種○王敬美閩部疏前人于海味最重鱆魚及寄生鱆魚卽浙之望潮也形雖不雅而味

美于烏賊寄生最奇海上枯蠃殼存者寄生其中
戴之而行形味似蝦細視之有四足兩螯又似蟹
類得之者不煩剔取㪅之即出以肉不附也炒食
之味亦脆美天地何所不有

海术

南海水族有瑰其質前足左長右齒比櫛左取右嚙
乃充口實大三尺餘其聲术术

酉陽雜俎南海有水族前左脚長右脚短口在脇
旁背上常以左脚捉物寘于右脚右脚有齒嚙之
方內于口大三尺餘其聲术术南人呼爲海术

海扇

厥物甲形類簁㑀花朝潮力乏張輪渠與波狎製杯盛醪雖滿猶匜

即車渠韻會云海中大貝背上壟文如車輪之渠故名車溝曰渠耳劉積霏雪錄海扇海中甲物也其形如扇背文如瓦屋三月三日潮盡乃出梵書謂之牟婆各揖拉婆○李時珍云大蛤也大者長二三尺濶尺許厚二三寸殼外溝壟如蚶殼而深大皆縱文無横文也殼内白皙如玉亦不甚貴番人以飾器物李珣謂玉石類西國七寶之一蓋玉

石中亦有車渠而此蛤似之耳沈存中筆談車渠
大者如箕背有渠壟如蚶殼以作器緻如白玉楊
升菴丹鉛錄車渠作杯注酒滿過一分不溢試之
果然

蜮蜼

蜮蜼似蛤薄橢毛殼名所從旌有前無却
雨航雜錄蜮蜼似小蛤而長匾殼有毛是物行有
前無却故名○宗奭云順安軍介河中亦有之與
馬刀相似肉頗冷人以作鮓食不堪致遠

蜆

蜆亦蚌屬能以殼飛別呼匾螺啟視朝暉

陳藏器云蜆處處有之小如蚌異色能候風雨以殼飛李時珍云蜆䁾也殼內光耀如初出日采也隋書劉臻父嗜蜆呼爲匾螺

蟶

蟶生海泥可以田種或配淡菜細臛是供氣味甘溫補虛導壅

海味索隱贊其形如淡菜而其堅也闇闇其肉如蝦蛤而其味也泊泊卽不謂之腥鯖亦可謂之肉臛固不尊之爲大嚼亦可稱之爲細鰐悠悠獨酌

三嗅而作。陳藏器云蟶生海泥中長二三寸大
如指兩頭開李時珍云海中小蚌其形長短大小
不一與江湖中馬刀蝛蜆相似其類甚多閩粵人
以田種之候潮泥壅沃謂之蟶田呼其肉爲蟶腸
。漁書蟶蛤屬而大小不同殼薄而長肉中有鬐
有長身宜鮮食亦可爲脯有名竹蟶者長一二寸
如小竹管大者廣一二寸長十之生深海中有名
邱望者以地名二三月間最肥味淡而爽與蛤相
伯仲。嘉祐本草蟶補虛煮食去胸中邪熱煩悶
飯後食之與服丹石人相宜治産後虛損

土鐵

殼如月哉生魄肉如鐵新凝液梅雨時收南產腴澤海味索隱土鐵歌土非土鐵非鐵肥如澤鮮如屑乍來產自寧波城看時却是嘉魚穴盤中箇箇瑪瑙鳥席前一一丹邱血見者嘗飲者蘖舉杯吃飯兩相宜腥腥不惜廣長舌屠本畯云土鐵一名泥螺出南田者佳五月梅雨收製三吳土人酷嗜土鐵者謂不但吃飯飲酒即點茶亦妙予嘗舉以爲笑

土肉

海豐土肉大如嬰臂州足𩨩影五官不備

一統志土肉色黑大如小兒臂長四五寸有腹無

口目有三十足如𩨩䶂出海豐縣大海中

西施舌

鑽殼如頤肉蟾蜍而化自鷓鴣久復差池既儷女施

亦方男儀惟其似之是以謚之

雨航雜錄西施舌一名沙蛤大小似車螯而肉白

殼中突出長可二寸如舌温州公常與人食此戲

曰西施舌如此亦不足美其人曰非也舌長能搬

弄可稱張儀舌是物海燕所化久復爲燕其性熱

○漁書云西施舌狀如蚌殼色青綠肉作銀紅似女子舌故名味清甘有致作湯佳味

海參

爰有海參產于遼海以配海蜌牝牡形在功敵人微名因不改

五雜組遼東海濱有之一名海南子其狀如男子勢狀淡菜之對也其性温補足敵人參故名人參一名人微

沙噀

蠕蠕頭質縮如桃栗沙噀沙蒜名殊物一去涎鞣卒

味美無匹

雨航雜録沙噀塊肰一物如牛馬腸臟頭長五六寸無目無皮骨但能蠕動觸之則縮小如桃栗徐復擁腫土人以沙盆揉去其涎腥雜五辣煮之脆美爲上味樂清人名沙蒜

石勃卒

石屑胎來[illegible]形勃卒頮而隈膨腹兀兀五類奇侅

雨航雜録石勃卒形短圓三寸長四寸身赤腹泡急其形勃卒故名一名來魚或曰石屑入水所化

○周禮互物注謂有甲介者

異魚圖贊[illegible]

據浠水縣博物館藏清乾隆間綿州李氏萬卷樓刻嘉慶十四年李鼎元重校《函海》一百五十二種叢書本影印原書版框高十七點五釐米寬二十八點二釐米

然犀志

〔清〕李調元 著

提要

《然犀志》二卷，清李調元著，清乾隆間綿州李氏萬卷樓刻嘉慶十四年（一八〇九）李鼎元重校刻本。是書屬清刻本《函海》一百五十二種叢書零種。

李調元（一七三四—一八〇二），字羹堂，號雨村，綿州（治今四川綿陽）人。乾隆二十八年（一七六三）進士，歷任吏部主事、廣東學政、直隸通永兵備道等職務。以事罷官，遣戍伊犁，後以母老贖歸。建『萬卷樓』，貯書達十萬餘卷。刊刻《函海》叢書，大部分爲川蜀先賢著述。著有《童山全集》。

是書開本高二十四點七釐米，寬十五點六釐米；版框高十七點五釐米，半葉寬十四點一釐米。半葉十行二十字，白口，四周雙邊，無魚尾，版心上鐫『然犀志』。

全書一萬餘字。卷上包括三脚蟾、銅鑼槌、虎沙、蝦蛄、花蟹、石蟹、花螺、指甲蟶、海鏡、璅蛣、紅蠃、魣魚、蒲魚、章舉、烏賊、鱟、龍蝦、海鰻鱺、比目魚、沙魚、魚虎、海豚、黃頰魚、鯇魚、鰟魚、鮧魚、鮑魚、牛魚、鱘魚、鱣魚、西施舌、江瑤柱、海馬、海蛇、海鷂魚、鱠魚、六眸龜、紅龜、白龜、封龜、納鼈等水産。

卷下包括朱鼈、瑇瑁、鸚鵡螺、流螺、海膽、車螯、九孔螺、牡蠣、蚶、石蜐、蜆、蟶、水豆芽、蛤、紅蟹、翠蟹、膏蟹、毛蟹、石蟹、弔、海狗、海獺、海鰌、鰌、翻車魚、倒挂魚、鱟魚、黃鱠魚、馬膏魚、烏魚、石首魚、勒魚、竹魚、魛魚、鯧魚、鯿魚、鱖魚、鱧魚、柔魚、飛魚、赤鬃魚、鰅魚、角是、帶魚、鱒白魚、鱅魚、鯛魚等水産。又附廣魚、舌魚、杏魚、松魚、民魚、鰱魚、銀口魚等水産。

卷前有李調元序一篇，曰：『水族之適用惟魚，而魚之類不一，江淮河漢之魚，尚可約指，而海中之魚之衆，則尤瑣屑而難名。余視學粵東，遍至其地，如廣、惠、潮、高、雷、廉、瓊，半皆濱海，以故供食饌者惟魚爲先，而其中奇奇怪怪，令人瞠目而不下箸者，指不勝屈。以是博採方言，按諸山海地誌，一一精細備載，每得一物，即誌其形狀，考其出處。即非魚類如介蟲之屬，亦附於魚之族。日久所得，裒然成編，以其皆鱗介之物，故以然犀名之，聊以遮挂一漏萬之譏。非如温嶠之必欲照見幽潛也。余曾有《南越筆記》，靡不收入，而又別爲此編者，以粵中之魚較多他處也云爾。己亥冬十月，羅江李調元雨村撰。』

據《中國古籍總目》載，是書版本有：清乾隆間綿州李氏萬卷樓刻嘉慶十四年（一八〇九）李鼎元重校印本《函海》一百五十二種，國家圖書館、北京大學圖書館、南京圖書館等單位藏；清乾隆間綿州李氏萬卷樓刻道光五年（一八二五）李朝夔補刻本《函海》一百五十二種，國家圖書館、天津圖書館、南京圖書館等單位藏；清光緒七至八年（一八八一—一八八二）廣漢鍾登甲樂道齋刻本《函海》一百六十種，國家圖書館、北京大學圖書館、上海圖書館等單位藏。

本書據浠水縣博物館藏清乾隆間綿州李氏萬卷樓刻嘉慶十四年（一八〇九）李鼎元重校刻本影印。（柳巍）

目録

水族之適用惟魚而魚之類不一江淮河漢之魚尚可約指而海中之魚之衆則尤瑣屑而難名余視學粵東遍至其地如廣惠潮高雷廉瓊半皆濱海以故供食饌者惟魚爲先而其中奇奇怪怪令人瞠目而不下箸者指不勝屈以是博採方言按諸山海地誌一一精細備載每得一物即誌其形

狀考其出處即非魚類如介蟲之屬亦附於魚之族日久所得裒然成編以其皆鱗介之物故以然犀名之聊以遮掛一漏萬之譏非以溫嶠之必欲照見幽潛也余曾有南越筆記麕不收入而又别爲此編者以粤中之魚較多他處也云爾

己亥冬十月羅江李調元雨村撰

然犀志卷上

綿州李調元鶴洲贊菴著

三脚蟾

三脚蟾魚類形如蝌斗而扁合左右兩翅覗之儼如三足蟾蜍故名口大有齒細如針密如毛下齶長于上唇唇之内别生𣪊空如重唇也眼生背上左右有二刺而分岐腹下有二短足各五爪背黄黑色腹白色而無鱗

銅鑼槌

銅鑼槌魚類首體楕圓而尾修形如擊鑼槌子故名

口有齒而下齶長兩眼平視而近唇背具六刺左右勻排齶下有小划二鰓後有大划二背色黑有斑點如鱧而無鱗

虎沙

虎沙沙魚之一種其形條長四划類蜥蜴其頭絕類虎頭身無鱗而有黑紋又類寸白虵尾有一鬣

蝦蛄

蝦蛄形類蝦無鬚而尾扁闊類乎螳螂

花蠏

花蟹八跪二螯與諸蠏同但跪小而螯大幾與螳

匡與螯有斑文如湘竹如貝錦其欲螯足之時又如
龜之藏六無罅隙可窺

石蠏

石蠏匡臍螯足遍體磊砢不啻黄石之緺瘦也故名
然匡紋凹凸巉巖如怒猊大鼻睅目雖繢刻亦遜其巧

花螺

花螺𢏏形如巨貝而尾不尖長黄質黒章肉亦具黒
花條條若彪虎之皮

指甲蜌

指甲蜌大可二寸圓長如指甲殻白薄亦如人爪甲

有肉鬚二吐殼外觸之則攝縮入內

海鏡

海鏡蛤類也形如荷包其粘連處類口其開張處類囊其內條條亦如褶焉而色一白一紅潮人呼為日月殼中有紅色小蟹時出覔食蟹飽則海鏡不饑按介屬中腹藏小蝌者尚有二一為璅琣一為紅蠃唯此肉白如雪兩殼相合甚圓故又名石鏡其中小蝌謂之蚌奴又謂之蟹奴任昉所謂筯是也

璅琣

璅琣狀如珠蜯殼青黑色小者長寸大者長二三寸

唯生白沙中不汙泥淖互物中之最潔者也有兩肉柱能長短又有數白蟹子在腹中狀如榆莢常爲之出取口實郭璞所謂璅琣腹蟹葛洪所謂小蟹不歸而琣敗是也一名共命蠃又名月蛄每冬大雪則肥瑩滑如玉日映如雲母味甘蓋海錯之至珍者諺曰霜蟹雪蠃味不在多凡蠃皆以雪肥蟹則以霜

紅蠃

紅蠃腹中亦有小蟹漁人以釣取之

鯆魚

鯆魚一名海燕大者盈車頭如蝙蝠身勢如翔燕尾

有鬚鬣其歧亦類燕剪當歧之間復有脩圓之尾形等委蛇其脇各具扁孔五層疊相鬬大槩與蒲魚相類亦無鱗甲按齊書五行志載永明九年鹽官縣石浦有海魚乘潮來水退不得去長三十餘丈黑色無鱗有聲如牛土人呼為海燕取食之其即是歟　瓊府舊志有燕魚脊皮有沙肉白味美新志云有赤白黃三種兩翅似燕能飛翔海上故以燕名俗呼為老鴉魚新舊二志皆不詳盡疑即此鮮魚也

蒲魚

蒲魚大者盈丈圓扁如蒲葵葉其尾脩圓若地長倍

於身有刺能螫人尖鼻前挺形類錢犂目生於背目旁有二孔疑是其耳口開于腹口之左右各有五孔扁若刀刺背色黃黑腹青白無鱗又名鱄　瓊州府志云海鷂一名荷魚即蒲魚也口在腹下目在額上味美而尾極毒昌黎詩蒲魚尾如蛇口眼不相營俗亦呼為燕魚按海鷂之名又與文鷂同名

章舉

章舉體形橢圓如豬胆端分六足如抽花鬚而其長倍於身每足陰面起小圈子密比蜂窠錯如蓮房八足聚處有細眼如針孔其後尻也其口邇尻幸有足

為之間上下耳無皮無骨肉𩶘含脂黑比蟹膏臟同蚌髓非鱗非介又名章魚潮人訛稱章魚曰膠水

烏賊

烏賊非鱗非介形如算子袋有六足聚生口旁其二鬚甚長亦如帶酉陽雜俎曰昔秦皇東遊棄算袋於海化為此魚遇風能以鬚粘岸如舟之下碇焉故又名纜魚身祇一骨骨狀若梭子層疊可剥如剖欖仁腹中有墨遇大魚來賊則吐墨混流以自蔽一名烏鰂南越志云烏鰂懷墨而知禮崔豹古今注又名河伯度事小吏而南越行記又言烏賊魚常仰浮水面

烏見而啄之反為此魚所捲食故謂之烏賊云

鱟

鱟介蟲也大者尺餘形如覆箕殼分前後及尾為三截其色青綠而光瑩骨眼着背口藏于腹首似蟯蜋足如蟹而多其四其尾三稜雄小雌大雌失雄則死故常負雄于背而行遇風則背骨開張若帆之趁風謂之鱟帆說者曰鱟者候也命名曰鱟職此之由生子最多而成鱟者僅二餘則為蟹為蟳蝦麻蝦及諸魚族凡物之血皆赤而鱟之血獨碧色亦其異也漁得鱟必雙如单者不可食尾有刺者不可食又一種小

者謂之臯鱟亦不可食昌黎南食詩云鱟形如惠文骨眼相負行惠文冠後世已失其製而鱟則千古不變猶可因鱟之形狀以想見古之冠製也

龍鰕

鰕之頭其長與尾相等而巨于尾周圍皆刺兩目上出頭生兩角彎環前向前有巨鬚二長而多刺又有細鬚二長而分岐嘴在其下近嘴有小足長短六枚其腹與蟹臍無異左右排生十足亦類于蟹尾之下每節有划水水行進退是其所賴節左右亦各有刺尾末四出金縷絲絲筋絡分明絶類芙蓉之瓣生者

青黑色煮則赤如塗丹磔鬚戟髯目不啻錢唐君之怒欲飛去故又謂之紅鰕北戶錄云大者長二尺餘頭可作盃鬚可作簪作杖嶺表錄云最大者長七八尺至一丈也水經注所謂四赤之鬚不足論矣嶺海辨記云潮州海中龍鰕長五六尺形狀與龍無二洗滌其殼可以為燈

海鰻鱺

海鰻鱺一名慈鰻鱺一名狗魚又名狗頭鰻海語云大者長丈餘鎗嘴鋸齒遇人能鬭往往隨潮陟山人知之布灰於路體粘灰則澁不能行乃擊殺之

比目魚

比目魚狀如婦女鞋底細鱗紫色腹白無鱗口近於腹兩眼相並一明一暗亦微分大小爾雅曰東方有比目魚不比不行其名曰鰈者是也比户賦謂之鰜吳都賦謂之魪上林賦謂之魼鰈猶屧也鰜猶兼也魪者相介也魼者相胠也南方異物志謂之箬葉魚言其形如裹粽之竹葉然也臨海志名婢簁魚臨海風土記名奴屩魚其有名鞋底魚者俗稱也

沙魚

沙魚古名鮫魚一名珠鮫郭璞鮫贊云珠皮毒尾匪

鱗匝毛可以錯角兼飾劍刀又名鰭魚沈懷遠南越
志云環魚鰭魚也長丈許腹有兩洞腸貯水養子一
腸容二子子朝從口出暮還入腸鱗皮有珠可飾刀
劍治骨角一名琵琶魚形似琵琶善鳴此沙之大者
也李奉常曰種類不一形並似魚青目赤頰背有鬣
腹有翅大者尾長數尺皮背有沙如真珠斑其背有
珠文如鹿而堅强者曰鹿沙亦曰白沙云能變鹿也
背有斑文如虎而堅强者曰虎沙亦曰胡沙云虎沙
魚所化也鼻前有骨如斧斤能擊物壞舟者曰鋸沙
又曰挺額魚亦曰鱕鰭謂鼻骨如鐇斧也 鐇音蕃東

南近海諸郡皆有之蘇恭謂鮫形似鱉無脚有尾者失其狀矣陳藏器謂鮫與石决明同名者以鮫又名腹魚也

魚虎

魚虎生南海頭如虎背皮如猬有刺着人如蛇咬有變為虎者按倦遊錄云海中炮魚大如斗身有刺如猬能化為豪猪即此魚虎也述異記云老則變為鮫魚臨海記又謂之土奴魚

海豚

海豚候風潮出沒形如豚鼻在腦上作聲噴水直上

百数為羣其子如蠡魚子数萬隨母而行人取子繫水中其母自来就而取之生江中者謂之江豚狀與海豚同而小出没水上舟人候之以占風其中有油脂可點燈照樗蒱即明照讀書工作即昏俗言懶婦所化也李奉常曰海豚狀大如數百斤猪形色青黑如鮎魚有兩乳有雌雄類人數枚同行一浮一没謂之拜風其骨硬其肉肥不中食其膏最多和石灰艌船良魏武食制謂之䱐鯆南方異物志謂之水猪又名饞魚謂其多涎也郭璞賦海狶江豚是也

黃顙魚

古名黄鰽魚詩注名黄頰魚今人名黄鱴黄軋陸璣誤爲黄揚按顙頰以形言鰽以味言鱴軋以聲言也背青腹黄無鱗腮下有二鬚鬚魚之有力能飛躍者陸佃云其膽春夏近上秋冬近下亦一異云

鯢魚

鯢魚即山海經之人魚也聲如小兒啼故名鰟魚能緣樹謂之鮎魚以足行又謂之鰕蜀稱曰納秦稱曰鰨四足長尾遇旱則含水上山以草覆身張口伺鳥因吸食之

鰟魚

鰟魚一名人魚又名孩兒魚陶宏景曰荆州臨淮青溪多有之似鯷而有四足聲如小兒其膏然之不消耗秦始皇驪山塚中所用人魚膏是也宗奭曰鰟魚形微似獺四足腹重墜如囊微紫色無鱗與鮎鮠相類挼孩兒魚有兩種生江湖中者形色皆如鮎鮠腹下翅形似足顋頰軋軋音如兒啼即鰟魚也一種生溪澗中形色皆同但能上樹乃鯢魚也徐鉉稽神録云謝仲玉見有婦人出沒水中腰已下為魚乃人魚也組異記云查道奉使高麗見海沙中一婦人肘後有紅鬣問之曰人魚也此二者乃名同物異實非鰟

鯢

鮧魚

鮧魚古曰鰋今曰鮎北人曰鰋南人曰鮎體涎無鱗故名鮎言黏滑也鮎魚上竹竿即謂此魚大頭偃額故又名鰋爾雅翼云兩目上陳口方尾小有齒有胃有鬚生流水者色青白生止水者色青黃大者至三四十斤

鮠魚

鮠魚生江淮間無鱗亦鱘屬也頭尾身鬐俱似鱘唯鼻短耳口亦在頷下骨不柔脆腹似鮎魚背有肉鬐

郭璞所謂鱯魚似鮎而大白色者是矣有鱯鮰鰈鱝
等名南人呼鮠北人呼鱯並與鮰音相近邇來通稱
曰鮰魚而鱯鮠之名不彰矣鰈又鱯音之轉秦人謂
其發癲故呼為鱝魚

牛魚

牛魚生東海其頭似牛一統志云牛魚出女直混同
江大者長丈餘重三百斤無鱗骨其肉脂相間食之
味長又異物志云南海有牛魚一名引魚重三四百
斤狀如鱧無鱗骨背有斑文腹下青色知海潮肉味
頗長按此二說則牛魚鱏屬也鱏與引又聲相近

鱘魚

鱘魚出江淮黄河遼海深水處岫居長二丈餘至春始出而浮陽見日則目眩其狀如鱣而背無甲色青碧腹下白色其鼻長與身等口在頷下食而不飲頰下有青斑文如梅花尾岐如丙字肉色純白味亞于鱣羅願云狀如鬵鬲上大下小大頭哆口似鐵兜鍪能化龍大者名王鮪小者名叔鮪更小者名鮥子李奇漢書註周洛曰鮪蜀曰䱜䲂毛詩義疏遼東登来人名尉魚言樂浪尉仲明溺海死化為此魚飲饍正要云今遼人名乞里麻魚古又有鱘魚鮪魚碧魚等

稱

鱣魚

鱣魚無鱗巨魚也狀似鱘灰白色背有骨甲三行鼻長有鬚口近頷下其尾岐出以三月逆水而上其居也在磯石湍流之間其食也張口接物聽其自入其行也潛伏不浮漁人以小鉤沉而取之一鉤着身動而護痛諸鉤皆著船遊數日待其倦而掣之小者百斤大則長二三丈重一二千斤白肉黃脂層層相間故有黃魚蠟魚玉版魚等名異物志又名含光魚言其脂肉夜有光也

西施舌

西施舌殼類珠蜯而薄張口時膚肉潔白圓長而匾絕類乎舌一端又有二肉柱外伸形與蟶等色亦如玉烹之甘脆詑嚙妃子唇者以為何如廡雷人呼為沙螺

江瑶柱

江瑶柱萬震賛曰江瑶柱厥甲美如瑶玉肉膚寸厥名江瑶柱安南異物名記曰江瑶肉腥不中口僅四肉牙佳耳長可寸許圓半之白如珂雪一沸即起甘鮮脆美不可名狀此所謂柱也東坡嘗以江瑶柱與

蘇文為南中尤物詩云似閩江瑤斫玉柱又云海蠏江柱初脫泉其為嘆賞如此老學庵筆記曰明州江瑤柱有二種大者江瑤小者沙瑤沙瑤可種逾年亦成江瑤矣一名馬頰一名馬甲謂其殼一端圓大一端尖小如馬嘴也一名海月言似半月形耳

海馬

海馬一名水馬其首如馬其身如蝦其背傴僂有竹節紋長二三寸雌者黃色雄者青色徐表南方異物志云海馬有魚狀如馬頭其喙垂下或黃或黑海人捕得不以啖食暴乾之以備產患凡婦人難產割裂

而生若手持此虫即如羊之易生也

海蛇

海蛇劉恂云閩人曰蛇廣人曰水母異苑曰石鏡狀如血蜭大者如牀小者如斗無眼目腹胃以蝦為目蝦動蛇沈故曰水母目蝦亦猶蛩蛩之與駏驉也

海鷂魚

海鷂魚生東海形似鷂有肉翅能飛上石頭齒如石板尾有大毒逢物以尾撥而食之其尾刺人甚者至死李奉常云海中頗多江湖亦時有之狀如盤及荷葉大者圍七八尺無足無鱗背青腹白口在腹下目

在頷上尾長有節螫人甚毒皮色肉味俱同鮎魚肉內皆骨節節聯比脆軟可食吳人腊之魏武食制云蕃踰魚大者如箕尾長數尺是矣又嶺表錄異云鷄子魚嘴形如鷄肉翅無鱗色類鮎魚尾尖而長有風濤即乘風飛於海上此亦海鷄魚之類也又陳藏器云有鼠尾魚地青魚並生南海皆有肉翅刺在尾中此亦海鷄魚之類也

鱛魚

鱛魚錄異記鱛魚狀如鱧能為魍魎幻惑妖怪亦能魅人

六眸龜

六眸龜宋史太宗時萬安縣獻六眸龜萬安縣即今萬州也

紅龜白龜

瓊郡志云文昌縣北石井中有紅白二龜遇旱禱焉紅出則雨白則否

封龜

封龜瓊海中有封龜大若如島洋船畏之小者亦重二三百斤漁人得之味甚佳可治疥癬

納鼈

納鼈　鼈之無裙而頭足不縮者名納鼈不可以食食則令人昏塞煎黄芪吴藍湯服之立解

然犀志卷下

綿州李調元鶴洲贊蕫著

朱鼊

朱鼊生南海大如錢腹赤如血淮南子所謂朱鼊浮波必有大雨者也

瑇瑁

瑇瑁狀如𪓟鼊而殼稍長背有甲十四片黑白斑文相錯而成

鸚䳇螺

鸚䳇螺出清瀾海中南州異物志云狀如覆杯頭如

鳥頭向其腹視之似鸚鵡故名土人取以爲酒器名鸚鵡杯

流螺

流螺通名海螺大如拳其靨謂之甲香格物論云合衆香燒之能發香獨燒則臭然則流螺猶礪石也可以攻玉使玉光瑩而自不免於麤犷

海膽

海膽介蟲也形圓如膽周身有刺如蝟毛豚磨其殼可以爲杯其肉可爲鮓爲醬

車螯

車螯潔白如玉俗呼車白殼厚微黄梁元帝以為味
高食部者此也其大者名蜃能吐氣成樓臺春夏間
依約海淑常有此氣

九孔螺

九孔螺本草謂之石决明形如蚌蛤之半片其凸處
作螺旋形沿唇有孔一行多者十餘孔迆又名鰒魚
新莽喜食鰒魚者即此

牡蠣

牡蠣附石而生不能行游礧磈連屬如房故一名蠣
房又名蠔山初生海畔如拳石四面有大至一二丈

著每房之内各生蠔肉一塊潮来諸房俱開有小虫入則閉房以充腹肉味甚美殼可砌墻亦可燒灰塗壁覆其殼左顧者謂之牡蠣

蛣

蛣有數種絲蛣紋細如絲即蜌陸阿婆蛣似絲蛣稍長而不正海蛣甚大有片甲大如屋者以治器即爲車渠多産崖州按蛣殼似瓦壟文故又名瓦壟子其肉美名天臠

石蚨

石蛣形如黿脚得春雨則花生郭璞江賦石蛣應節

而揚虍

蜆

蜆殼青黄生溪湖中其類甚多大小厚薄不一瓊郡舊志云盛夏取生蜆以酒塩蘇麻拌皂之曓乾名曰晒蜆

蟶

蟶似馬刀而殼薄長二三寸大如拇指又有竹節蟶以夏月出

水荳芽

水荳芽蟶類也鮮時殼中有一肉柱如牙著醃之則

無

蛤

蛤說文云蛤有三皆生於水蛤蜊千歲鳥所化也海蛤百歲燕所化也魁蛤一名復老服翼所化淮南子云方諸見月則津而為水高誘注方諸大蛤也按呂氏春秋月望則蚌蛤實羣陰盈月晦則蚌蛤虛羣陰缺

紅蟹

紅蠏出儋州殻上有十二點深紅如臙脂北戶錄云其殻與虎蠏堪作疊子

翠蟹

翠蟹色如翡翠出臺灣南澳亦有之

膏蟹

膏蟹出萬州者大而味佳

毛蟹

毛蟹產瓊山淡水中味極鮮美

石蟹

石蟹生崖州之榆林港本活蟹也窟穴甚深掘得即於水中洗滌凈去泥出水見風便化而成石取巨螯足全者作恡石供甚奇醫書云石蟹性寒能消腫

毒治目疾

[illegible]

甲介屬也産瓊海港中蛇首鼉身其膏輕利貯以銅瓦等器皆滲惟卵殼盛之則不漏治腫毒功同熊膽

海狗

海狗形如狗大如貓純黃色常群遊皆風沙中遥見船行則没入海中其腎謂之膃肭臍漁人以技獲之

海獺

海獺似獺而大生海中脚下有皮如胼拇其毛着水不濡其肉亦可食海中又有海牛海馬海驢等[illegible]

皮皆應風潮潮来毛皆竪起海獺亦然

海䲡

海䲡海魚之㝡偉者故謂之䲡猶酋長也有大不可限量長数百十里望之如連山者其小者亦千餘尺背常負子以遊蛋人以長繩繫鏢鎗乘小船䕫摽其子伺其困斃曳至岍取油可值数萬錢其脊骨可作舂臼俗名海龍翁

䲡

䲡有江海湖池之異海䲡生海中極大江䲡生江中長七八寸泥䲡生湖池中㝡小長三四寸狀似鱔而

五

小鋭首肉身青黑色無鱗以涎自染滑疾難握與他魚牝牡故莊子曰鰌與魚遊也生沙中者微有文采

翻車魚

翻車魚海槎餘録云秋晚巡行昌化邑僟見海洋煙水騰沸競前觀之有二大魚遊戲水面各頭下尾上决起炯波中約長数丈離而復合数四每一跳躍聲震里許土人曰此翻車魚也開歳一至兩魚跳躍交感生育之意耳

倒挂魚

倒挂魚鮮食醉人宜作鮓出萬州

鱀魚

鱀魚其脊若鋒刃鋭喙長嘴大腹鼻在額上能作聲少肉多膏大者長一二丈

黄鰽魚

黄鰽魚儋州志云一名大頭土人呼作赤魚狀如鮎之大者子如龍眼春末夏初海上疊陣而來舉網或不能勝

馬膏魚

馬膏魚即馬鮫魚也皮上亦微有珠然與珠鮫不同其味甚美出昌化

烏魚

烏魚似馬鮫而短小無黑花點

石首魚

石首魚野鴨所化頭中有白石二枚瑩潔如玉故名石首又名黃花魚醃而乾之名鯗魚陸廣微吳地記曰闔閭思海魚而難於生致治生魚鹽漬而日乾之故名為鯗

勒魚

勒魚一名青鱗狀如鰣魚小首細鱗澄邁志云小兒痘疹煮以食之

竹魚

竹魚色青翠如篠葉故名鱗下有朱砂點味甚甘

魛魚

魛魚一名鱭魚又名鰽魚即鱴魚也其狀長而薄形如尖刀故名魛魚郭注山海經口鮆狹薄而長頭其大者長尺餘常於春三秋八之月乃出

鯧魚

鯧魚即鯧魚一名鏡魚有烏白二種小者名鯧鯿身正圓無硬骨炙味美以其與衆魚交故從昌

鯿魚

鯿魚即魴魚小頭縮項穹脊濶腹扁身細鱗其色青白

鱖魚

鱖魚扁形濶腹大口細鱗有黑斑采斑色明者為雄晦者為雌

鱧魚

鱧魚圓長有斑點夜則首仰朝北諸魚之胆味皆苦獨鱧魚胆味甜

柔魚

柔魚類墨魚而長無螵蛸骨故名柔魚

飛魚

飛魚一名文鰩生海南大者長尺許有翅與尾齊羣飛海上便有大風吴都賦云文鷂夜飛而觸綸

赤鬃魚

赤鬃魚瓊府志云鱗鬐皆淺紅色俗謂之紅魚可作脯出儋州昌化者佳

鰅魚

鰅魚即鮮魚閩中海錯疏云鮮鱸之別種圓厚短蹙味豐楚詞鰅鱅短狐是也

角是

角魚其頭三稜有赤角白角二種白角魚有翅能飛

帶魚

帶魚長二三尺身扁狹如帶尖嘴細尾色白如銀肉細滋膩

鰽白魚

鰽白魚瓊府志云相傳鰣魚是鰽白魚所變在海為鰽白在江為鰣魚鰽白於春鰣魚於夏其味皆美

鱅魚

鱅魚狀似鰱而色黑其頭最大一名鱃山海經云鱃魚似鯉大首食之已疣是也瓊府志云郡人呼為胖

頭魚多出定安

鯛魚

鯛魚北戶録云鯛魚即鰣魚瓊州府志云廣之恩州出鵝毛脡細如毛用鹽藏之郭義恭言武陽小魚大如針一斤千頭是也

附　廣魚舌魚

二魚產高麗形同箬葉比目魚之類

吞魚

生東北海俗名大口魚性平味鹽食之補氣腸與脂味尤佳按字書有吳字注云魚之大口者朝鮮人作

夻文異而義同

松魚

味極珍異肉肥色赤鮮明倉松節故名松魚東北江海中所產

民魚

高麗人以民魚爲鮰魚㨾鮰魚味美無毒膘可作膠

一名江鰾

鰱魚

味甘美卵如真珠色微紅其味尤美産北江海中

銀口魚

朝鮮國產銀口魚性平無毒寬中健胃合生薑作羹最良即中國之銀條魚也

記海錯

〔清〕郝懿行 著

據孝感市孝南區圖書館藏清光緒五年東路廳署刻本影印原書版框高十八釐米寬二十六點四釐米

提要

《記海錯》一卷，清郝懿行著，清光緒五年（一八七九）東路廳署刻本，牌記鎸『光緒五年歲在己卯東路廳署開雕』，是書屬於《郝氏遺書》三十三種叢書本零種。

郝懿行（一七五七—一八二五），字恂九，號蘭皋，山東棲霞人，清嘉慶四年（一七九九）進士，曾任户部主事。於經學、名物、訓詁及考據之學頗有深究。著有《爾雅義疏》《山海經箋疏》《易說》《竹書紀年校正》等書。

是書開本高二十七點二釐米，寬十五點六釐米；版框高十八釐米，半葉寬十三點二釐米。半葉九行二十一字，小字雙行同，黑口，左右雙邊，單黑魚尾，版心鎸『記海錯』，書末鎸『孫男聯茹蓀薇芬校字』。

是書一萬餘字，描述嘉鯕魚、魱鮥魚、鯔魚、老般魚、鰍魚、海豚、蟹、鰒魚、蛇、八帶魚、昆布、郎君子、蛙、土肉、石首魚、烏賊魚、鯧魚、沙魚、偏口魚、刀魚、箴魚、海狗、蝦、薄羸、寄居、牡蠣、西施舌、蛤、海浮石、燕兒魚、鱉魚、鰻鱺魚、青魚、柳葉魚、冰魚、銀魚、催生魚、離水爛、鯽魚、馬鰳魚、橛子魚、黄鱝魚、絲黄魚、海鱓魚、海盤纏、蝦蟆魚、海腸、海帶、海糞等水産。

卷端有郝懿行序，曰：『海錯者，《禹貢圖》中物也。故書雅記，厥類實繁，古人言矣而不必見，今人見矣而不能言。余家近海，習於海久，所見海族亦孔之多。游子思鄉，興言記之。所見不具録。録其資考證者，庶補《禹貢疏》之闕略焉。時嘉慶丁卯戊辰書。』

卷前有王善寶序一篇，曰：『農部郝君恂九，自幼窮經，老而益篤。日屈身於打頭小屋，孜孜不輟。有餘間，記海錯一册，舉鄉里之稱名，證以古書而得其貫通，刻畫其形亦逼肖也。吾將持此册以語東海波臣，意必有揚鬐鼓鬣，喜其徵實不誣者乎！第恐枯魚過河而泣，曰：「甯與若相忘於江湖也。」甲戌臘日，王善寶題於湖南官署。』

據《中國古籍總目》載，是書版本有：清嘉慶至光緒間刻彙印本《郝氏遺書》三十三種，北京大學圖書館、上海圖書館、南京圖書館等單位藏；清末江南總農會石印本《農學叢書》，南京圖書館藏。

本書據孝感市孝南區圖書館藏清光緒五年（一八七九）東路廳署刻本影印。（柳魏）

目録

海錯一卷

光緒五年歲在己
卯東路廳署開雕

序

農部郝君恂九自幼窮經老而益篤日屈身於打頭小屋孜孜不輟有餘閒記海錯一冊舉鄉里之稱名證以古書而得其貫通刻畫其形亦逼肖也吾將持此冊以語東海波臣意必有揚鬐鼓鬣喜其徵實不誣者乎第恐枯魚過河而泣曰甯與若相忘於江湖也甲戌臘日王善寶題於湖南官署

記海錯

棲霞郝懿行著

海錯者禹貢圖中物也故書雅記厥類實繁古人言矣而不必見今人見矣而不能言余家近海習於海久所見海族亦孔之多遊子思鄉興言記之所見不具錄錄其資攷證者庶補禹貢疏之闕略焉時嘉慶丁卯戊辰書

嘉鯕魚

登萊海中有魚厥體豐碩鱗鬐赬紫尾盡赤色詩言魴魚赬尾

此近似之啖之肥美其頭骨及目多肪腴有佳味率以三四月間至經宿味輒敗京師人將冰船貨致都下因其形象謂之大頭魚亦曰海鯽魚土人謂之嘉鯕魚案許氏說文魼鯕魚出東萊廣韻云魼鯕鯿魚也謂之鯿魚亦因其形似耳其鱗色赤黑者謂之海魼味不及嘉鯕許云出東萊者今茲魚獨登萊有之舊唯出登州故海人言嘉鯕不過三山今亦過萊而西矣是魼鯕即嘉鯕讀如基蓋一物二種或古今異名也又水經江水注云江之左岸有巴鄉邨人善釀酒邨側谿中有魚其頭似羊豐肉少骨美於餘魚余謂今嘉

䱜頭骨童兒掇拾插點爲羊其首顱乃偪肖叉豐肉少骨美於餘魚酈注所稱疑爲一物唯生於江海爲異耳亦猶魚枕象丁魚尾象丙之類矣因感爾雅之文辨證於此此一條丙寅年秋入月讀水經注因記之

魱鮥魚

爾雅釋魚云鮥當魱郭璞注云海魚也似鯿而大鱗肥美多鯁今江東呼其最大長三尺者爲當魱余案此即今之魱鮥魚海人或謂之鮝魚非也鮝音想俗字也按香祖筆記二云山海經何羅魚出譙明山譙水中聲如吠犬食之已癰今登萊海上三月何羅魚始至味甚美郎甯波之鮝也漁

洋此說
蓋誤

䱂郭璞音胡一音互鮥呂忱音格今登萊人讀䱂音如河鮥音如洛蓋胡河聲轉格洛皆古音也郭云海魚正指此而近人說爾雅者以爲今之鰣魚誤矣䱂鮥鰣魚雖同類之物出於江海則異今驗䱂鮥鱗有異采入夜光明鰣魚質微小而鱗采尤殊婦人用飾花鈿也形俱似鯿大鱗而多骨啖者畏之又釋魚鮥當䱂與鮥鮛鮪連文陸德明音義於鮥云字林作鮥巨救反於鮥云字林作鮥音格云當䱂也然則呂忱所見爾雅本作鮥當䱂與今本異證以登萊人䱂鮥之讀當由自古

相傳以爲然呂所見必是漢魏以來古本也

鯔魚

吳志吳範劉惇趙達傳裴松之注引葛洪神仙傳曰仙人介象吳主共論鱠魚何者最美象曰鯔魚爲上吳主曰此出海中安可得耶象曰可得耳乃令人於殿庭中作方埳汲水滿之垂綸於埳中須臾果得鯔魚吳主驚喜唐愼微大觀本草云鯔魚似鯉身圓頭扁骨輭生江海淺水中余案鯔之言緇也其色青黑而目亦青又有𩹉魚其形與鯔魚同唯目作黃色爲異當是一類二種

耳其肉作鱠菈美故吳主云爾而以爲出海中今登萊海上冬春間多有之廣韻云鯔側持切魚名即此㮕魚出文登海中者佳以氷半時來彼人珍之呼開凌㮕

老般魚

老般魚者老槃魚也太平御覽九百三十九引魏武四時食制曰蕃踰魚一曰蕃羽魚如鼈大如箕甲上邊有髯無頭口在腹下尾長數尺有節有毒螫人文選江賦注引臨海水土異物志曰鱝魚如圓盤口在腹下尾端有毒余案此物即今之土魚形與老般無異唯微厚腹色黃

俗呼爲黃顙大者爲黃金牛頭與身連非無頭也尾如

彘尾而無毛有刺如鍼螫人立斃陳藏器本艸拾遺謂

之海鷂魚一名蕃蹋魚（蹋疑當作羽）一名鯆魚一名荷魚一

名少陽魚（少亦作邵）凡有數名覈其形狀與老般魚皆郎一

類而老般實無毒其狀如長柄荷葉故亦名荷魚叉形

頗近隸書命字俗人因呼命魚也食制云如鼈非也形

乃正圓如槃般古音同槃故知老般郎老槃也體有涎

鮭䱽甲甲邊鬐皆䱽骨骨如竹節正白然其肉蒸食之

美也其骨柔脆亦可啖之

鰍魚

登萊海中有魚灰黑色無鱗有甲形似鮐魚而背無黑文體復長大其子壓乾可以餉遠俗人謂之鮁魚然鮁非魚名也余案廣韻四十禡䲚紐下有鰍字白駕切云海魚也是鮁當作鰍矣

海豚

海豚登萊間人呼爲挺拔蓋俗音譌轉失眞也古呼爲鯸鮐玉篇作鯸鮔今人多不識其形狀唯文選中說之極詳劉逵吳都賦注云鯸鮐魚狀如科斗大者尺餘腹

下白背上青黑有黃文性有毒雖小獺及大魚不敢啖之蒸煮啖之肥美豫章人珍之是其形狀也今驗其魚腹上有刺如鑢物錯小兒取其皮蒙鼓自頭至尾全如科斗形目解開闔異於餘魚其性善怒物觸著之卽氣滿於腹沈括筆談所謂吹肚魚者也古云其肝殺人今海人摘去其肝滌其血盡肉白而肥不殊玉鱠剉蘆根同煮葢蘆根汁能解河豚毒也故蘇軾詩云蔞蒿滿地蘆芽短正是河豚欲上時又橄欖極解魚毒陳藏器本草拾遺云其木主鯸魚毒此木作檝撥著鯸魚皆浮出

今案鯢當作規補筆談云浙東人呼河豚爲規魚又有生海中者名海規是也而大觀本草既載鯸鮧當作鯸鮐又出鯢魚一條葢不知卽一物也又其魚子有大毒不可啖之今海人取其子醃海岸沙中經三伏出之卽無毒可啖壓極乾可以餉遠也

蟹

海錯之中蟹族甚多不可殫述大者盈車細者如豆狀類難名其尤異者甲上有文作老人面鬚眉畢具謂之鬼蟹葢說文所謂蛫過委切蟹也文登海中有蟹大小如

錢厚踰寸半宜爲炙連骨啖之味極肥美彼人所謂獨
鹿者也（海人讀鹿爲栗）别有一種似蟹而小其色微黄（俗作䗬）
䖳俱短不可食蔡謨啖之幾死本草陶注所謂蟚蜞者
也又海壖間泥孔漏穿乎望彌目宂邊有一小蟹跂脚
昂頭側身遥睇見人欻入所謂望潮此種是也亦不可
食余聞海邊人有啖蟹遇毒者或言蟹食鯸鮐子殺人
非也歲歲春時海豚大上即如是殺人多矣殊不爾也
舊説蟹食水莨（集韻音建）草毒人如遇其毒須蘆根橄欖子
解之本草云

鰒魚

漢書王莽傳云莽憂懣不能食亶飲酒啗鰒魚顏師古注曰鰒海魚也音雹後漢書伏隆傳云張步遣使隨隆詣闕上書獻鰒魚章懷注引郭璞注三蒼云鰒似蛤偏著石又引廣志曰鰒無鱗有殼一面附石細孔雜雜或七或九本草云石決明一名鰒魚音步角反余案陶隱居本草注云石決明是鰒魚甲附石生大者如手明耀五色內亦含珠今驗鰒甲隻而無對內含光明善治目盲故名九孔螺一名千里光其肉如馬蹏用炭灰腌之

經久不敗可以餉遠登萊尤多海人謂之鮑魚誤也鮑乃乾魚本草謂之蕭折蓋鮑鰒聲轉字隨音譌俗人不知遂書作鮑魚耳又鰒是鸁蛤之屬非魚族也自說文訓鰒爲海魚諸書皆仍之今從古

蛇

文選江賦云水母目蝦李善注引南越志曰海岸間頗有水母東海謂之蛇正白濛濛如沫生物有智識無耳目故不知避人常有蝦依隨之蝦見人則驚此物亦隨之而没蛇音蜡余案蛇今海人名爲蜇蜇是俗作字又

記海錯

因聲近譌𧋍也蜇讀如哲按香祖筆記十以鴟夷爲河豚樗蒲爲海蜇廣韻四十
禡蛇音除駕切云水母也一名蟦形如羊胃無目以蝦
爲目今驗蛇之形狀惟南越志說之極詳其物大者有
如一間屋體如水沫結成海人採得之漬以礬下盡其
水形如豬肪或蹙縮如羊胃人有貨致都中者用瓷器
收之經年味不變柔之以醯啖之極肥可以案酒

八帶魚

文選江賦云蜛蝫森衰以垂翹李善注引南越志曰蜛
蝫一頭尾有數條長二三尺左右有腳狀如蠶可食今

驗此物海人名蛸音梢春來者名桃花蛸頭如肉彈丸都無口目處其口目乃在腹下多足如革帶散垂故名之八帶魚腳下皆列圓釘有類蠶腳其力大者釘著船不能解脫也

昆布

爾雅釋草云綸似綸組似組東海有之太平御覽引吳普本草云綸布一名昆布陶隱居注云今惟出高麗繩把索之如卷麻作黃黑色柔韌可食又云今青苔紫菜皆似綸昆布亦似組恐即是也余案登州高麗壤境毗

連中間惟限以海今昆布出登州者糾結如繩索之狀一如陶說也昆綸聲相近是昆布卽綸矣而海帶則組也海帶者青色而長登州人取乾之柔韌可以束物人亦啖之昆布舊以充貢海帶今以供饌二物皆消結核能下水青苔者陟釐也形如亂髮可爲紙又一種狀如龍鬚相糾結如亂繩亦可啖爾雅之組疑或指此也紫菜者劉逵吳都賦注云生海水中正青附石生取乾之則紫色臨海常獻之而李善江賦注乃云紫菜色紫狀如鹿角菜而細其說非也紫菜乾之乃紫輕薄若紙沃

以沸湯細如斷繩陶云似綸蓋以此耳鹿角菜附石而生形似鹿角與紫菜全別又不似綸組也又一種鳳頭菜出海陽南門外地名老龍頭亦附石生拳屈而纖形似蕨苗瀹以肉湯鮮美可啖彼人珍之謂之鳳頭勝於龍鬚也又有海青菜碧青色薄如紙煮爛凝之如涼粉縹色可觀切而啖之實以醯

郎君子

李珣海藥本草云郎君子生南海有雌雄狀似杏仁青碧色欲驗眞假口內含熱放醋中雌雄相逐逡巡便合

卽下卵如粟狀者眞也亦難得之物李時珍本草引顧玠海槎錄云相思子狀如螺中實如石大如豆藏篋笥積歲不壞若置醋中卽盤旋不已此卽郎君子也主治婦人難產手把之便生極驗余案此物今名相思石登州海瀕多有之小兒拾取供玩弄非難得也李珣所說得其情狀其云下卵如粟今亦未見也云主婦人難產其理未詳

蛙　依說文當爲陛又海蛙卽淡菜一名東海夫人非此

爾雅釋魚云蛙蠦郭注云今江東呼蚌長而狹者爲蠦

說文云蠯陛也脩爲蠯圜爲蠇既夕禮云東方之饌有蠯醢鄭注云蠯蜯也本草經有馬刀名醫別錄云一名馬蛤陶隱居注引李當之云生江漢中長六七寸漢間人名爲單母母蘇頌圖經作姥亦食其肉肉似蚌今人多不識之大都似今蟶蜨而非余案蟶蜨疊韻之字即今蟶也蟶是俗作字海人呼蛏管蟶形圜長如竹管兩頭開閾粵人以水田種之謂之蟶田也馬刀即蜆也海人呼蜆子音顯形如劉草刀釋魚之蠯疑兼此二種

土肉

李善文選江賦注引臨海水土異物志曰土肉正黑如小兒臂大長五寸中有腹無口目有三十足炙食余案今登萊海中有物長尺許淺黃色純肉無骨混沌無口目有腸胃海人沒水底取之置烈日中濡柔如欲消盡瀹以鹽則定然味仍不鹹用炭灰腌之即堅韌而黑收乾之猶可長五六寸貨致遠方啖者珍之謂之海蔘蓋以其補益人與人蔘同也臨海志所說當即指此而云有三十足今驗海蔘乃無足而背上肉刺如釘自然成行列有二三十枚者臨海志欲指此爲足則非矣

石首魚

石首者腦中有白石子二枚瑩潔如玉廣雅云石首鯼也韋昭晉語注云石首成鮑鮑音鴨初學記三十引吳地志曰石首魚至秋化爲冠鳧冠鳧頭中猶有石也然則魚鳥同氣雉爲蜃雀爲蛤亦其類也魚大者二尺許小者尺許京師人名大者曰同羅魚小者曰黃花魚皆巨口弱骨細鱗鱗作黃金色海上人名爲黃姑魚又名白姑紅姑黑姑皆因色爲名耳

烏賊魚

烏賊或作鰞鰂鰂見說文鰞俗字也以其體黑故有此名或云烏鳥所化又云浮水上眷取烏食之恐未然也廣韻二十五德引崔豹古今注云一名河伯度事小史今萊陽海中多有之其狀如算袋大觀本草引海人云昔秦王東遊棄算袋於海化爲此魚兩帶極長墨猶在腹是其形狀也今驗其魚輭甲有肉口在腹下多足聚於口旁其體唯有一骨正白如雪觸之則散細碎如鹽其味亦鹹可入藥用所謂海螵蛸也其肉炙食之美一名墨魚以吐墨得名其墨有毒故大魚不敢啖之或曰

見大魚來即噴墨相向瀰漫如雲霧大魚皆遠避矣

鯧魚

玉篇云鯧魚名不言其形今海人云小者爲鏡大者爲鯧其形似魴而圓如鏡而厚豐肉少骨骨又柔輭炙啖及蒸食甚美此魚古無傳者始見唐本草拾遺今萊陽即墨海中多有之

沙魚

沙魚色黃如沙無鱗有甲長或數尺豐上殺下肉瘠而味薄殊不美也其腴乃在於鰭背上腹下皆有之名爲

魚翅貨者珍之諭以溫湯摘去其骨條條解散如燕菜而大燕菜俗名燕窩色若黃金光明條脫酒筵間以爲上肴

偏口魚

文選吳都賦云雙則比目片則王餘劉逵注云王餘魚其身半也俗云越王鱠魚未盡因以殘半棄水中爲魚遂無其一面故曰王餘今案王餘卽偏口也鱗細而白體薄如魴唯一面有鱗爲異其口偏在有鱗一邊極似比目魚但比目一目須兩片相合此魚兩目連生唯口偏一處耳又有一種黑鱗而大名曰哷偏長三四尺蒸

啖之美比目魚紫黑色狀如牛脾又如鞵底俗名鞵底魚爾雅釋地注以比目王餘爲一魚誤矣今王餘魚出登萊海中比目魚日照海中有之（比目魚一名東鰜見紺珠集引鄭康成尚書中候注）

刀魚箴魚

刀魚體長而狹薄銀色鮮明宛成霜刃腹下攢刺銛若鍵鋸案爾雅云鮤鱴刀郭以爲鮆魚說文刀魚九江有之今登萊人呼爲林刀魚林鮤一聲之轉是刀魚江海皆有海中者無鱗爲異耳箴魚俗名箴梁魚（箴音鍼）其形

細長骨體碧色全似公蠣蛇唯喙餘數寸穎出欲穿箴刀二魚皆鋭頭長頸箴魚獨以喙得名東山經云箴魚其喙如箴郭注出東海

海狗

即膃肭獸也其形前頭似狗後尾類魚亦似羊尾有脚而短淺毛而黑以腎爲珍詳見本草出登州海上唐時採以充貢與牛黄竝重謂此也海水冬溫雖嚴寒不凍常以立春後十八日始冰海狗乳冰上獵人伺其乳以火器擊取之然溟渤層冰渾茫無際或時斷裂附壁懸

崖初日晶瑩不可逼視獵人以鐵釘施鞵底履冰騰躍馳逐如飛至於流澌凍解亦時遭陷沒焉

蝦

海中有蝦長尺許大如小兒臂漁者網得之俾兩兩而合日乾或醃漬貨之謂爲對蝦其細小者乾貨之曰蝦米也案爾雅云鰝大蝦郭注蝦大者出海中長二三丈鬚長數尺今青州呼蝦魚爲鰝北戶錄云海中大紅蝦長二丈餘頭可作杯鬚可作簪其肉可爲鱠甚美又云蝦鬚有一丈者堪拄杖北戶錄之說與爾雅合余聞榜

人言船行海中或見列桅如林橫碧若山舟子漁人動色攢眉相戒勿前碧乃蝦背桅卽蝦鬚矣

薄蠃

淮南俶眞訓高誘注云蠃蠡薄蠃也以今所見海蠃有數種總名海薄蠃吳語云其民必移就蒲蠃於東海之濱蒲蠃卽薄蠃也蒲薄二字古多通用韋昭不知蒲蠃乃一物反以蒲爲深蒲蠃爲蚌蛤之屬誤矣西山經郭璞注云蠃母卽蟦螺也夏小正傳云蜃者蒲盧也蒲盧卽蒲蠃蟦螺卽薄蠃俱一聲之轉爾雅釋魚云蠃小者

蝈郭注螺大者如斗出日南漲海中可以爲酒杯然則爾雅魁小郭璞魁大廣異語也今登萊海上未見如斗之蠃而幺蝈無數名類實繁婉童倩女爭攜筠籃每伺潮退淺瀨深隈摭拾殆徧傍晚潮生虛往實歸矣或大如拳殼厚而嶙峋如蒺藜饒刺俗名招招子一種殼長名來𠞰子來𠞰亦蠃蠡之聲轉或俱名薄蠃子

寄居

薄蠃之異種也藝文類聚九十七引南州異物志云寄居之蟲如螺而有腳形如蜘蛛本無殼入空螺殼中戴

以行觸之縮足如螺閉戶也火炙之乃出走始知其寄居也又引異苑云鸚鵡螺常脫殼而遊朝出則有蟲類如蜘蛛入其殼中螺夕還則此蟲出庾闡所謂鸚鵡內遊寄居負殼者也今驗寄居形狀一如二書所說有自洋舶攜來者京師人謂之四不相兒童喜弄之其殼形色詭異大小差殊或圓白如錢瑩瀞可玩取置器中投以飯顆其蟲亦出啖之四不相者以其似蟹乃有首似蝦乃有脅似蠃乃有足似蜘蛛乃有殼也登州海中一種小而銳者俗名錐子把殼碧綠色層纍如浮圖其中

蟲宛如山蜘蛛與洋船者同也

牡蠣

古本草經牡蠣居上品名牡之義蓋不可知陶隱居注以左顧是雄失之誣矣此物無首目口鼻何云左顧也今海人但名蠣不復言牡耳其殼附石而生與鰒魚又異殼作兩片其附石一片黏著不動凹凸陂陀隨石曲折磈礧相連倚疊如山聚族而居仍自隔別蘇頌圖經所謂蠣房者也每候潮來諸房皆啟潮還仍閉人欲取者鑿破其房以器承取其漿肉雖可食其漿調湯尤美

也南人呼其肉爲蠣黄以其殼燒灰泥牆所謂古賁灰
也登州人食其肉棄其殼不解燒灰矣周禮所謂蜃灰
乃燒蛤殼爲之若土所食蛤蜊亦蛤之肉耳非此也海
上嚴冬鑿蠣沖沖貨者珍其漿以海水雜之眞味減矣
其漿與肉皆青白色文登海中桑島出者清味絕異遠
近珍之謂之桑蠣其殼不附石隨水漂泊名曰滚蠣説
者謂地當河海之交蠣得河水之淡故其味獨清榮成
者古成山地也其海中滚蠣大者如椀口然不及桑島
者美

西施舌

爾雅云蜃小者珧郭注珧玉珧釋文引字書云玉珧肉不可食唯柱可食然則珧即江瑤柱也西施舌與之同類而無柱爲異又味美在肉謂之舌者有肉突出宛如人舌啖之柔脆以是爲珍其殼圓厚淡紫色可飾治器即墨海中有之（案香祖筆記十云西施舌海燕所化久復化爲燕）通州劉桐村錫信昔宰茲邑上官多屬意劉以導諛且妨民婉辭拒之歷城令以五十金屬其人貨致劉亦弗許也甯海所出狀類西施舌而大其名曰鴨肉微黃色又無舌清味

不逮遠矣以上十二條壬申冬所記此一條癸酉春補

𧊧

蚌之屬說文所謂螭也殼圓而厚有文回旋如指頭文大者如酒杯作青白色其類亦有纖如指頂黃白雜文殼薄而光乃文𧊧之屬非此也𧊧一名蛤蜊肉甚清美熱酒衝啖風味尤佳宋盧陵王義眞車螯下酒宋書劉湛傳臑酒炙車螯珍可知矣大觀本草言車螯是大蛤一名蜃卽此是也腹有小蟹贅足悉具狀如榆莢是蛤之精蛤在殼中不能取食當其飢虛蟹輒走出爲蛤覓食蟹飽則蛤

飽晨出暮還有肉如絲爲之牵係或猝遭風㝵絲斷蟹殪蛤卽頓仆郭璞江賦所謂瑣蛣腹蟹當卽指此而瑣蛣非蛤恐同類異名耳北齊書徐之才傳有人患脚跟腫痛諸醫莫能識之才曰蛤精疾也由乘船入海垂脚水中疾者曰實曾如此之才爲剖得蛤子二大如榆莢卽是物也謂之精者知覺攸存至于文蛤之倫腹中無蟹

海浮石

石縹靑色微帶土黃輕虛浮脃應手糜碎一拳之多不

盈半兩性味鹹淡堪入藥用書籍觚棱紙色煙塵大可指摩新生滑瀞此石採取海波深處云是水沫凝結所成也劉逵吳都賦注浮石體虛輕浮在海中南海有之

燕兒魚

體長五六寸色黑如燕鬐長解飛不能赴遠浮游水面不過數武翩然而下如燕子掠波也鬐與尾齊味酸不中啖海人去鬐啖之亦不美

鱉魚

鱉音鰵玉篇魚名魚巨口細鱗大者長四尺許鱗肉純白漁人

或呼白米子米鰵聲轉耳作膾下湯及蒸炰皆可啖之

此魚之美乃在於鰾玉篇魮魦切魚鰾可爲膠梓人制器黏綴合縫

勝於用膠謂之魚鰾實此魚腹中之腴也

鰻鱺魚

似鱓而腹大如鰌而體長其色青黃善鑽泥淖能攻隄

岸溝渠中亦喜生之俗人呼之泥裹鑽蓋鰻鱺之聲轉

爲泥裹也海邊人呼海鱓非也陶隱居言能緣樹食藤

花玉篇云其氣辟蠹魚而古語云君子不食鱺魚韓詩外傳

七

今驗此魚形狀可惡而能補虛勞稽神錄載有人多

得勞疾相因染死者數人取病者於棺中釘之棄於水
永絕傳染之病流之於江金山有人異之引岸開視之
見一女子猶活因取置漁舍多得鰻鱺魚食之病愈遂
爲漁人之妻

青魚

青魚大者長尺許腹背鱗色俱青以是得名氷解春融
海魚大上挂網之繁無慮千萬貨者賤之鹽藏蒸啖味
亦非美或少醃曝乾炙啖頗佳次於柳葉也

柳葉魚

魚體似魴而狹長不盈五寸闊幾二寸厚半分許海人
爲其輕薄形如柳葉因被此名矣腌藏而膊乾之可以
餉遠炙啖甚佳萊州街市編爲四五草束而貨之有野
素之風又有油魚小而短僅半前魚而厚欲過之出萊
陽海中以饒肪得名炙啖尤美也竝可案酒

冰魚

體狹而長可四寸許鱗細而白肌膚洞澈骨體瑩明望
若鏤冰矣京師貨者來自衞河武定利津海邊諸水亦
復饒之澤冱冰堅魚肥而美瀹湯下酒風味清新霜橙

雪薺未知孰爲尤勝耳 茲魚近海方有故入海疏

銀魚

體白而狹長可六七寸許曝乾煠啖及瀹湯味清而腴不逮冰魚遠矣海人爲其纖而修長如切湯餅之狀謂之麪條魚余謂鱟魚之名唯林刀魚庶幾無媿此卽非倫今欲以意更之呼之玉筋焉

催生魚

碧靑色纖長如筯體堅類骨鼻梁横出殆長寸許目在鼻端漁者網得之云可催生未審作何法用按南越志

鱕魚鼻有横骨如鐇海船逢之必斷吳都賦注鱕有横骨在鼻前如斤斧形東人謂斧斤之斤爲鐇故謂之鱕然則鱕魚似鐇因有此名兹魚雖鼻有横骨但大小迥異明非一魚也

離水爛

無名小魚也漁者爲細網海邊撩取之長數寸許圓體饒肪逡巡失水便致糜爛海人爲難於收藏腌以爲醬鮮美可啖經典所稱魚醢當指此而言凡蟹蝦八帶魚皆可作醬又有魚子醬海豚鮐鰍偏口� 䱐鮥其子俱可

作之烏賊魚卵片片解散以酒𥽽之亦可下湯竝方土之貢珍盤肴之佳味也但野人䓁素不解調和鮭鹹未除烹庖無術若腌以糟醪調以薑桂登之食筵薦諸賓饌雖古鯤醬卵醢方之蔑如矣

鯽魚

形似紅姑青黑色長三尺許有印方長在魚顛頂文理縱橫略如繆篆頭顱堅鞕俗作硬大魚被觸靡不殭斃船艇著處亦爲罅漏吳都賦注謂印在身中又引扶南俗云諸大魚欲死鯽魚皆先封之恐是虛誣耳此魚福山

海中有之亦不多見余聞之婦弟王鎮翰殿邦云

馬鱗魚

福山海中饒之形狀寬狹全似障泥作紫紺色一面有鱗蓋王餘之類而厚大倍之肉極腴美不減鏡鯧貨者珍之一種牛舌頭魚略似馬鱗而上博下殺首尾渾圓不似馬鱗首帶方形也亦一面有鱗唯目殊小魚重二斤者其目才如綠豆腹下四邊俱淡紅色中央微白爲異

槩子魚

圓體細鱗爲色純黃長或尺許自上而下漸以銳小甚似椓杙之形海人謂爲龍王𩴾子肉亦可啖

黃鰿魚

形體渾圓有長八九尺者肥亦中啖頭略似鰿俗作鯽不類也而海人以鰿呼之余不謂然或鰿當作脊然是魚鱗鰭俱黃不獨脊上爲然

絲黃魚

形狀略似䲘魚而頭不扁目亦黃色又有紫色者實一種魚也福山海中四時恆有釣艇所得佳饒此味

海鱓魚

體圓青色略似河鱓鋭頭大口利齒如鋸兩邊絕無乃在中央一道鋒鋩直入咽喉亙魚遭之迎刃立斷肉雖腴美骨束纖長須防作鯁海人食餺飥碎切爲餡雜入蘿蔔數片旋即簡去骨束盡出矣魚大者長四五尺闊可尺許爲性悍猛釣者憚之呼之狼牙魚或曰海狼

海盤纏

大者如扇中央圓平旁作五齒歧出每齒腹下皆作深溝齒旁有髯水蟲幺麿誤入其溝便乃五齒反張合弃

其鬐夾取吞之然都不見口目處釣竿所得餌懸腹下蓋骨作四片開卽取食囓仍無縫也旣乏腸胃純骨無肉背深藍色雜以赬點腹下純紅其小者腹背皆紅狀旣詭異莫知所用乃至命名亦復匪夷所思將古海貝之屬其類非一及其用之皆爲貨賄故雜擅斯名歟

蝦蟆魚

魚形全似蝦蟆唯尾長尺許皮色青黃不作疵癗細鱗如釘子之形然亦濡輭手捫之如蝦蟆皴也福山海中嘗有舉網得之者初不敢啖投之沙磧人或收而烹啖

之風味甚佳清美如蟹乃知水陸所生形多肖似海驢
海牛人有見者卽作牛驢之形洪鈞陶冶亦有依循釋
典輪迴乃成虛妄衆生代謝譬彼樹花若謂來世之因
必資見身之果然則芒芒造化甯當作印版文章邪

海腸

形如蚯蚓而大長可尺許土色微紅一頭肉束有類鬒
然蓋其首也穴於深海之底沙中作孔如蛣蜣所居約
入沙二尺許頭在穴口幺蟲經過吸取呑之其遺矢處
亦作細孔人不見也腸細如綫可長丈許夜間出穴覓

食腸蒂御繫穴口比曉仍還或遭風浪漂斷游腸棲泊岸邊爲人所得矣破視其腹血色殷然海人亦喜啖之或去其血陰乾其皮臨食以溫水漬之細切下湯味亦中啖海鰌者巨如鯷卵尾如鼠尾腹盡淄泥釣竿爲餌以致嘉鯕饒有所得其物難煑不中啖也

海帶

海中諸草可啖者多唯此不爾土人因其形似目爲帶云葉如麥冬而長產於海底高可隱人其根如茅而節間稍短咀之甜脆爲草藩庶海人沒水撩取堆積如山

本青綠色曝乾卽黑經霜又白捆載而歸寒鄉苫屋勝於覆苐既免火灾又能經久雖屢更秋霖終無腐敗亦奇物也海邊村落彌望皎然就近窺尋乃有人家居然白屋矣

海糞

江河水下浮苴漂木東流到海潮汐浪淘碎爲糞壤北土寒冬家有火炕葦糞熏烘可代薪燎其火無燄微釀淸煙而不觸鼻卻可熏蠶兼無火患也

孫男聯茹蓀薇芬校字

記海錯一卷

海錯百一録

〔清〕郭柏蒼　輯

據華中師範大學圖書館藏清光緒十二年刻本影印原書版框高十九點八釐米寬二十五點四釐米

提要

《海錯百一録》五卷，清郭柏蒼輯，清光緒十二年（一八八六）刻本。牌記鎸『光緒丙戌海錯百一録 王步蟾敬署』。

郭柏蒼（一八一五—一八九〇），字蒹秋，福建侯官縣（今福州市閩侯縣）人。清道光二十年（一八四〇）中舉。歷任縣學訓導、内閣中書等職。有『玉尺山房』於光禄坊，藏書六萬餘卷，多珍秘善本及閩中地方文獻。曾深入沿海各地搜集海産資源資料，編著《海錯百一録》《閩産録異》《福州濬湖事略》《閩會水利故》等書。

是書開本高二十五點二釐米，寬十六點二釐米；版框高十九點八釐米，半葉寬十二點七釐米。半葉九行，行二十一字，小字雙行同，下黑口，左右雙邊，單黑魚尾，版心上鎸『海錯百一録』。每卷卷端皆有目録。卷一目録前有光緒丙戌秋日郭柏蒼自序一篇。

全書四萬六千餘字。卷一爲『記漁 記魚』。『記漁』描述漁業工具，包括漁船名目、䰾、縆、網、急網、縺、緝、罩、釣、步取等。『記魚』包括海鰍、鯊魚、鮚仔、黄花魚、鰞魚、鰻子、鯧魚、牛魚、鯸魚、鰣魚、海鰉、黄魚、比目魚、鰈沙、鰛、鯷、青鯪、過臘、烏頰魚、黄鱭魚、黄㐱魚、方頭魚、魳魚、黄炙魚、毒魚、白澤魚、黄爵魚、斑車魚、詸鯯魚、麻蝨目、鰳魚、海鱖、海鱸、海鮎、海鯽、海鰡、鰆魚、鯢魚、鮓魚、烏魚、鮐、鯊、蛺蝶魚、旗魚、鰯魚、鰪魚、念鰔、鹿角魚、鸜哥魚、龍占魚、印魚、連刺魚、刺魚等水産。

卷二爲『記魚』，包括海鰻、海鱒、馬鮫、塗魠魚、嘉酥魚、鮎、帶魚、魟魚、錦魟、黑魟、鱵魟、鮀、鮃魚、鯇魚、鰿魚、琵琶魚、楓葉魚、四破魚、白鰾魚、日月魚、鯵魚、鰈魚、鮇魚、人魚、美人魚、海和尚魚、海馬魚、海豬魚、海狗魚、虎魚、燕魚、鶴魚、跳魚、氣魚、飛魚、鰩魚、鬬潮、墨魚、冬鯢、章魚、石拒、瑣管、墨束、柔魚、銀魚、丁朱、鱵魚、沫魚、丁香魚、新婦啼魚、飼子飯魚、蠔魚、蠣魚、梭魚、銅盆魚、寸金魚、沙箸魚、青郎魚、獅刀、馬鞭魚等水産。

卷三爲『記介 記殼石』。『記介』包括鼂、龍、瑇瑁、黿、海龍、鱟、蟳、虎蟳、蠘等水産。『記殼石』包括蠣房、黄蠣、蝛、蜍、江瑶、西施舌、淡菜、蟀、海月、石華、石帆、石榼、龍目、海膽、蛤蜊、蟶螯、蝍蜈、沙蝨、石决明、石砌、海扇、老蜯牙、空豸、蛤、海蛤、沙蛤、木理蛤、紅緑、寄生、翠翠、土銚、海紅、桃花片、蟟、蚶、絲蚶、石蚶、珠蚶、烏黏、黄黏、烏投、石尊、千人擘、赤脚、朱蟹、金錢蟹、長跤蟹、滷、倚、蘆禽、蟶、牛角蟶、指甲蟶、竹蟶、石蟶、獨脚蟶、玉箸、鸚鵡螺、青螺、辣螺、香螺、海螺、馬軻螺、酥螺、砑螺、珠螺、花螺、土螺、簑螺、竹螺、黄螺、吐鐵、糍螺、醋鼇等水産。

卷四爲『記蟲 記鹽 記海菜』。『記蟲』包括龍蝦、五色蝦、虆蝦、白蝦、黄蝦、蝦姑、苗鮮、海粉、龍蝨、沙蠶、海丁香、土鑽、泥筍、土苗、海參、海蜈蚣、烏蛇等水産。『記鹽』論述海鹽生産之法。『記海菜』包括石花菜、虎棲菜、鷓鴣菜、龍鬚菜、燕窩菜、鵝腸菜、紫菜、苔菜、滸苔、赤菜、舵菜、蠣菜、線菜、神黛、白薯、烏菜等水産。

卷五爲『附記海鳥 附記海獸 附記海草』。『附記海鳥』包括海鷂、海鶻、海雉、海鴇、海燕、海鷗、海雞、海鳧、海鷀、海鶴、海鸚哥、海八哥、海鴛鴦、海雞母、蒼鶴、白鷺、探鶶、火鳩、呼潮、天鵝、翠鳥、紅公、禿鶖、水鱵、鷺、虎鷹、鬼車、九頭鳥、過冬鳥、舶鴿、鵁鶄、鬼雀、黄褐侯、撒尿鳥等。『附記海獸』包括海獺、海虎、海鹿、海鼠、魚等。『附記海草』包括海蘆、海薑、海蒲、海藻、海葛、椶葛、石帆、石龍芻、占風草、水燭、蔄箐、臭草、雀梅、建水草、野藤、蕢、醉魚草、篤竹筍、龍牙草等。

據《中國古籍總目》載，是書版本有清光緒間刻本《郭氏叢刻》十三種，國家圖書館、北京師範大學圖書館等單位有藏。

本書據華中師範大學圖書館藏清光緒十二年（一八八六）刻本影印。部分葉面有修復痕迹，請讀者在使用過程中注意。（柳巍）

目録

光緒丙戌

海錯百一録

王步蟾敭署

閩海濱人於海族有終身未見未聞者飛潛動植陸之所產海多有之稍異其狀而大焉狀同矣而名異名與狀皆同而作用又異蓋水有鹹淡之殊復有潮汐往來清濁溷雜之別網罟弗及得盡其天年前後數千載海族將愈不可量矣說者遂因而無稽之蒼海濱人以數十年所見者證之老漁老漁所見者粗細必記不厭其鄙又以老漁所聞者證之諸書諸書同亦錄之存其名備其說使音與義合其因音訛而訓背者皆從刪閩惟福州福甯音同其他彼此行越宿則喁喁然不知所謂

豈但浙粤人不辨閩語閩人且不辨閩語故一物恆數
名一物且數志有見其物不知其名有詢其名忽悟其
物記載之書如三山志八閩通志閩書或紀全閩或紀
一郡焉能獨詳物產即王世懋閩部疏屠本畯海錯疏
非閩人又焉能盡通閩產且講求筆法俚鄙之言不入
捃摭故其為書亦復有限且習者多同異者各别否則
異者愈異而習者忽矣古人多識於鳥獸草木之名曰
多識則不拘細大矣周禮覆夭鳥之巢驅水蟲去鼃黽
焚牡鞠若於政體無關紀其大不遺其細者乃備物致

用於無極之意也凡物命名之始必有取義義之從同者衆乃共稱久之舍其義以叶音求其雅以免俗衆人所共知共聞者書不之載所不知不聞者乃鑿鑿焉就一人口舌之好而稱美之因其物氣味之偏而抑置之援引多端覽者莫得確據而於物類之性烹調之法則闕焉閲者復何所取蒼少壯時覺海物壓市近粤人設食館烹鮮則取其豐腴而棄其咀嚼貨者多歸焉城市不得美品瀕海各澚輪舟來往轟擊不甯小魚且遠遁漁利不及昔時十之二三矣池館深寂録成五卷記漁

記魚記介記殼石記蟲記鹽記菜皆以閩語爲目而釋之末附記海鳥海獸海草雖稍違海錯之例然亦不越閩海以求博異閒有以他事隨筆附入者欲以一知半解告人不免畫蛇添足之誚云爾

光緒丙戌秋日郭柏蒼序於閩山柳湄小榭

海錯百一錄目錄

卷一 記漁 記魚

方頭魚　鰣魚　黃炙魚　毒魚　白澤魚　黃爵
魚　斑車魚　訓鰳魚　麻蝨目　鰳魚　海鱖
海鱸　海鮎附鮎　潮海鯽　海鰡　鯵魚　鮸魚
鮓魚　烏魚　鮐附鯧　魣魚青魚　寒鯊　蛺蝶魚　旗
魚　鰋魚　鱃魚　念鹹　鹿角魚　鸜哥魚　龍
占魚　印魚　連刺魚　刺魚

海錯百一錄卷一

侯官郭柏蒼兼秋輯

記漁

漁船名目　海人討海之船（以漁為生者名討海）名目不一，曰竹編網船，曰旋編船，曰竹編艙船，曰拖釣網船，曰手搖釣船。漁者各有其技，各乘其船，各取其魚，非一船能取諸魚也。（江河之魚春夏浮而遡流，秋冬沒而順流。有鱗之魚好遡流。海水瀦而不動，故漁者視風為度，惟惡魚不避風潮。）

硿　砌石海旁而曲折之而玲瓏之，曰硿，亦曰扈。潮退䃂乾發發然揀入籃筐旦旦不竭也又有名杆插扈者以竹作扈爾雅槮謂之涔今海濱以雜木亂植使魚息而取之即爾雅注所謂橬也陸龜蒙漁具詠序列竹於海澨曰扈是矣緢䃂二字見郭藥村詞譜又有名竹箔者其狀如簾使魚為水所止不得脱

緢

緢大網也大者高二丈許廣百餘丈搗茘支木或龍眼木煮汁染之不濡易晾大網値數十金致字書無緢字海鄉質庫質者皆作緢下緢之法延袤豎竹杠視緢懸搖動懸緢上浮木也則水滿而魚入矣以艚小船打鑼

魚聞鑼聲圉絚中收絚而魚得矣又有乘小艇時收時放者名曰罾陸龜蒙詩雖然煩取舍未肯求津要是也

網

網製不一名亦各異曰牽絲運網曰沿岸撒網曰拖沙連網曰方網曰插竹木縶網曰緭斗曰扦楸小網漁人之技不同故所用之具亦異

急網

以破絚裁成高尺餘横圍數丈兩端綴繩衆人分執沿淺流曳之疾走掩其不備傍岸拾取

𦅾

縛魚網也似簾以小艇黑夜流𦅾於海中呑舟之

魚一人可縛

緝　小罟也沈海潊淺水中別用長繩屬草皤其腹作水鳥騫騫狀以蚶殼定之半沈自遠而近滃瀑有聲魚見影聞聲驚遁緝中亦有以緝蟲而撞之名撞緝

罩　從高而下取魚之具爾雅篧謂之罩注捕魚籠也以竹為之曰沿岸攀罩以繩起伏取之曰手罩隨手羅之

釣　放釣之法截竹為筒縋索間横懸釣絲或百或數十相距各二尺許先用竹篇布釣理蚶其中或蚯

蚓或蝌斗或帶魚尾投其所好也亦名浮釣與手釣異手釣以蚶獨釣也

步取　即捕魚也沿流步而取之潮退隨緝者亦稱步取

記魚

海鰍俗字作鰌　海魚之最大而性惡者有縊得小海鰍者色黑鱷健絃中

水經注海鰌魚長數千里穴居海底入穴則海水為潮出穴則潮退嶺海異聞海鰌長者亘百餘里壯蠣聚族其背曠歲之積崇十許丈鰌負以游鰌背平水

即牡蠣峠屼如水面山矣舶猝遇之如當其首輙震以銃砲鰌驚徐徐而没猶漩渦數里舶顛頓久之乃定人始有更生之賀蓋觀甚奇而災甚切也南部新書載廣州有魚行海面經歲始竟首尾當亦鰍屬海東扎記海翁魚即海鰍也大者三四千斤皮生沙石刀箭不入鹿耳門沙岸有自殭者肉粗不可食人割取其膏資燃釭焉或言口中噴涎常自為吞吐有遺於海濱者黑色淺黃色不一即龍涎香也閩上淡水有之云可止心痛助真氣欲辨真贗研入水攪之浮

水面如膏以口沫撚成丸擲案有聲噏之通宵不耗分毫者為真周亮工書影龍涎香真者雨中焚之輙煏爆有聲以此為驗京師一老中貴為予言每兩值數十金鬻其名者每於臺是徵然此地實罕有仍購諸洋估所販者無益之物為累如此節錄嶺海續聞南巫里洋之中有龍涎嶼當春明景和羣龍來集於上交戲而遺涎沫夷人採之歸市番舶其香若脂膠黑黃色聞之頗覺魚腥能收斂腦麝清氣雖經數十年不變以少許和香焚之凝結不散蒼曾祖乾隆閒從粤東購買一塊正與嶺海續聞相合惟其中瑣瑣通氣敲少許焚之又從爐底取出屢焚則色黑

節錄閩大記海鰌最巨能吞舟日中閃鬐鬣若簸朱旗遒健好動故名鰌閩中海錯疏海鰌噴沫飛灑成

雨其來也形如山嶽乍出乍沒三山志云舟人遇之必鳴金鼓以怖之布鹽米以厭之鰌則倏然而沒不然則害舟閒有斃者土人梯而臠之剞其脂為油可灰船和灰艌船也蒼聞興化湄州界外前百年天后誕時每有海鰍閣沙嶼閒土人以巨木搘其齒以火灰𢹂其舌數十百人荷擔執刃剜取其腦以祭煎其膏燃釭鰍若無關痛癢六時潮滿乘流而逝海上大魚過能蔽日晝見星斗亦名笪日見書影

鱟魚 即海鱟胎生福州呼鰗鱟青目赤頰背上有鬣

腹下有翅四時皆有南風乃盛種類極多宜為膾或切絲和肉絲拌薑醋再取其湯切芥藍菜為羹亦美品海族志云以其皮如沙故名種不一有

【胡鯊】青色背上有沙大者長丈餘小者三五尺鼻如鋸蒼按亦有上唇長三四尺齒如鋸者皮可縷為膾羹以為脩可充方物蒼按即鯊鯗

【鮫鯊】似鮫而鼻長皮可飾劍靶蒼按海有毒魚皮作磋尤利俗呼錦魟蒼按鮫鯊青斑身長錦魟乃黃魟詳錦魟條下

【劍鯊】尾長似劍嶺海續聞海鯊有變為虎者具見前說又有一種劍鯊俗呼為鋸鯊云其大者鼻衝長丈餘闊尺許黃黑色其直似劍其旁排列戟刺捷業如鋸齒然力能破舟裂網橫行海中羣魚遠避稍不及即磔而食之莫敢攖其衝也

虎鯊頭凹而身有虎文蒼按能噬人手足鮈鯊頭如狗頭蒼按頭大上有烏赤點黃鯊好食百魚大者五六百觔時鯊有肉無腹大者剖其肉多油可啖可燃蒼按身圓尾長似蝦即油鯊帽紗鯊兩邊有皮如帶帽出入鯊初生隨母浮遊有警從母口中入腹須臾復出蒼按鯊初生皆出入母腹如雛之隨母稍長自散俗呼阿娘魚禆海紀遊云鯊魚胎生市得一魚可四五斤用佐午炊庖人剖腹一小魚從中躍出更得五六頭投水中皆遊去吳錄鰭魚子生後朝出索食暮皆入母腹中酉陽雜俎曰出從口入從臍吹鯊大如指狹圓而長身有黑點嘗張口吹沙味甚美蒼按所云吹沙即詩鱨鯊之鯊非海鯊也詳卷二跳魚條下秦王鯊蒼按秦王鯊有甲如貝殆因諸

書多其事因附會名之蒼從海邑所見尚有烏翅鯊口闊即烏鰽鯊頰尾皆黑雙髻鯊頭如木拐圓頭鯊能食人犁頭鯊頭如犁鼠䱇鯊皮白齒如梳蛤婆鯊泉州呼夾鯊口闊尾尖泥鰍鯊口尖龍文鯊皮上有黑點白圈扁鯊烏鯊黄鯊白鯊淡鯊大鯊其最美者乃龍文鯊其翅尤美即對翅也最下者曰乞食鯊肉粗皮可飾鞘凡鯊以肉白而紫紋少者為上味惡而紫紋多者統呼彭鯊斯下矣六書故曰鯊魚大者伐之盈舟蒼見海村以鯊魚脊節為臼不止盈舟也出水時不辨

種類不論大小皆臭同叟溺煨土中亘晝夜乃發而
貨於市切為膾勝他魚而遜於鰻與鱒盛暑經兩日
不䌹磨其皮染以石綠飾鏡囊劍櫝其鬣即魚翅腹
下之翅名對翅鯊魚大者三月末於沙岸曝鬐亂滾
即變為鹿其肉作脯味仍如鯊虎鯊則變虎䖙之亦
鯊未閩書鯊魚一名鮫一名鰒一名鰽一名鰌圖經
曰鯊魚今南人但謂之鯊

結仔　鯊魚類也亦胎生四足皮淡紅長二三尺不等
孕者刳其胎胎中又有胎春末至秋初皆有之為膾

易成氣惡勿多食

黃花魚　即鰻也（遯齋閒覽石首魚頭上有石可治爲器器載飲食如遇蠱毒器必爆裂者非）是口紅鱗黃頭大而無腦二石相並如齒者即腦也秋冬黃盛者肥美用釣者名鷺釣黃花爲膾宜麤不宜精爾雅異名鰻頭大尾小無大小腦中俱有兩小石如玉鰾可爲膠鱗黃璀璨可愛一名金鱗朱口厚肉極清爽不作腥蒼按閩中或呼黃瓜（瓜花音又有之譌）朱口細鱗長五六寸亦名小黃瓜一名黃鰴（三山志作黃魚叫黃鰴釘與黃花魚異）稍大者名畫鰴黃花風日烈則曝爲鯗

本草乾者名鮝魚亦作鯗李時珍曰鮝能養人人恆想之故字從養羅願云諸魚薨乾者皆為鮝其美不及石首故獨得專稱以白者佳故呼白鮝若露風則變紅色失味也鮝久即黝獨黃花變紅康熙字典引吳地記闔閭入海會風浪糧絕不得渡王拜禱見金色魚逼而來吳軍取食及歸會羣臣思海中所食魚所司云暴乾矣索食之甚美因書美下著魚為鮝字又一種小於黃花色淡黃者春夏之交遇南風排山而至數里外嗒嗒然其聲震天施大縆數十人登岸曳之魚多人力不及則魚縆並沉急割縆而棄其半每縆恆數千尾名曰横攤棑言其如木棑之

横攤而至也其魚視驚鈎者多遯矣此魚之赴刦而至也其理不可解或云洋山魚能鳴網師以長竹筒插水聽之聞其鳴則下網即指此

鱠魚似黄花魚而差大鱗細其首亦兩齒相並如石斫爲膾宜麤與黄花魚畧同按古無鱠字今海人呼敏音八閩通志閩中海錯疏俱作鱠集韻鰵音慜海魚名也海錯疏鰵身類鱸石首口闊肉粗腦骨脆而味美大者長丈許重百餘斤四明諺云寧可棄我三畝稻不可棄我鰵魚腦四明所稱鰵魚疑即閩海之鱠魚但鱠魚小於鰵魚耳釣鱠魚者鈎之倒刺在前釣黄花者鈎之倒刺在後諺曰鱠魚好進又不進黄花好退又不退言鱠魚進黄花退皆可脱鈎而

遁魚癖不同鈎與蝍亦各異

鮻子　似黃花魚而色黯似鯩魚而口尖殆黃花鯩魚相感而生者故名鮻子味遜於鯩

鯧魚　似鯿而鱗特小白色皮細者肉嫩曰斗底皮厚者肉粗曰蓮房小者曰子鯧味饔集韻鯧鯸魚名正字通鯧生南海似鯿頭上突起連背身圓肉厚只一脊骨輭可食閩中海錯疏鰣板身口小項縮肥腴少鯁小者形扁曰鯧又小者形圓曰斗底又黃鱲樟亦鯧也鱗金點而差厚小者名曰鯧鯿以其好交羣魚

若娼然故名又曰鯧遊羣魚隨之食其涎沫有類於
娼又曰昌美也又有鎗魚身扁色紫無鱗以其首銳
腹廣細如鏢鎗故名海錯疏以鰣魚為鯧魚按鰣魚
有黑白二種尾如燕形扁而闊集韻鯧鰣魚名集韻
分鯧鯸鰪鰣為二魚則鯧非鰣明矣蒼按凡魚孕子
者魚男感氣追逐爭啖其子鯧魚帶子時一縕所得
多牡魚是知其雜羣牡曰鯧者賤之也

牛魚　北方名鮪南方為鱘海產者觜長鱗鱗頭有肥
骨重百斤小者七八尺綱目云南海有牛魚重三四

百斤又本草載牛魚無毒主治六畜疾疫作乾脯爲引以水和灌鼻即出黃涕亦可置瘡牛處令氣相熏閩書牛魚尾如牛尾味美在肝俗呼鯕魚口在腹下無鱗軟骨紫黑色尾長於身毒能螫人閩書誤以魟魚爲牛魚以其尾似牛尾也臺灣志牛尾魚狀如牛尾無鱗身亘如條黑色則又非[illegible]魚矣海上鼓琴鱏魚出聽是也博物志所云牛魚目似魚形如犢子剝皮懸之潮水至則毛起去則毛伏乃海牛產外洋與此異

蜈魚　產臺灣海東記俗呼海豎頭似豬大者千餘斤小亦五六百斤常於海面躍起高丈餘噀水爲雪

漁人見之輙避福州興化亦產

鰣魚　皆產於鹹淡水又有似鰣魚而鱗小者曰鰶魚又名青鯽亦名青鱗冬月得者味腴

海鰉　嶺海異聞鰉有二種常鰉類鰣魚而小河海皆產也海鰉身首差短歲二八月羣至數百騰於沙與移時化為鳥俗呼火鳩是也海濱居民候其上也譟而驚之化者纔十五鱗鬣全不開者不全化矣居人罾者市者瀕海皆足互見卷五火鳩條下

黃魚　身扁薄多鯁多油醃食可口福州呼油鰶背上

無鬣者為紫鯚次之

比目魚　狀如牛脾紫色鱗細一眼爾雅名鰈不比不行正字通比目魚名版魚俗改作魬叚氏北户錄謂之鰜鰜兼也吳都賦謂之魪言相介也皆不比不行之意上林賦謂之魼鰈猶屟也閩呼泥鞋魚廣名鞋底魚臨海志名婢簁臨海風土記名奴屩南越志名版南方異物志名箬葉則皆狀其形蒼在海濱以此為常穀緝者多單得乃受氣之偏非不比不行也八閩通志比目江淮謂之拖沙魚俗呼為皁末魚　海中尚有側日魚側口魚又

有鬲魚形極扁雙目好對對行凡池魚大者先行小者次之小魚好羣遊扁魚好對行

鰈沙 即貼沙一名龍舌俗呼草鞋魚色淡白有脊骨無細鯁產於夏三山志鰈沙形扁性温浙人呼為箬魚淮泗謂之鞋底魚以江中者為美閩書鰈沙魚形扁而薄左目明右目晦昧又有鼇戲匣以形名無鱗肉細 古稱比目魚為魼為鰈為王餘魚云似牛脾今鰈沙絕似牛脾蓋誤以比目鰈沙為一魚也

鰛 字見閩中海錯疏及閩書 連江長樂皆有之似青鱗而少細骨六月無北風少晡時則多產骨軟者佳以鹽水醃隔

歲發香味食之扶土詔安銅山之鰛在海旁啞東洋
土尤為補脾閩人以此下飯不厭腥鹺外省見者呼
為臭魚不敢近

鯷

又呼鯷鮯似鰛而無鱗醃法如鰛鹺勝於鰛而香
減味遜尾硬者蕘之名硬尾鯷又白麻鮰身扁薄淡
鮰味饕勝於白麻鮰圓鯪鮰體圓厚而多肉臺灣鮰
肉粗而價廉鰛鯷二魚用薄鹽炊之名曰熟魚鰛炊
者美鯷不及也單炊者美雙炊不及也長樂壺井江
田所產為多壺井李姓江田陳姓舉族皆以討海為

生其鄉富足諺云海水無門限言易富也○亞井近亦產鹽魚貨須陸行四十里至長樂縣河下裝載趕入省會之大橋鄉頑以大魚聽魚客趕省（收魚裝簏者為魚客）以熟魚等為小魚留為民食每於石尤嶺攔截

青鯪（據龍龕手鑑鯪應作鯪）福州呼青鯪仔長不及三寸眼赤鱗小色青生於首夏油煎有香氣煮之則鯹

過臘屠氏海錯疏頭類鯽牙類鱖又類鰱肉微紅味美尾端有肉口中有牙如鋸好食蚶蚌臘來春去故名過臘按福州呼棘鬣以其鬣如棘也興化呼橋鬣

以其鬣紅紫也泉州呼髻鬣又呼奇鬣味豐在首背豐在眼十月蒸葱酒尤珍又有赤鬃大於棘鬣

烏頰魚　似過臘頰烏首亦兩石相並蓋其腦也當於大寒時取之按閩書金鱗此云金鱗指黄花魚烏頰石頭鱸首皆有石諸魚屬火而金鱗烏頰石頭鱸與鯽魚屬土可以療病

黄鱊魚　身小而薄其尾淡黄畧似過臘福州泉漳皆產土人呼黄翼志多誤鱊為𩸞

黄夕魚　又名雞母魚鱗細黄赤色夏多產秋冬閒得

之泉州呼雞魚帶鱗蒸透去鱗煮麪或米粉其味清
腴烹者次之

方頭魚　即國公魚似過臘而頭方味勝之或呼芳頭
魚言其頭芳也凡魚一身有特異於他魚者其美多
在是

魳魚　産鹹淡水長不盈尺濂浦螺州皆有之鱗薄身
長尾短而黄背上一鬣腹下皆刺兩鬐短而白兩鬐
黄而長鰓及於鬐按山海經敦水東流注于鴈門之
水其中多魳魳之魚食之殺人本草即鯸鮐也與鮭

同蒼按亦河豚之類其肝勿食

黃炙魚　似鰳而小多鯁細鱗味似鰣魚惠安呼黃魚蒼按黃魚江河湖湘皆有之黃尾之類皆小魚也惟鱨大者二尺頰黃其膽春夏近下秋冬近上性浮而善飛躍江東呼黃鱨魚或呼黃頰魚海不產

毒魚　臺灣呼獨魚惠安呼⿰魚壽魚（按字書無⿰魚壽字）大如掌色微黑味似⿱艹漁魚其皮粗可磨木器諺曰春魟夏⿰魚壽秋冬白帶乘風而來無船可載

白澤魚　即白爵福興泉漳皆產之海物異名記羣生

隨波潮縮在澤故曰白澤福州呼水落為澤

黃爵魚　產臺灣疑即福州海產之黃雀魚色淡黃形如鱟味美在首

斑車魚　圓身細鱗黃質黑斑名海斑車閩書背上有斑肉粗味腴大者三四百斤腹中有肚其味更美蒼按斑車肚炒食胞乾之名蔫魚肚大者二三斤愈大愈佳江中溪中皆有斑車其肚小而不胞

訓鯯魚　板身多鯁而肥美異魚圖贊其美在頟即鮥也爾雅鮥當鮔注海魚也說文鮥當互也集韻似鯿

而大鱗肥美多鯁即鱒魚異物志鱒魚鱒鳥所化故
腹中有鳥腎二枚蒼按訓鯯亦稱鯯魚至肥炙食鮮
美諺曰甯去累世宅莫去鯯魚額是也

麻蝨目　身長鱗細四鬐塭中所產夏秋尤多臺灣以
為美品

鰗魚　又名鮚魚產臺灣鱗細脊腴味甘美春初由海
沿溪入內山其時長方徑寸每月長一寸至冬成尺
矣還自內山到海邊出卵而沒蓋飲淡水而成卵還
鹹水而出卵鳥魚則入鹹水而放子後引子歸淡水

凡魚生淡水者味多腴生鹹水者味多豐生鹹淡水者味豐而腴　福州六七月間每有所謂風颱者亘二三晝夜諺云六月防初七月防半是也凡潮汐所至之處風颱亦至焉其地皆稱斥鹵八九月潮壯時恆至洪山橋上百里之下岐風颱亦至下岐下岐以上即有颶風亦與風颱不同下岐大江通海潮汐至者勢也舉凡下岐以內至閩安二百里無數山嶺潮汐雖不通風颱所至其下亦皆斥鹵所產之魚無論在溪在澗在池澤皆稱鹹淡水去海二百里以上其

魚迴異鰱草尤美

海鱖　形扁大口細鱗能食諸魚其肚尤美江湖所產者肉緊背有黑點與海異閩書鱖亦曰水豚鱖蹶也其體不能屈曲如僵蹶也其味如豚故名水豚蒼按溪鱖色蒼海鱖色黑爾雅翼曰皮厚肉緊特異常魚斑文鮮明者雄也稍晦眛者雌也凡魚雌雄不可辨者驗其兩鰓兩鰓點點者雄也魚病則鰓亦發白點

海鱸　狀類海鱖又似海鯔而有黑子能食諸魚鮆膾不腥其肚尤美江河池澤產者肉細

海鮕 按字書無鮕字 色微黑形似草魚肉厚多油不論四時隨潮羣至一漁得則羣漁皆得鹹淡水者名潮鮕以暑月美凡海鮕潮鮕江鮕及池塘之鮕蛋腹中皆有二圓盂脃美海人呼為朎 按字書無朎字

海鯽 骨鯁味遜於池鯽溪鯽而勝於江鯽湖鯽豫之淇鯽為天下冣酉陽雜俎東南海中鯽魚長八尺食之宜暑而避風或云稜米所化故腹中尚有米色蒼按腹内有黄褐色其油也亦可食

海鰌 身圓口小骨輭生鹹淡水味美本草鰌魚似鯉

身圓頭扁骨輭生江海淺水中吳都賦鮫鯔琵琶注鯔魚如鯢長七尺蒼按水族皆多雌而少雄鯔魚為最凡水居鮮無子魚𩻎子之類狹不容身子如雁鶩鯔魚風定見網即遷徙水有䨲紋以撞緝撞之或以破絙倒影使入海套潮退圍之

鮬魚龍龕手鏡作鮬

爾雅注鮬小魚也似鮒子而黑俗呼為魚婢江東呼為妾魚蒼按鮬魚出甯德鼻在頭上土人煎油燃缸而棄其肉與爾雅所訓小魚二物而同名

鮸魚　色白身扁弱骨細鱗頭中白石二枚疑即諸書所稱石首魚正字通石首魚一名鮸生東南海中形如白魚扁身弱骨細鱗頭中白石二腹内白鰾可作膠蒼按鮸似鱸大者四五尺鱗細紫色無細骨肉粗

魣魚　即午魚海錯疏魣魚鱸之别種圓厚短鰄味豐興化漳州泉州皆有之閩書説文鰅魚名皮有文周成王時揚州獻鰅則魣當作鰅閩書以魣當作鰅不知何據

烏魚　似海鯔産臺灣身圓口小赤目細鱗似鰣魚冬至前後鰄出由鹿仔港始次及安平大港後至瑯嶠

海鮫閩呼海濱為海鮫　放子於石罅仍引子歸原港蓋如燕之客而翼卵也冬至前捕得者為頭烏味肥美冬至後捕得者為回頭烏則瘦矣以其子成片用薄鹽薨之味豐漁人有自廈門澎湖伺其來時東渡採捕者鳳山縣水餉有採捕烏魚旗九十四枝蓋縣印豎船頭每枝徵銀一兩五分

鮐

史記貨殖傳鮐鮆千斤師古曰鮐海魚爾雅釋詁鮐背疏老人皮膚消瘠背若鮐魚也鳥獸草木攷台鮐魚也生海中狀如蝌斗大者尺餘腹下白背上青

黑有黃叉㹻有毒雖小獺及大魚不敢食之蒸者飫
之肥美今福清漳州甯德興化所呼鰐魚閩書云鰐
魚似烏魚而小身圓口小赤目細鱗味似鰣子月脂
膏滿腹尤佳一名鮐又名撥尾蓋鰐魚之小者八閩
通志子魚似烏魚而小冬深子盈腹其味尤珍三山
志子魚身圓鬣小冬深盈腹皆子者作鹹肥美可充
方物蒼梭子魚似烏魚頭尖冬月脂膏滿腹漸欲盈
子者最佳至春放子則瘦而無味僊遊縣志子魚子
月肥而甘美故名相傳僊遊楓亭海濱有進入太平

港者額通三印可登俎王羣見聞近錄蔡君謨以子魚為天下佳味嘗遺先君多不過六尾所與者諫院二三故人而已其見重如此（三山志稱作鹹可作方物信矣）彭大翼山堂肆考王得臣麈史閩中鮮食最珍者惟子魚莆陽迎仙鎮有通應侯廟前水曰通應溪潮汐上下鹹淡水不相入（迎仙橋港即通海何以鹹淡水不相入）此處魚最美俗呼通應為通印者誤也閩中海錯疏魣一名鯔一名鮐以至子月肥極故云其子尤佳莆田迎仙橋下潭所產極為珍味捫蝨新話仙遊（仙遊應作莆田）有通應侯廟其

下臨海出子魚甚美世呼通應子魚者記其所出也荆公詩遂誤用長魚俎上通三印東坡又以通印子魚對披綿黄雀此皆傳聞之誤蒼按子魚身小而圓長冬月肥一種呼寒鯔亦可口福州冬月偶得者皆指為鰶又有青魚似鯽而差大又按海錯疏閩書皆稱鯽魚為鮐魚貨殖傳鮐鮆千斤自非鯽魚明矣蓋海人呼子魚為胎魚言其小而肉細也鳥獸草木攷稱其形如蝌斗亦不類

鮆 江魚也海亦有之説文鮆飲而不食刀魚也又名

鮤爾雅鮤鱴刀一名魛又名蔑刀魚一名鱭李時珍曰魚形如劑物裂蔑之刀故有諸名閩中海錯疏引山海經云食之可以已妬又云與石首皆以三八月出故江賦云鮻鮆順時而往還蒼按鮆出於夏子多而肥海人呼刀身狹長如彎刀顋下有長刺如麥芒其鯁微彎而利煎炙作鮓皆美入鍋則僵

蛺蝶魚　產臺灣淡水栩栩然蝶也

旗魚　又名破傘魚產臺灣色黑大者六七百斤小亦百餘斤背翅如旗鼻頭一刺長二三尺極堅利水面

毆魚如飛船為所剌不能轉動揚鬐鼓鬣舟即沈没

胷背閒肉陷如溝鬐翅斂而不見忽而怒張如支雨

蓋故亦名破傘魚

鱁魚　又呼白鱁多鯁似鰣魚而薄小閩書鰳魚似鰣

亦多鯁鰣侈口而圓脊鰳狹口而劍脊二魚之美皆

在腴本草勒魚出東南海中以四月至漁人設網候

之聽水中有聲則魚至矣有一次二次三次乃止甜

瓜生者用勒鮝骨插蒂上一夜便熟蒼按海產之白

鱁出於春末至暑漸減其狀與閩書所稱鰳魚本草

所稱勒魚正合海錯疏所稱鰳魚即與鰣魚同登之
鯏魚江溪皆產之三山志八閩通志及各郡縣志所
收水族多溷江海又按緢地（海邊挂緢取魚之地互相傳買名曰緢地）取
白鱱者以縑縑如簾小網也白鱱羣至而挂網醃者
分次故名鱱分白鱱全鱱二種白鱱鹽多市於遠不
㚻不美全鱱鹽薄市於近易㚻乃美莆田林氏以其
祖先鯁死歲取白鱱數尾陳於神前木棍搗醢之

鱃魚　鰫也即鱅郭璞曰鱅似鰱而黑蒼按鱃江產也
海亦有之大頭細鱗目旁有骨八閩通志閩書皆云

雌生卵雄吞之成魚其卵如鱉卵大青色無鱗無字乃細字之誤首有枕去之乃不腥今福州呼松魚泉州呼成魚惠安呼鰄魚者是也正字通鱅海魚肉如彘山海經食水多鱅鱅之魚其狀如犁牛其音如彘鳴諸書皆以此魚為供鱃食故稱之為鱃為鱅性好旅行故从與俗云綱魚得鱮京如㗇茹賤之也蒼按鱮鱗弱與鱃稍異凡魚孕子感氣不同全形從牝異態從牡其皆無所從者則怪也如魚腹出手之類海魚有圓身黑鱗四鰓縮尾目在項下口在項上者不知其名得者棄之

念鰄按字書無鰄字似鱃魚而味腴海魚之絕美者但緼釣

罕得耳

鹿角魚　閩中記大者梓人用其皮以錯角海物異名記芒角特戴在鼻小者醃為鮓味甚佳大者長五六寸其皮可以錯角蒼按鹿角魚色蒼黝小者帶皮酢之大者索然矣蓋味在皮也興化稱小者為鯭鮧按李時珍本草引齊民要術云漢武逐夷至海上見漁人造魚腸於坑中取而食之遂命此名言因逐夷而得是矣藏器曰鯭鮧魚白也據此則魚腸魚鰾皆稱鯭鮧漳州臺灣福州皆產之

鸚哥魚　福興泉漳臺灣皆產之狀如鯉魚綠嘴似鸚哥故名華夷考魚青綠口曲而紅似鸚鵡口蒼按閩海上有一種小鸚哥疑即此魚所化故畜者不匝歲即殂凡魚化之鳥過時即死

龍占魚　尖口細鱗形如海鯽大一二斤色紅四時皆有醃為鮝味佳澎湖五十五島以此魚為上品

印魚　嶺海異聞印魚出南海中似青魚而修廣過之頭角中坼如解顱之嬰頭後垂皮方徑三寸許若道巾之披餘然上有黑文儼如篆擂島夷間有獲者必

珍藏之不知其何謂也集韻鯽魚名身上如印類篇
鯽鱗魚名如象一曰首象印吳都賦鯽鼊鱕鯌注鯽
魚長三尺無鱗身中正四方如印扶南俗云諸大魚
欲死者鯽魚皆先封之蒼按印魚脊鱗形如鯌魚額
上有文如印章東坡所云通三印或指此凡魚無腦
者其首皆有兩石如齒而相並黃花魚黃鰵鯩魚鮸
魚烏頰魚石頭鱸之類是也凡魚首有兩石者其頭
骨皆現出三角如印者八塊或六塊即嶺海異聞所
謂頭骨半坼如解顱之嬰也謂之通印亦何不可城

陽縣南有堯母慶都墓廟前有一池魚頭間有印文謂之印頰魚若非祀者捕而不得

連刺魚　俗呼蓮刺產於二三月似鯊仔但鬣上有一刺兩鰓有兩刺耳亦鯊魚之別種

刺苟　產澎湖首連於腹左右兩鬐尾短渾身皆刺其勁如錐形圓如毬土人嘘其皮為燈

海錯百一錄卷一

海錯百一錄目錄

卷二　記魚

海鰻 附土龍魚 油筋魚　海鱒　馬鮫　塗魠魚　嘉酥魚

鮎　帶魚 附帶柳　魟魚 附鰇魚　錦魟 附泥魟 掃帚魟 水沈魟

黑魟 附牛魟　⿰魚黨魟　鮀 附鮀皮 鮀鰾 鮀跤 鮀血　⿰魚辟魚

⿰魚定魚　鱝魚　琵琶魚　楓葉魚　四破魚　白鰾魚

日月魚　⿰魚戔魚　⿰魚果魚　⿰魚央魚　人魚　美人魚

海和尚魚　海馬魚　海豬魚　海狗魚 附狗母魚

虎魚　燕魚　鶴魚　跳魚　氣魚　飛魚

海錯百一錄　卷二　目錄　一

鰩魚　鬬潮　墨魚附明鮝　脯鮝　冬䱰　章魚附紅舉　石拒附赤母　瑣管　墨束附猴染　柔魚附大明脯　銀魚

丁朱　鱵魚　沬魚　丁香魚　新婦啼魚　飼

子飯魚　蠔魚　蠣魚　梭魚　銅盆魚　寸金魚

沙筋魚　青郎魚　獅刀附花身金錢　紅紗竹梭　花鈴金梭

含西　馬鞭魚

海錯百一錄卷二

侯官郭柏蒼蒹秋輯

記魚

海鰻 諸書皆稱鰻鱺云有雄無雌以影漫鱧而生子其子皆附於鱧之鬐而生故曰鰻鱺大者數十斤諸書所稱鰻鱺乃蘆鰻非海鰻海鰻有黃鰻白鰻青者特巨而肉乖為膾遜於黃鰻鰻性猛易壞也手釣者鮮名曰釣仔理蛆越宿取之名曰浮釣鰻吞鉤死水中其味鯹凡海鰻海鱒皆食螺蛤上釣時俱能齧人手足嶺海異聞鰻

鱺大者身徑如磨盤長丈六七尺鎗嘴鋸齒遇人輒鬬數十為隊常隨盛潮陟山而草食所經之路漸如溝澗夜則鹹涎發光舶人以是知為鰻鱺所集也燃灰厚布所開路執鏢戟諸器羣譟而前鰻鱺循路而遁遇灰體澁不可竄移時乃困舶人恣殺之皮厚近寸食之美於肉也圖經鰻鱺似鱓是鮫蚕之類蒼按鱺生於淡水玉篇云似蛇無鱗甲福州泉漳鹹淡水皆產蘆鰻身有花紋具兩耳形短於池鰻而肥過之

閩安鎮江岸有蘆葦之處產蘆鰻夜齧蘆根晝入江水巨者如椀味豐腴鄉碩以石截江亘半里如架屋

然以破網覆其上遠激水勢使側流名曰流鰻隔蘆鰻入隔水撞之不得出舟陷其中百無一生間有健漢浮於網內鄉頑利其所有挾刀銃從網上斃以滅口舟行有戒心謂之過隔閩人呼中計者謂之落隔嘉慶初布政司燕南李殿圖折其隔枷示海口道光十四年總督歙縣程祖洛以强盜論殺二人程公丁憂解任復砌

又有土龍魚生海泥中如鰻長尺餘味佳又有油筋魚似鰻生海滰中長如筋周身是油味佳

海鱒

嘴尖色黑目赤與鰻少別鰻羣遊釣者魚貫而至鱒獨遊間有兩三尾入釣者故難得斯為膾極於諸膾曝為鯗味豐於鰻泉州人呼鰻之黑者為鰦海鰻又呼猧狗魚即鱒也族志鱒似鰻目中赤色一道横貫蒼按福州呼池鰻

溪鰻曰鱒鰻蓋二物而統稱也（廣韻鱒讀蹲上聲今海濱亦呼上聲郡志以江中所生者為壯鰻蓋二物統稱又誤鱒為壯）詩九罭之魚鱒魴傳訓大魚爾雅鮅鱒郭璞曰鱒似鯶子赤眼者陸璣云鱒似鯶而鱗細於鯶赤眼是也陸璣以鱒似鯶而鱗細[illegible]州記云嘉魚細鱗似鱒魚蜀中謂之拙魚出丙穴二書皆以鱒有細鱗鱒無鱗也二書乃互引之誤蒼按池鰻皆雄海鰻海鱒皆雌以影漫鱧之説或指蘆鰻未考鰻鱒二魚冬至前後以紅糟和鹽風乾之或曝為鮝皆美凡魚孕子魚男羣逐感氣亦如鴨雄先行

以翼點水母鴨羣唼其水則卵可抱之意異苑載諸魚欲產鰡魚輙以頭衝其腹鰡欲自生亦更相撞觸俗謂衆魚之生母山海經稱鰡父之魚是也

馬鮫龍龕手鑑鮫俗字即章鮌音鯀連江謂之章胡青斑色無鱗有齒肉硬海魚之賤而不入品者又一種名闊腰一種名青貫諺曰山上鷓鴣麞海上馬鮫鰡又曰油鰶馬鮫鰡馬鮫虛負盛名耳一云馬交似鱅無鱗有斑春社生故名社交魚

塗魠魚　口闊身黑無鱗似馬鮫重者四五十斤冬春尤美肥澤鄉甘為澎湖海族之最臺灣亦產呼泥鱝

魚按字書無鱝字或曰即鰔魚

嘉酥魚　閩書嘉酥魚其味在脊出福清蒼按嘉酥魚即馬鮫之大者重數百斤渾身文理皆自脊發日本國薨其脊味勝内地琉球所市者是也凡海產皆大洋勝於各澚

鮎　説文鯷也爾雅釋魚註鮎别名鯷江東呼鮎為鮧本草圖經鮧背青而口小者名鮎三山志鮎大者長尺餘無鱗方言呼為鮧魚諸書引三山志皆作池魚池鮧傳寫之誤蒼按海鮎即鰋兩目上陳頭大尾小身滑無鱗多涎謂之

鮎魚言其黏滑也鰋鰍鱓稱無鱗魚食之不益人俗
云鮧魚登竹以口銜葉而息於竹上諺曰鮧魚上竹
是也或曰口腹俱大者曰鱯背青口小者爲鮎口小
背黄腹白者名鮠有黄顙魚與鮧相類但鮧白而彼
黄爾嶺海異聞鮎魚每沙際佯不動海鼠以爲彼失
水且死齧其尾鮎魚轉首嘬之從水去

帶魚　身薄如帶長至三四尺闊至三四寸鋭口尖尾
僅一脊骨無鯁無鱗皮白積鱢如膩海濱呼大北風
爲惡風諸魚皆匿獨帶魚上釣故泉州興化呼惡魚

臺灣呼銀刀小者名帶柳即蝦鮮帶在蝦鮮中挑出
也肥厚者鮮貨之醃者裝載上游其市最廣閩中海
錯疏云帶冬月最盛一釣則羣帶銜尾而升故市者
獨多或言帶無尾者非也蓋為帶相銜而尾脫也蒼
按帶身長好魚貫故釣帶者多截帶尾為餌一釣偶
得兩三帶醃帶者畧刃其尾使鹽力易透重刃則尾
斷所云相銜而尾脫非也帶魚初上漁者罕得集數
家而醃之前後需時魚不鮮故味遜至釣多則各漁
隨得隨醃自成筐篋名曰綑仔魚鮮故味腴凡以絙

釣為生者曰討海所得之貨曰海水專候風信故有海水好呆之語凡海面微雨不波日暖風和羣魚上遊唼水曝鬐或乘陰曀欲雨海氣上蒸諸魚噞喁水面急載網罟則海水好陰雨晦明狂風吼激或乾風不雨名曰風癡則海水呆春暴畏始冬暴畏終南風多開北風罕斷南風舟從南北風舟從北之類謂之上風此雖舟訣亦漁訣也凡魚肥則油厚而孕子油性浮故魚肥則目矇眛而上浮易於觸網是以及時而得者魚皆肥非及時也魚肥始易捕耳失時而偶

得者魚多瘦非失時也未及肥也又魚病乃避地氣怯深流上游不息卒以勞死海魚重數千斤者恆登岸自斃職是故耳魚將死必曝日反其性也何以郡縣志載巨魚登岸自死爲祥異

魟魚　或呼鮇魚音之譌形如栟葉無鱗身扁闊而多肉尾上圓而末鋭氣味陰穢產於春末極於秋初種類亦雜有黃白黑三色黃者並肝煮酸菜勝於白者白勝於黑作羹可遠市價亦賤諸書皆稱魟魚之美在肝但多食令人頭暈說文訓魴爲赤尾魚陸璣疏

廣而薄皮恬而少力皆不云魚勞尾赤説文所訓魴魚即與海中魟魚之狀合故閩人多誤魟爲魴魴鯿也海無之蒼按閩江之魚惟鱀胎生海魚則鯊魚鮚仔之類多胎生海人云魟魚亦胎生數十年所見魟魚無論大小腹無子囊亦無魚胎殆數百斤方孕魚子凡四鰓魚多胎生人魚牛魚之類是也又有鰧魚似魟而鼻長亦魟族也

錦魟　即黄貂似燕而嘴尖身有花點大者四五百斤

泥魟　掃帚魟　水沈魟　皆鯹穢不及也

黑魟　魟魚之最小者海族志形如團扇口在腹下無鱗輭骨紫黑色尾長於身能螫人蒼按即燕魟肉潤但味如積溺耳又牛魟色黄黑

鱑魟　亦魟魚之絶大者背厚尾長重二三百斤

鮀　一作鮓俗作蚱又作蛇一名海蜇即水母也三山志亦稱乍魚異苑名石鏡夏至時海漚所結有淡色白色二種海面日烈時雨迸之則多結無雨則產鈌諺云四月八一晡雨一蒲鮀閩人呼暑雨挾雷者為晡時雨呼物之聚結者為蒲言夏至前後一點雨得一蒲鮀也鮀本

海物時或浮於江海之交蝦聚腹背而唖其臟故曰水母目蝦漁者以洗釣撈得而層刃之釣之鉤者多其凝結而白者曰鮀皮腹下臃腫肥滯而紫黑者曰鮀跤周圍比附如懸絮者曰鮀鰾背以灰礬和薄鹽壓去其汁腹中無腸形如敗芝而渣滓者曰鮀血豬油薑豉炒亦美品市稱鮀血乃鮀鰾之偽福州呼蠢子為鮀識其無眼耳鼻舌任人作為也海人掘坑盛鮀滷以醃蠘以鮀滷漬帶魚則鹽省而味澀謂之灘鮀滷新鮀單礬多滷者名水鮀其值賤雙礬逾年始貨者

名座户其值貴嶺表錄異以水母有足無口蓋口藏腹下畧與鱟同節錄宋沈與求錢塘賦水母詩出沒沙觜如浮瞿復如緇笠絕雨纓混沌七竅俱未形塊然背負羣蝦行又云藏納眾汚無滿盈浮埃沈滓涸九清結成此物宜昏盲使蝦導行作雙睛乃能接跡蚌與蟶亦猶巨蛩二體幷可謂善狀善喻矣

⿰魚辟魚　海族志背有肉二片乾之名金絲鯗形味俱類鯗魚翅閩書亦云背有肉二片乾之名金絲鯗蒼按今海人呼金絲鯗者其形如斧上廣下殺黃黑色即黃鯗烏鯗之類氣味與鯗魚所變之鹿同

鯇魚　又名水鯇即龍頭魚福州呼油筒形如火管無

鱗而多油海魚之下品食者恥之醃市每斤十數文貧人袖歸近釐金鹽價皆數倍油筒每斤五六十文（閩侯閩清商為南路幫例於城廂市售每鹽一斤十一文同治五年南路商楊鼎成向鹽法道沅陵吴大廷稟請起價今市售二十文鹹醃自此倍貴）閩書鯇魚廣人呼為綿魚福甯人名為新鯇大者長尺餘如灰管亦名火管鯇浙東以風之謂之風蟳

鱝魚又名鍋蓋魚形如笠又似大荷葉重百餘斤口足尾俱在腹下目在額上尾長有節能螫人見江賦即閩海濱所稱鼎蓋魚

琵琶魚　諸書皆云口在腹下目在額上尾長蓋誤以琵琶魚為鱝魚也按閩書琵琶魚身狹如琵琶身狹則非鼎蓋魚明矣吳都賦鮫鯔琵琶註會稽琵琶魚無鱗形似琵琶述異記海魚千歲化為劍魚一名琵琶魚形如琵琶而善鳴因以名焉其說無稽

楓葉魚　海物異名記海樹霜葉風飄浪翻腐若螢化厥質為魚據此則指為楓葉所化蒼按海邊秋後有三尾魚似葵葉扁薄浮泛無知識無血鯹或呼楄魚疑即楓葉魚閩人呼楓樹為楄楔楓葉似葵葉即此魚

四破魚　似鰛而無鱗惟喜火光產臺灣大武崙至三
貂一帶昏夜張罾於船以小艇燃炬為導羣魚望火
躍入罾中福州興化海中亦有望火結墜而來間有
飛入棹中呼之為火魚以其多也又呼之為彩魚
白鰾魚　形圓薄類錢又名金錢鰾福州泉州皆產
日月魚　頭分兩儀身列八卦江亦產之亦七星魚之
類食之害人
鱴魚　長七八寸骨柔無鱗類錢之半具五色文三山
志唐李柔入閩稱鱴魚為銀羹水母為玉膾

鰥魚　青白二色肥大數百斤其肉柔腐不受釣亦不入餌以膏燃釭味羶羅源甯德為多諸書皆以鰥為鮎鮎小鰥大誤矣

鱴魚　即鱴魟本草黃賴魚一名鱴魟無鱗埤雅鱴魟魚其膽春夏近上秋冬近下蒼按鱴魟魚身尾似鮎腹黃背青口小腮下二横骨兩鬚羣游作聲軋軋然諸書皆曰一名黃鱨魚又名黃頟魚又按陸璣疏云鱨一名黃頰魚似燕頭角身形厚而長大頰骨正黃魚之大而有力解飛者閩海所產鱴魚不聞能飛能

飛者飛魚燕魚鰩魚耳飛魚燕魚鰩魚類骨又非正黄其類既多難以辨别詳上鮎魚條下三山志黄顙魚一名鉠鮠無鱗似鮎而小腮邊有刺能螫人其聲鉠鮠然

人魚 人首魚身色白能行水面甯德土人取其油以燃燈不易消耗山海經休水北注于洛中多鯑魚狀如盩蜼獼猴之類本草鯑魚四足黑色即人魚又名孩兒魚啼聲如孩兒山海經即翼之洋其中多赤鱬其狀如魚而人面其音如鴛鴦食之不疥是人魚有黑色

赤色非白色矣嶺海異聞人魚長四尺許體髮牝牡人也惟背有短鬣微紅耳閒出沙汭亦能媚人舶行遇者必作法禳厭惡其為祟故也昔人有使高麗者偶舶一港見婦人仰卧水際顱髮蓬短手足蠕動使者識之謂左右曰此人魚也慎毋傷之令以楫扶置水中噀波而逝蒼按凡魚四翅者多無鱗其名不從人即從畜人魚無手足嶺海異聞以為能媚人真異聞矣粵西有印𩽾魚能登陸與諸雄交

美人魚　人首魚身無鱗臙下微紅稍具纖狀福清江

陰連江各澚偶有觸網則海水不利輙棄之

海和尚魚　色赤身首皆人形四翅無鱗緼者以為不

祥嶺海異聞海和尚人首鼈身足差長而無甲舟行

遇者率虞不利弘治初廣東督學僉憲淮陽韋彦質

先生將視學瓊州陸至徐聞方登舟此物升鷁首而

蹲舉舟皆泣謂有魚腹之憂議將禳之先生方嚴人

不敢白也詰旦抵瓊留十許日試士都畢泛海而還

若履平地後遷福建憲副考終於家語曰妖不勝德

蒼按草木孑邵子陸生之物水中必具

海馬魚　形似馬而四翅頸有鬛得者棄之

海豬魚　長樂福清連江皆有之莆陽呼海豕首似豬皮如青苔無鱗毛肉淡紅如豬肉而多油有得則村人爭買相傳食者解諸瘡毒煎其肉皆膏也生瘡痏者以此調藥江賦稱海狶是也

海狗魚　頭似狗尖尾四翅又狗母魚長尺許有細刺肉粗劣

虎魚　頭似虎產臺灣白水亦有之海極深處水黑次則蔚藍次則五色如慢極淺則白故於白水徵魚稅

名曰罛餉孫元衡詩清流環靛戶白水散罛人臺地漁者出海最忌麒麟暴麒麟暴者麒麟過山也風中挾火竹樹皆焦漁不及防即有覆溺之慘相傳虎魚出有暴詩終風且暴暴大風也易風從虎虎魚虎屬

燕魚　即海燕魚色黑酷似海燕有兩肉翅能飛走泥上但身長於燕耳臺灣出者重十餘斤

鶴魚　首喙酷似鶴燕鶴二魚甯德人恆乾之以為玩

跳魚　一名彈塗泉州漳州呼花跳福州呼江犬又呼跳跳魚產鹹淡水大如指肉細味清腹有黃子尤勝

先用湯熟以淨水去其鬐鬣垢膩薑豉笋絲作湯海物異名提登若猴又名泥猴閩書彈塗大如拇指鬐鬣青斑色生泥穴中夜則騈首朝北按僊遊縣志載超魚兩目相連於額上身有斑點每尾極大不過一兩超魚即跳魚音之僞詩鱨鯊之鯊訓爲鮀性善沉跳魚性善浮餘皆與鮀魚同鯊生於春跳魚生於夏時亦稍異福甯鹹淡水所產白頰似跳魚但色白耳

氣魚　產臺灣如龜如蝟駝背魚也大者尺許小者寸許游泳如常魚有觸則鼓氣磔刺又名刺龜土人空

其腹為燈蒼按氣魚河豚之類以口噓之亦能翕張
非觸物而怒也

飛魚
頭大尾小有肉翅善跳連躍十餘丈福州呼雞
魚吳都賦文鯨夜飛而觸綱是已臺灣呼飛藉魚蒼
按飛魚有兩翼傳為沙燕所化漁船懸燈則投光撲
面船力不任急滅燈亦稱燕子魚又名海燕魚

鰩魚
魚身鳥翼大尺許翅與尾齊羣飛海上有大風
漳州甯德多見蒼按說文文鰩魚名山海經觀水西
流注于流沙其中多文鰩魚狀如鯉魚魚身而鳥翼

蒼文而白首赤喙以夜飛其音如鸞雞

鬭潮　八閩通志閩書皆云乘波霧集故名海人呼鬭潮身長色青無鱗内海外海風浪雺霧漁者緼者皆罷釣息網故此魚難得

墨魚　素問稱烏鰂說文鰞鰂魚名諸書亦稱烏賊鰂賊音之譌爾雅翼寒烏入水化為之（烏鰂有卵非烏化也）閩大記烏鰂性嗜烏每浮水面俟烏下啄則卷而食之（烏鰂口小不能食烏）二書皆因烏賊而曲為之說今海濱皆呼墨魚重不及斤渾身白如硬玉兩鬚八足皆聚於口腹

中有煙如墨又有一黄如鴿卵者曰墨魚餅乃鰾也一圓如鴿卵而差扁者曰墨魚蛋乃子囊也剔之疊疊如螵蛸螵蛸蟲腹之孕子者種類甚多凡螳螂之屬毋蟲子滿雄蟲絲網其腹使緊黏樹枝而蠹其身首冬蟲枯死子囊借樹枝之生氣及時子咬囊而出獨在桑枝者曰桑螵蛸得桑枝之氣可已風疾驗墨魚蛋形如螵蛸剔之亦疊疊然近醫家烏鰂丸用海螵蛸治婦人血崩又海螵蛸治婦人水户嫁痛皆誤以墨魚骨為海螵蛸幸其性相同遇他魚故不害人醫書烏鰂骨與海螵蛸本分為二則噀墨以迷之漁者見沙圳水黑即舉網埤雅烏鰂八足絕短集足在口縮喙在腹懷板含墨每遇大魚輒噀墨觸涸其波以遠害若小魚蝦過其前即吐墨以致之網時亦施此技不知其已在網中也其墨可作字逾

陸

時則迹滅其骨雪白輕𠞰形如小舟入夜有光本草
烏鰂鹽乾者名明鮝淡乾者名脯鮝與閩語同閩小
紀墨魚一名算袋一名烏鰂一名海鰾鮹相傳一胥
吏醉歸墜海周身悉化為異物此其招文袋也所垂
白帶宛然浮游海面有物觸之輒吐墨自覆人反得
因其墨而迹捕之愚矣用溼紙層層裹之敲細稻稭
火煨之香孰可啖蒼按今海邊上緼者煨之輾轉即
腥臊矣亦有作鮝以遠市者裝載甚廣

冬鯢　身似墨魚而稍圓故稱鯢色如墨魚而稍紫始

産於冬故名冬鱴鮮者沃以薑豉炒食或熟之拌香

糟黄韭

章魚　一作鱆魚閩書鱆魚一名望潮魚紫色腹圓有

腹無頭頭在腹下多足而長又云口上有圓文星聯

凸起腹内有黄褐色質如卵黄有黑如烏鰂墨有白

粒如大麥味皆美蒼按鱆魚生塩中有小穴通氣尋

而掘之乘其未覺以瓦礫磨其通身使縮小則魚腦

存而味足尤美閩書所稱黄褐色者即腦也甯德羅

源皆有之福清海口鎮東連江東岱小埕尤多暑不

能至則熟之傅以鹽糖香糟亦美品榕城内外連江
棧閒有市者又有一種足短者曰紅舉亦名章舉韓
昌黎南食詩章舉馬甲柱鬬以怪自呈所云章舉是
也興化呼章舉之大者為土婆

石拒　無鱗亦無皮渾身雪白畧似章魚而煙薄於墨
魚閩中海錯疏石拒似鱆而極大閩書石拒一名八
帶大者至能食豬居石穴中人或取之能以足黏石
拒人蒼按石拒生海潭中性寒海族之最怪者頭似
兔而無口眼項長眼在項上一鬣形如韠韝負於項

後口在腹下有牙如蟻螯腹扁薄只一黑者乃其肝
也渾身飄出七條如帶其長視身二倍有奇每帶星
星傑起斜列如圓盂者或百三四十或百五六十愈
大則傑起者愈多另有一帶稍短者在項下其文亦
如七帶故泉州臺灣皆稱八帶計八帶凡列圓盂千
數百視之無隙如牙齦能着石吮海苔人或取之則
八帶着石屹然不動漁人赤身入水則八帶糾纏着
體吓人血脈漁者欲生得乘其不覺掖之而出或聯
大小竹筒理蛑其中石拒聞蛑穿入不得進退斃於

筒中赤者名赤母大者潮退仰曝塭上豕涉流咀之
被囓相提而豕斃矣

瑣管　腹中有煙如墨魚而皮畧紫其管瑣瑣焉似足
非足氣通於管重不越二三兩鮮炒香油黄韭蒜亦
美品以鹽醃過冬發而食之調以酒或醋閩人恆以
鹹鹺下飯瑣管蝦蛋鰛鯷土笛五者爲鹹鹺之最

墨斗　即墨斗似瑣管而小皮紫白亦能吐墨醃法如
瑣管味尤勝又有猴染大於墨斗小於瑣管

柔魚　亦作鰇魚似墨魚皮微紫諸書皆云無骨蒼按

有一片如瑇瑁者即其骨故曰柔魚以豬油鮮炒味豐乾之可遠到不及日本至者為美火炙揉為絲尤美又有作鱶而重一二斤味如墨魚者曰大明脯乃大墨魚非柔魚以微火煮豬肉補水

銀魚　閩書其色如銀一名膾殘一名王餘爾雅翼王餘長五六寸身圓如箸潔白無鱗但目點黑博物志吴王食膾棄餘中流化而為魚今猶呼膾殘魚也泉州漳州皆有之三山志銀魚口尖身鋭如銀條作鮓尤美

丁朱　形扁似魟魚產晉江惠安海面

鱵魚　閩書大小形狀皆同銀魚但喙尖有一小黑骨如鍼為異泰山經云其狀如儵其喙如針

沫魚　土人呼白沫立夏後時雨旭日所結閩書梅雨時海水凝沫而成雪色無骨其大如筋無子種蒼按沫魚以油微炸美作羹則味饕泉州西溪產文昌魚細如絃䱥乾越文昌誕則滅邵武越陽溪產桃花魚長二三寸無骨味美桃花開時僅止一候即滅福州五虎山麓春末鰷魚放子暑天子大長寸許扁薄以油微炸夾光餅美品也離山影則無之南平縣之鯷潭產鯷魚背青口小越莊武王廟前後則無將樂縣西禊村產鱴魚即鱘類重數十斤越西禊則無此數魚蒼皆啖之蓋隨地

氣而生也

丁香魚　產於清明後似白小無子種鮮者為醬薨食者愈小愈貴愈大愈賤白者味遜微黃綠眼紅腹者勝剝蒜辦雜之則久不壞榕城呼童子之無用者為丁香魺言其越大越不值錢也丁香魺之白者乃大緼魚不鮮故味遜

新婦啼魚　產臺灣海東札記狀鮮肥熟則拳縮命名以此

飼子飯魚　無骨可和飯飼幼子臺灣最多

蠔魚　閩中記生蠔中食蠔豐肉少骨

螞魚　八閩通志大者長五六寸白質黑文味美少鯁

梭魚　閩書似鰔魚稍大如織梭豐肉脃骨蒼按梭魚似江河中之苦條而味勝之

銅盆魚　出福甯形如比目魚能鳴以其聲名說文鰨虛鰨也上林賦禺禺魼鰨註鰨鯢魚也似鮎有四足聲如嬰兒正字通鰨即今福州銅盆魚蒼按銅盆魚形扁色紅鱗大骨鯁宜加蒜爨食

寸金魚　色黃八閩通志寸金魚色黃長寸許出甯德縣七都

沙筋魚　長尺餘其狀如籌又名土鉤嶺表錄異云生
海岸沙中春時吐苗其骨白而勁可為酒籌
青郎魚　似海鱸身長有齒如鋸能嚼螺蚌互見卷三
蚶條下凡魚口有齒者必嚼螺蚌鰓有刺者必虐他
魚有齒之魚味多豐有刺之魚性多毒
獅刀　形如刀花身紅紗花鈴金錢竹梭形長如梭金
梭赤色含西皆臺海白水雜魚
馬鞭魚　即鮹魚集韻海魚形似鞭鞘本草鮹魚腹似
馬鞭尾有兩歧如鞭鞘故名

福州海魚自長樂福清連江甯德至者稱外港餘稱本港昔人以暑天易㛦偶亦夾氷赴市近夷人貨氷外港本港皆得滿載停泊大橋陸續入牙人不勞而利倍氷水䶡齸寒氣凝滯頻年七月至十月吐瀉即斃傳為氷魚之患姑記於此以證來者

海錯百一錄目錄

卷三 記介 記殼石

沙蛤　木理蛤　紅綠　寄生　翠翠　土銚

海紅 附紫蛤　桃花片　蠔　蚶 附養蚶　絲蚶　石蚶

珠蚶　烏黏 附烏黏乾　黃黏　烏投　石尊　千人

擘　赤脚　珠蠏　金錢蠏　長跂蠏　滷　倚

蘆禽 附石鹽　蟶 附土蟶 蟶乾　劍蟶 蟶油　牛角蟶　指甲蟶

竹蟶　石蟶　獨脚蟶　玉筋　鸜鵒螺 附鴝鵒螺 紅

螺 螺 米　青螺　辣螺　香螺　海螺　馬軻螺

酥螺　研螺 附帽 華螺　珠螺 附鈿螺 珠螺　花螺　土螺

簑螺　竹螺　黃螺　吐鐵　糍螺　醋鼈　天生 海蛤

海錯百一錄卷三

侯官郭柏蒼蒹秋輯

記介龜龍之類繁多就所見者記之非備考證

龜

同治丙寅至戊辰蒼有福州南門砌城開河清釐舊址之役遂改築兩城闉呈請鎮閩將軍英公桂於城上架屋暫便行人乃收復七星三元兩溝七星溝詳三元溝始末內三元溝自府學泮池起穴城而出共一百四十四丈抵河將城牆拆卸二丈以便造作用方石柱十二條橫壓溝上石柱精緻嚴密乃築土一尺於柱上

使所築之土不至滲入溝中又於土上鋪石仍舊築
城牆鋪馬道砌睥睨溝中用横石一上一下參差攔
截使溝水可出潮汐可通設或有警寇盜不能竊掘
於舊溝擁塞之處檢出三龜被旁人拾取其二所餘
者大僅一握背有白醭下板鎸皇祐三年四字疑為
宋大築城時壓勝之物畜於文儒坊宅中楸樹下光
緒丙子水災後濕蝨繞樹取水沃之婢以湯至適龜
昂首疾行為湯所滯曝烈日中三日乃死數百年水
族罹於湯火是固有數存焉若長匿溝中尚無此厄

其二龜是否皇祐間物亦不知其作何結局　客有自臺北府來者李子作梅以六十鏹易二龜一黑色微白如䃋背刻放生林某姓氏其一亦大如盆背傑起黃脊二道自左右肩至殼尾下板周遭成紋圓者方者似篆非篆刻畫分明仿佛二十八宿五嶽之形唐堯之世越裳獻千歲神龜方三尺餘背上皆蝌斗書五行八卦二十四氣記開闢以來帝令錄之謂之龜麻

李子死二龜潛入閩山小壑今穿瀁月池池中有數石二龜一藏一現遞年出沒距於石上亦一異也

臺灣噶瑪蘭之後路產草龜土人貨其筋以殼

列地賃人為屋　攝龜又名呷龜殼長未坼如黨蛇

來與龜匹龜長坼夾之蛇斃龜呷之蒼所目見　說

文龜頭與蛇同故字上從它其下象甲足尾之形它

即古蛇字也　書影載潤州某公補劑多用敗龜板

垂十年頗健晚患蟲膈乃謁白飛霞飛霞診視良久

曰此瘕也公豈餌龜板藥耶今滿腹皆龜吾藥能逐

之其骨節腠理者非吾藥所能也乃與赤丸數粒服

之下龜如菽大升餘得稍寬不數月死易簀時驗小

一遺悉有細蟲髣髴龜形

龍

種類不同已見諸書者不載咸豐壬子黄肖巖往臺陽閘壁閒潗湁有聲一蟲扁薄似蜥蜴而尾特長忽霹靂如雷飛出雲表尾猶勾曲丈餘神龍變化信矣　蒼在延平明翠閣適雷雨閣前三巨舟皆滿載為龍所拏片刻舟從黯淡灘墜入江中人物蕩然建甯府城每年皆有風雹傳為秃尾龍省母蒼以其説不經不之信一日甫登輿天昏如墨僕人曰秃龍至矣蒼叱之至府前一亭飛上空際急閃入破屋雲表熠熠有光行者輿者俱墜河中　福州西門質庫

雷雨中有鯉魚墜入砬中畜之池蒼所目見蓋隨龍水也　畫龍皆圓鱗山中死龍有方鱗　養魚經曰魚滿三百六十則龍為之長而引飛出水内有鼈則魚不復去故鼈名神守　或云龍生九子無一同類凡海族一類同異者皆九種不獨龍也　閩在亂山中時有蛟變蓋蛟神則入海俗云蛟水入海龍不受故龍挾風雷而與蛟鬬然九龍不敵一蛟蛟卒入海

瑇瑁　狀如龜背有甲十二片黑白斑文相錯以成其邊襴闕齧如鋸齒無足有四鬣前長後短其上皆有

鱗甲以四鬣櫂水而行其甲柔如皮因以作嵜澎湖人伺其登岸伏卵取之煮其甲或生剥之育池中飼以小鱗以待再用名曰四明今鑲鏡匣鑲扇把者是也海槎餘録玳瑁產於海洋深處其大者不可得小者時時有之狀如龜鼊背負十二葉有自然文藻取用時必倒懸其身用器盛滚醋潑之逐片應手而下製為器皿其價頗翔

鼉

說文以鼉為大鼊弘景謂此物老而能變為魅張鼎云鼉與人共體具十二生肖肉蒼按與鼊異甚親

戚鄭達光每以黿放生且云至中流引項數躍作回
首致謝狀屢放屢得刻字於背不數日復粥於市蓋
魚入水悠然而逝黿則舉項而行水波蕩漾若回首
然者三女拾珠得黿放生蒼囑載出外海蓋西峽北
茭水有界限不得門戶終羅鼎鑊諸書皆謂黿賜屬
於頭故倒懸頭乃垂於地凡龜鼈倒懸頭皆下垂黿
至難殺故左傳謂解黿今連江長樂甯德漁者所獲
鼈足而黿身永夜作歎息聲者名曰覺悟黿首似鵝
覺悟有鬣為異耳覺悟諸書皆不載無從考究或因

其歎息而呼之海族一類九種黿與黿相感成黿黿與鼅鼊璹瑁相感又成異此爾雅翼曰天地之初介潭生先龍先龍生元黿元元一生靈龜靈龜生庶龜凡介者生於庶龜黿者介蟲之元也

海龍

首尾似龍無牙爪身方有稜無鱗頭上一角尾拳曲無足長不數寸每躍必雙小縊眼踈海龍生得不易澎湖天寒凍死浮海面漁人得之以爲入藥功倍海馬廈門有貨海狗腎者按本草即温肭臍書載黃山畢公服温肭臍久之得沙淋疾沙皆作犬形頭

尾略具

鱟　產於夏色深碧如半瓠覆地前廣後殺末圻如鼊甲尾三脊而多刺其長等身兩骨眼分展於背上十二足鋸列於腹下口在足中子盈額上其血藍色全形似熨斗多食動胏諸書皆云雌常負雄漁者取之必得其雙謂之鱟媚醫書多云雌常負雄獲雌則得雄雌或脫去終亦就斃蒼按鱟取於水湄不聞雙得夜則雌者多尋湄放子後至輒踞其背潮滿則一一豎尾而逝或接疊或次第如帆然古稱鱟媚鱟帆鱟

簲殆以此耳所孕之子點水爲鱟著草爲蟳鱟眼有光如瑪瑙越宿掩以紙水噀之若蚊嚼之立斃奚隙光射之即死曝之不死小者名鬼鱟害人鱟腸直而無曲甚腥臨時去之美在尾尻作羮用鹽不用豉其殼規之爲瓢軟不傷釜名曰鱟槃山媪畲民治其尾作簪曰鱟簪癩者燒鱟殼則蟲動身癢不支本草以爲焚鱟殼可以聚羣鼠唐皮日休以鱟魚殼爲樽謂之訶陵樽

蟳 鱟子著草日曝之爲蟳骨眼如蟹而大於蟹殼深

碧似黌有牝牡無子種相牝牡者視其靨臍尖牡臍圓牝閩人呼蟹屬之臍皆曰靨籍水草間者為水蟳又曰菜蟳不退殼老亦無膏集海潭者膏滿則退殼名紅蟳又名金蟳言其堅也殼愈退則愈大大潮則肉減小潮則肉豐冬畏寒入穴難取得者以布裹之黌蟳皆生得目有光夜則熒熒然蚊嚼之即死又大者曰蝤蛑陸氏埤雅云蝤蛑大者長尺餘隨大潮退殼一退一長兩螯至强能與虎鬭續博物志蝤蛑大有力能與虎鬭螯能剪殺人蒼按取蟳者以竹絡理蛽置沙堀潮退諸絡

皆有取草束之長樂及福清海山詔安各澚海潭下有大蟳長數尺冬日以繩繫腰禁息入水中取之聞振繩乃舉漁者出水饑凍欲絕以糞籌灼煙薰之始蘇興泉漳如厠者以竹籌此即諸書所稱蝤蛑食之益人但罕得耳楊萬里呼尤延之爲蝤蛑嘗寄詩曰文戈却日玉無價寶氣蟠胸金欲流亦戲之也魚之大而有力者稱鰌介之大而有力者稱蝤皆言其遒勁也

虎蟳 興化泉州呼虎獅味豐似蟳而小殼脚皆斕斑然以殼似虎頭故名閩部疏虎蟳色瑪瑙其殼作猙

獰斕斑極似虎頭閩小紀閩中虎蟳蠏之别派質粗味劣無足取獨其殼似人家戶上所繪虎頭色亦殷紅斑駁北人異之有鑲為酒器者通州如皋亦有此種俗呼關公蠏蒼按虎蟳味美於蟳閩縣下江人極重虎蟳辣螺恆以二品餉客又有石蟳殼堅脚短味遜於蟳

蠘

性帶寒殼花紫色形如蟳而分牝牡産賤於蟳秋末至春仲皆有之獨大寒節入穴難取八哥於霜降前一日即避入山谷畜八哥者霜降日以籠懸井內候過霜降時取出不然凍死矣無膏者為彭蠘

牝者膏滿成子溢於臍外名子𢭏味𩟄細切生蠘先
入薄鹽膏梁少許臨饌加薑葱香油胡椒醋豉名曰
蠘生或擇小者去其脚以香糟調鹽傅其臍越二宿
食之亦美品或取其膏肉實殼中淋以五味蒙以細
麵為蠘饆或和肉膾丸皆可口殼之未熟者恒夜光
熠熠然蟳蠘皆易螯故曰龍易骨蛇易皮麋鹿易角
蟹易螯三山志蠘殼鋭而膏黄螯銛利斷截如剪蟹
譜蠘又名横江亦名白蟹閩書蟳殼圓而色青蠘殼
尖而有紫點蟳螯光圓蠘螯有稜而長

記殼石

蠣房　本草名古賁一名蠣蛤一名牡蛤亦名西施乳河豚魚腹中之腴亦名西施乳入藥取其厚結者為牡蠣陶隱居云是百歲鵰所化且云左顧者是雄故名牡蠣右顧則牝蠣耳其說近鑿李時珍曰蛤蚌之屬皆有胎生卵生獨此化生純雄無雌故得牡名此說最長福州興化俱呼蠣蒲蒲字詳上鮀條下本草晉安人呼為蠔蒲閩音莆蒲同蒼揉蠣房黏海石磈磊相連其利如蠣其窗如房故名蠣房飲海水無濁滯故無後竅凡江海之交潮汐速至而涗

退者皆產之土人於八月以竹笛密插淺流潮汐至僅餘竹梢潮汐退淡水乘之即繞竹巴結而生初如蠏眼之微細纖如龍目而團結其竹名含朵竹莖小而堅出羅源福甯實心似葦而無皮若用他竹則所產視含朵竹不及六七矣性宜寒愈寒愈肥南風即瘦再寒再肥出連江馬濞者為上赤石蒜嶺次之蠣船沿途澆以淡水至水部河真味已失又有漬於池者名為水蠣啖之泄瀉春分則肚爛俗云二月十九闗蠣門是也以炭燒食肥美芳鮮或用發劑油炮加

紫菜或調薑醋椒鹽葱豉紫菜生食之或以黃豆和米爲漿夾以生蠣和油炮之曰蠣餅美品冬至前後炒椒鹽和炒荳少許醃之過夏揭去甕面之醭發而食之名醃蠣興化迎仙橋惠安萬安橋及鹹淡水往來之處其橋石皆長年結蠣兒童就石剔取味遜於冬凡蠣殼燒灰名殼灰蛤蜊之灰最下斤鹵之地闉壙砌墓宜用殼灰殼海物也得鹹氣與土性合石灰山產也其味淡南省傳牆壁尤經久又一種生海中房大如杯殼長如屨漁者以繩繫腰入水取之俗呼草鞋蠣

肉粗味遜於蠣房節錄宋劉子翬食蠣房詩蠣房生海壖堅頑宛如石其中儲可欲雖固必生隙嵌岊各包藏碨硜相附積終逢霹靂手妙若啟扃鐍鑽灼諒難堪曷不吐餘瀝

黃蠣 亦名石蠣本草海鷂魚亦稱石蠣 大於蠣房數倍土人以刀鑿取連江荻蘆東沙官嶺生海中大如酒盃漁者入海取之亦名蠔蠣按鳳山下莊海中石蠣產珠如稷名鳳山珠 臺灣鳳山淡水以竹竿二丈餘貫鐵於末作蟹螯狀入海攝取每船徵蠔餉銀五兩八錢八分本草蠔初生海旁

如拳石四面漸長高一二丈黏附如山俗呼蠔山福州北門飛來峯相傳禹時飛來至今蠔黏巖頂蒼按以黄蠣燒灰力厚灰多若火候不到猶帶海石則反不如殼灰矣澆水時而熱氣晚起成灰後而壘塊下墜者是也

蝛

海族志蝛生海中附石殼如鹿蹄殼在上肉在下大者如雀卵蒼按連江竿塘出者肥美土人以蝛附石難取於秋仲豎麻竹於鹹水蝛即繞竹蹙蹙然冬至後以刀刮竹帶殼搗之去其殼乘木桶中似涕似痰名曰蝛朧閩音應作戚閩人以乳為朧按字書無朧字以蛋煎味遜蠣

房凡燒灰者以蛾殼爲第一結實而小經火易透成灰則潔白如雪但不多得耳蒼四十年來閩墓壙皆用究之灰淨亦須沙淨沙浮不如工堅翁仲皆豫沽蛾殼以待

蜛字書無蜛字　殼薄味甘黏石而生別有風味

江瑤　亦作江珧獨取其柱而棄其肉韓昌黎南食詩所稱馬甲柱是也產長樂長樂至省會須陸行詳卷一䱐條下江珧殼薄畏日性猛易壞故不及於市是以三山志八閩通志均不載順治間周布政亮工始求之至今父老猶能道其故事節錄閩小紀一節云江瑤柱

出興化之涵江形如三四寸扁牛角按大者盈尺雙不止三四寸
甲薄而肥界畫如瓦楞向日映之絲絲綠玉晃人眸
子而嫩朗又過之文采爍熳不忝瑤名予驟見之語
人曰即此膚理便足鞭撻海族不必問其中之所有
矣肉不堪食美只雙柱所謂柱亦如蛤中之有丁蛤
小則字以丁此巨因美以柱也味亦與蛤中丁不少
異蛤之美實在於丁人以其無多不審察故獨讓江
瑤擅此嘉名耳會城初無此謝在杭稱好事者尚云
未見其形予至後令蜑人索之梅花厂石閒時時得

之十年以來遂與香螺蠣房參錯市中矣蒼按海人呼江瑶柱為馬蛣萬震江瑶贊今之馬甲柱古曰玉珧厥名之珍海圖所標昔人賞之謂美無涯取類南果以配荔支老學庵筆記明州江珧柱有二種大者江珧小者沙珧沙珧可種逾年則成江珧矣按卽福州養蚌之類

西施舌　殼紫黑而扁薄剖之有數肉條如鬚乃其飲管又名車蛤產於長樂海邊沙坡中蒼夜宿壺井主人以此作饌蒼曰蠣名西施乳蛤呼西施舌西施舌

微帶蟻味二者非吳王不知乃後人以海族歸美於西施得無視西施為穿山甲耶一座噴飯三山志沙蛤出長樂殼黑而薄中有沙焉故名俗呼西施舌按沙蛤與西施舌異詳下沙蛤條下閩部疏云海錯出東四郡者以西施舌為第一

淡菜　本草稱東海夫人亦名殼菜以殼中有菜也肉有黄白二種又名海蜌福州呼沙婆蠣生海石上殼長而色紫嘔海苔蟲也取時並海苔曳之數殼纍纍然其形其味皆屬纖褻隙中嵌小毛如樓異魚圖贊

東海夫人淡菜有殼形雖不典而益帷薄求以象類
堪為一噱又有一種似淡菜而小者名沙箭
蟀
俗作蚌殼白或含紫色三山志蟀頭刻者有珠胎
江賦瓊蟀晞曜而瑩珠郭璞蟀贊萬物變蜕其理無
方雀雉之化含珠懷璫與月虧盈協氣朔望謝氏五
雜組蟀大者如箕海濱習見蒼按蟀生沙塭之下平
時難檢取遇風濤吹集岸邊因風磨盪拾破壞者乾
之以行遠無甚氣味殼之完美者貨之每斤十餘文
或取其小者養大之曰養蟀肉黃味鬻僖蟀聞雷聲

則痳中秋無月則不胎巨蜯生剖之閒得小珠或中有佛像趺坐毫髮畢具李時珍曰予嘗見蜑人入海取得珠樹數擔其樹狀如柳枝蜯生於樹不在土下樹生於石蜑人鑿石得樹以求蜯甚可異也嶺海續聞海中有珠池蜑户投水採蜯孕之歲有豐耗多得謂之珠熟相傳海底有處所如城郭大蜯居其中有怪物守之不可近蜯之細碎延於外始得而採北户錄西南海有羅子國採珠人盛以革囊止露兩手腰絙石墜入海手取蜯並泥沙貯滿囊中撼絙舟人引出遇惡蟲以醋噀之即去然往往有死者其殻燒灰古稱蜃灰又

馬刀似蜯而長頭尖身扁江湖皆有之呼為小蜯周禮鼈人祭祀供蠯蚔以授醢人鄭司農云蠯蛤也杜子春曰蜯也類篇蠯蜯狹而長者按即馬刀蜯

與馬刀殼解爲瓢稱蜯瓢又蛤青似蜯而殼薄青色味遜於蜯本草所稱蝛蜼似蛤而扁有毛又與馬刀異

海月　圓如月即海鏡兩片相合以成形外圓而甲甚瑩潔日照如雲母光腹中有紅蟹子小如黃豆而螯足皆具海鏡飢則蟹子出拾食蟹子飽則歸腹海鏡亦飽矣又名蠣鏡連江呼蠣盤長樂呼鴨卵片粵人呼膏藥盤磨礪其殼使之通明以蓋天窓百年前福州窓櫺處處用之近玻璃賤貨者絶矣本草云水沫

所化煮時猶化為水海蛤類也蒼按海鏡中蟹子身紅足白即寄生海鏡之類皆海水所結長不飢

石華　一名茗葉盤三山志方言謂之石雹文選掛席拾海月揚帆采石華蒼按石華形似茗葉茗葉者包檳榔子之蔞也殼似蠣而大高廣寸許亦可飾戶牖

天窓

石帆　紫黑色生海中石穴閒枝柯相動連帶不絶故謂之帆此種綦多既非習見海人偶得以不成筐筴故罕鬻於市

石蓋　殼紫似海膽而差扁閩書引舊志云有刺人觸之則刺動搖蒼按閩書所云石蓋詢之土人疑即海膽而異其名也又有石鱗與龍目相似

龍目　殼如笠尖有紋蹙起與石鱗海膽皆為醬

海膽　殼圓如盂外結密刺内有膏黄色

蛤蜊　殼白者美白帶紫唇者次之作藥補水能解酒毒美亦在柱以蘿蔔煮之其柱易脱醃蛤蜊以鑪灰入鹽滷之味好且不開口要即熟在日中曬三山志蛤蜊止消渴開胃氣解酒毒以萊菔煮之則其柱易

脱蒼按閩產者不及天津之肥美海上人云蛤蜊文蛤皆一潮生一暈（殼之絲絲者為暈）

蚌螯　省作車螯殼厚黃白色斑點如花萬無一同大者蜃陳藏器曰其大者即蜃也能吐氣為樓臺春夏依約島溆常有此氣沈存中云登州海中時有蜃氣如宮室臺觀人物車馬歷歷可見謂之海市唐詩樓臺重蜃氣是也書影海市有偶一見之四明者有見之漳州者蓋不獨登州為然（福清白嶼偶有蜃氣樓臺車馬皆備其下多卓螯本草以車渠與車螯分兩物且指為海翁）三山志車螯大者如盤小者

如拳福州市者重小蚌螯謂之車螯錢如盤如拳者每斤十餘文乃蜃類也食之益人沈存中云即本草所謂魁蛤（又本草以魁蛤為蚶之別名）蒼按凡蜃蛤之屬皆有腹而無臟故蚌螯亦產殼珠及佛像入釜烹之能舉鍋蓋知其有異而珠已熟

蝴蜆　殼最厚形似蛤蜊而明亮過之合口處微黑海人呼懶織麻蛤蜊莆人亦呼郎晃蓋蛤蜊中偶有蝴蜆猶車螯中之偶有沙蝨耳又有一種似蝴蜆曰蜞

蝴

沙蝨　似車螯殼厚色白味清恆雜車螯中連江篠灣百姓多產酉陽雜俎曰車螯與移角相似移角即沙蝨音之譌也

石決明　三山志即鰒魚也惟一殼無對大者如手小者如指海人噉其肉取其殼洗之七孔者良蒼按石決明多十三孔後漢書注鰒似蛤偏著石蒼按石決明瀕海皆產惟銅山產者小如指呼〔金錢鮑〕與琉球所產畧同大如掌者肉乖有類螺肉東洋至者味淡而通明形圓內地產者形差長韻譜云石決明一殼如笠黏石上閩中亦有之但差小耳韻譜

誤以龍目為石決明後漢吳良為郡吏不阿太守賜良鰒魚百枚南齊時有遺褚彥回鰒魚三十枚者二書皆稱枚不稱尾則非魚明矣本草圖經謂鰒魚別是一種與石決明相近耳圖經鮑魚形類鱅生溪中極臭額旁有骨名乙長尺許今人誤稱石決明肉為鮑魚釋名鮑腐也埋藏奄使腐臭也家語入鮑魚之肆久而不聞其臭是矣書影鰒魚出膠州音撲今皆呼鮑膠人言鰒生海水中亂石上一面附石取者必泅水持鐵鏟入鏟驟觸鰒不及覺則可得一再觸則黏石上雖

星碎其殻亦膠結不脱倦遊雜録曰海南之異者泡魚大者如斗身有刺化為豪豬

石蜐　亦名石砝附石而生身如小竹大有甲正黑八閩通志龜脚以形名一名石蜐（按字書無蜐字）生石上如人指甲連支帶肉春夏生苗如海藻亦有花（本草石蜐狀如蟛螯其色紫）荀子東海有紫紶（即石蜐）蒼按海月石華石蜐之屬或生石上或結苔中皆無子種故江淹稱之為發華郭璞稱之為揚葩直以苔草視之閩書謂春而發華者春月肉吐在外秋冬則否其說近鑿南越志石

砝形如龜脚得春雨則生花花如草華閩小紀閩中海錯名龜脚者蜯蛤之屬味劣而值亦甚賤江淹賦以為石砝一名紫𧄍春而發華有足異者謝靈運詩云紫𧄍曄春流即此曄者言華也荀子書名紫砝郭璞賦曰石砝揚用修亦效江淹作石砝賦云曄流吐葉應節揚葩言有花也今海中龜脚附石而生並無發花者用修好奇未有灼見耳蒼按三山志指石蜐之大如掌者為龜脚今莆陽呼佛爪泉州呼仙人掌一物也

海扇　即海蒲扇以殼名其殼酷似蒲扇外淡黄内潔白志稱三月三日潮盡乃出蓋所產不及一候海人取其殼市之或以代飯匙元任士林詩漢宮佳人班婕妤香雲一篋秋風初綱蟲蒼蒼恩自淺猶抱明月馮夷居至今生怕秋風面三月三日纔一見對人摇動不如烹肯入五雲清暑殿

老蜯牙　一名牛蹄以形名見正德府志未考

空豸　亦名白蛤出福清莆陽呼泥星海物志揚華如淩澌甲絶薄者為空豸諺曰白蝦空豸天與醋大

蛤　出鹹淡水殼白以花紋變幻不同故名花蛤產連江蛤沙者殼薄為上甯德及長樂壺井江田閩縣次之福清產者畧大而殼厚連江官嶺者雜大小為下耘海泥為埕名蛤埕其利甚溥蕘之名蛤乾

海蛤　閩書云殼為風濤所洗自然完淨蒼按藥品海蛤指蛤蜊李時珍曰海蛤者海中諸蛤爛殼之總稱不專指一蛤也蒼按一殼大一殼小者稱蛤兩殼恰合者稱花蛤文蛤表有文黃蛤似蛤似蟟殼黃黑色出連江白蛤似蛤而小殼薄白色油蛤似蛤而大肉

粗宜作湯皆出福清爾雅釋文說文云蛤有三皆生
於海蛤厲千歲雀所化秦人謂之牡厲海蛤者百歲
燕所化也魁蛤一名復絫者服翼所化據此則蛤屬
多化生南越志曰凡蛤之屬開口聞雷鳴不復閉口
續博物志曰高誘淮南子註曰方諸大蛤也熟摩拭
令熱以向月則水生說文曰諸珠也方石也

沙蛤　又名車蛤海錯疏土匙也諸書皆云似蛤蜊而
長大有舌白色名西施舌李時珍曰蜯與蛤同類而
異形長者通曰蜯圓者通曰蛤故蚌從丰蛤從合皆

象形也後世混稱蜯蛤者非也蒼按西施舌形長不得稱蛤西施舌沙蛤土匙皆產長樂土匙形長色黑詢以沙蛤即吳航人亦以為西施舌之别名蛤類甚多且共生一處海人通烹之不辨其名惟紫者難得耳

木理蛤　臺灣澎湖皆產俗呼蟯蛤大寸許殼黑色紋如沈香又名沈香蛤

紅綠　產泉州似蛤而差小色紅綠味美

寄生　諸書皆以蚌蛤中有小蠏寄居其中蚌蛤恃以

為生蟹出沙土之類哺之蒼按凡螺蚌蛤之屬皆有似蝦非蝦似蟹非蟹者曳其枯殼寄居其中殼不容身乃徙入他殼不寄不生名曰寄生即所謂蟍蛣腹蟹也或炒食或作醬味與蝦姑同樹上亦有一種葉密子多者名寄生鳥咲其子矢於枝上即纍纍冬茂其性熱不寄不生近粵西桂林人以其子種桑樹上久之採為桑寄生膏

翠翠似蜯而殼翠閩大記翠翠以色名味美詢之海人不知有翠翠或蚌唇含紫者之稱耳

土銚即土坯又名土杯似蜆而大形扁綠殼白尾吐

尾如豆芽其旁有毛產臺灣泉州海族志作沙屑味
佳榕城隨筆沙屑一名小蜆味極鮮美但恨太小不
堪咀嚼臺灣呼海豆芽或稱土銙匙凡殼石殼薄者
多鮮芳殼厚者多穠郁蒼按玉珧爾雅注曰蜃小者
一名玉珧可飾佩刀鞘詩傳云天子玉琫而珧珌是
也所云玉珧疑即土銚殼為之也

海紅　似紫蛤而大形惡剝之炒食

紫蛤　殼紫出連江

桃花片　似蛤殼薄如紙淺紅色鮮妍如桃花落瓣味
香甜出莆陽鹹淡水價不貴而品美甯波鎮海亦產

蛤海瓜子又有紅栗似蛤而小色紅又名赤蜆臺灣
興化泉州皆產色味不及桃花片

蟟

三山志蜆方言謂之蟟蒼按蟟有黃殼烏殼二種
於潮汐往來之處耘泥如田以蟟種種之名曰蟟埕
出淡水浦溆溝圳者色黑

蚶

本草亦作魽又名瓦壟子說文云老伏翼化為魁
蛤閩書殼中有肉紫色而滿腹以其味甘故從甘嶺
表錄異曰南人名空慈子唐盧鈞尚書作鎮海南改
為瓦屋子爾雅曰魁陸海物志曰天臠蒼按蚶無子

種塭中自生瑣瑣然種之塘濼謂之養蚶肉硬檢諸沙塭者其肉肥滿二都產者殼薄紋細其肉尤嫩凡蚶稜皆十八道至絕大僅剩三稜如車之渠色明如蜯治之則車渠也舶人有濯足而溺者日出視之知為巨蚶所嚙俟其開含以樹枝貫而曳於岸焞以火取其厚者為車渠莆田惠安有大蚶廟榕城三牧坊河邊有大蚶境（以蚶為香爐道光乙未被無賴子所竊）山堂肆考有青郎魚形類海鯽而大齒如鐵鋸嚼螺蜯成粉海濱人養蚶苗於塘濼之間青郎隨潮入吞嚼殆盡蒼按青

郎魚似海鱸詳卷二青郎魚條下

絲蚶　產長樂紋細微黑味遜於蚶

石蚶　殼厚肉粗遜於絲蚶

珠蚶　蚶屬之極小者殼黑有毛生海渚潮汐長落之處四月極肥至南臺下渡尾始傅以泥以其便於澆水以養之近物力漸竭所傅之泥視珠蚶過半矣以湯盪和香油蒜葱豉為美品或炒香糟

烏黏　或作烏蝓產於夏身長極小殼薄而綠紋晃晃彼此相連故曰烏黏乘日水入市每斤十餘文近釐金極

貴鮮者悉醃　此品竟絕　剔去鱁鮧炒食或湯盪和薑蒜豉香油

亦佳蔑者名烏黏乾五月水災後肥美異常恐染積

屍之氣勿食八閩通志云狀如殼菜而絕小生石上

須剗取之故名此說誤蒼按烏黏多出連江

黃黏　似烏黏而稍大殼粗葷味不及烏黏

烏投　似烏黏海人呼鳥條殼堅味甘中有毛蓋殼菜

之亞也不產淡菜之處亦有指烏投為淡菜者

石尊　出福清海山石中所產者此為最故名石尊或

作石𩼲非形似黃黏殼黃黑色而微厚生石上不多

得得者剪破縕裹之數十百粒成毬不裹即腐湯盪和香油葱豉酒為殼石之逸品

千人擘　狀如小蟛殼堅難擘酉陽雜俎謂之千人揑

赤脚　擁劍之屬又名桀步泉州福州稱赤脚莆田謂之港蟛三山志揭捕子一螯大一螯小穴於海濱潮退而出見人即匿搗為醬有風味蟛之種類繁多生於石間者食青苔色多紫為上產沙水者色白次之穴泥中者色黑為下建甯縣東鄉深潭中出石蟛色紫醃之其滷絕美八閩通志擁劍螯大小不侔以大者鬬小者食一名執火以其螯赤故也

朱蝌　產閩縣瀏崎鹹淡水𩡧尾微帶朱色故名朱蝌味美但罕得耳

金錢蝌　產於夏殼薄膏黃醃食加薑勝長跤蝌蝌類極多大小殊名皆夏出秋伏亦有退殼而浸大者凡蝌屬皆取於沙塭中間有上縕者其螯糾結必傷縕眼海人忌之諺曰下縕得蝌無物可賣

長跤蝌　海蝌之下品者產於夏色黑殼方脚特長醃食臨海皆產之

滷　產於夏似金錢蝌殼方而薄味次於金錢蝌醃食

加薑醋

倚　又稱步倚一步一倚小於滷海蝌之逸品凡蝌屬以鹽薑椒酒滷之貯甕中若見火則色黝而膏沙古法以皂筴半挺置其中藏之經歲不沙

蘆禽　即蘆蝌又名蘆根蝌形似蟛蜞生海岸蘆草閒食茭蘆根以薄鹽番椒搗之味勝蟛蜞臨海水土記曰蘆雉似蛤蜊殼薄小耳蒼按蘆禽蘆雉一物也蘆蝌生蘆中稱之為禽為雉則可蛤蜊之小者稱雉似應作稚又（石鹽）形似蟛蜞　連江大澚當大海之濵

其山嵯峨立海上下有娘子洞窈而深娘子出入隱見人皆見之洞前沙洲里許潮來則沒水入洞中作㶊㶊聲汐則沙明洞見人從洞頂下行沙洲中有小蠏大如豆以爪畫沙作牡丹芙蓉芍藥蘭蕙松柏梭柳之屬色色皆工大樹高數尺小或一二尺甲專畫花乙專畫幹丙專畫葉不謀而配合互妙真天地間奇絕也潮至花木皆滅蠏潛入沙中潮退復然水無日不潮蠏無日不畫在娘子洞前者倍工造化神妙不測抑或娘子寄其靈慧於蠏耶

蟶

閩書耘海泥若田畝然雜鹹淡水乃溼生如苗移種之他處乃大長二三寸殼蒼白頭有兩巾出殼外所種者之畝名蟶田或曰蟶埕或曰蟶蕩福州連江福甯州最大（今甯德）蒼按耘海泥使極滑名蟶蕩潮汐往來即蠕蠕如眉睫移種他蕩或分入蟶埕蟶田三晝夜即各立門戶豎而飲露寢而飲泥潮至兩巾上仰無後竅故易大甯德最多有土蟶劍蟶之別蔑之曰蟶乾色黃焙之色赤其利最溥凡溪漲後積屍多旋入蟶埕其蟶驟肥勿食甯德有蒸蟶為油名曰蟶

油其味豐而清勝於蝦油

牛角蟶　形如牛角殻軟如皮色白出羅源海邊

指甲蟶　殻薄如指甲羅源甯德皆產之

竹蟶　似蟶而圓如竹蒼按竹蟶出塭中長者五六寸連江之百姓篠滬尤多大者如蔗以竹刺取之得之速置之易壞

石蟶　閩書生海底石孔中長類蟶圓尖上小下大殻似竹蟶而更紅紫石孔原小及蟶漸大孔亦隨大海人以小戕鏨鑿石取之出鎮海衛明朝鎮海設衛蒼按石蟶

形如馬蹄味清又名馬蹄蟶

獨脚蟶　味美於蟶而小頭只一巾故呼獨脚

玉筯　蟶屬之極品產於春末長二三寸形如麥藁亦呼麥藁蟶殼薄而文細束以線站磁盆中微炊和香豉蔴油葱並湯食之或並湯煮粉麪早米仁乾味清若炒食要審火候福清有產惜不多

鸚鵡螺　江賦鸚螺蜁蝸注南州異物志曰鸚鵡螺狀如覆杯頭如鳥頭向其腹視似鸚鵡故以為名蒼按鸚鵡螺形如蝸牛頭淡青身白周遭雜赤色數稜磨

治出其精彩琢為盃**鴝鵒螺**淮南子曰蠃蠯愈蠲睍注蠃附蠃也蠯細長螺也蠲睍目中疾述異記鴝鵒螺殼小而厚黑色土人端午用之可明目蒼按八閩通志鸜鵒螺青褐色即今花點之姑鳩螺閩呼鳩為姑鳩又

紅螺　**米螺**皆可為醬

青螺　狀類田螺其大如拳揃磨去其麤皮作翡翠色為酒盃工愈精愈可玩

辣螺　鹹淡水螺也生海潭閒殼堅如石繞殼皆稜出

福州内港者尾黄尤佳出外港者尾白連江大溤篠

灣提石尤多搗之並殼肉洗淨殺其辛辣之氣掠去蠡殼而留其含殼帶肉者以紅糟和鹽薑酒醃二十餘日發而食之其風味在汁須並殼入口若欲速熟加膏粱少許每末搗之辣螺一斤應用各種椒料須詢螺州尚幹下江人方能恰好螺中逸品也

香螺　圖經稱流螺交州記作假豬螺大如盃長幾寸本草云其厴名甲香大者如甌面前一邊直攙長數寸圍殼岨峿有刺其厴雜衆香燒之益芳獨燒則臭麝香本臭能發諸香烏梅本黑能爍諸色蒼按香螺厴研和諸香能斂香

氣產長樂者並尾食之照黃螺法搶糟尤美和椒料
炒作湯皆次之或熟之再用酒豉蔴油葱燻切食
海螺 大如拳軍營吹螺是也有花黃花白二色
馬軻螺 即馬勒飾偶於海溆檢得之形如吹螺而特
厚黃黑色獨竅口紅白熟視之則現微紅光潤可愛
蒼按馬勒飾並不貴重故其名猶存本草珂綱目稱
珹釋名曰馬軻螺李時珍曰珂馬勒飾也玉篇珂石
次玉也亦瑪瑙潔白如雪者一云螺屬也生海中黃
黑色呂曰可飾馬具一名馬珂螺集韻珂謂之珹吳

都賦致遠流離與珂珹註劉逵曰老雕入海所化西
京雜記長安始盛飾鞍馬競加雕鏤皆用白蜃為珂
紫金為花以飾其上

酥螺　即海蝸牛以鹽和蝦油醃之殼薄而尾肥者為
上殼厚者味遜

砑螺　凡螺之小者其殼或淡黄或白或花點㸃如龜
殼而兩瓣中分不作旋轉者可砑紙大者如盃小者
如指皆呼砑螺本草或呼砑螺為文貝紫貝皆誤貝
產外洋廣盈尺色紫夷人寶之俗呼寶貝於內地為

海錯百一録　卷三　廿

無用又有帽華螺形如醋鼈大如指色碧翠治以飾帽恍若貓兒眼近粵中以瑪瑙眼俾光賸作貓兒眼其光亦隨人目四射

珠螺 晶瑩如珠鈿螺光彩如鈿皆可飾鏡背又福州外海產珠螺形如半豆醃食其厴似醋鼈

花螺 大如拳而輕薄潤澤渾身深淺皆米色殼上隆起如脊者凡二十道節節分明繞入殼中餘則水波韡緆秀雅可翫粵東所出者尤勝於閩

土螺 產福清海岙瀦而不流眾垢納之曰海岙蓋土垢所結溝瀆中浮咂水垢俗稱慕螺是也形小如指甲殼薄而多

沫以竹網漉而洗之醃以薄鹽帶沫貨之臨饌加醋
海物之最齷齪者或挑大者入香糟旬日臨饌調醋

簑螺　産鹹淡水形瘦削紋如簑呼梭螺者音訛也夏
秋肉滿截其殼尾三分之一盪拌豉葱蒜香油微帶
苦味亦逸品或帶殻炒紅糟

竹螺　産甯德大如簑螺殻薄脆其節如竹照簑螺法
盪拌亦美品福甯所産金蟳竹螺每從後路挑至建
郡不入福州

黄螺　殼硬色黄其黑而微刺者産北港味佳花點者

名花螺尤美凡螺之能屈曲者皆有一筋縮之啖者去其筋湯熟之帶熱入鹽糟謂之搶糟炒與作湯次之或熟漬香豉蘇油熱啖

吐鐵　殼似螺而薄一名泥螺產泉州鹹淡水

䗐螺　大如指殼扁紅黑色上有斑點肉肥輭如䗐產泉州

醋鼊　產臺灣堅白如石背圓腹半有旋紋如螺䗅似鼊而大僅如小豆之半藏數十年投醋中先吐氣如魚之吹沫即逡巡而行本草稱郎公子云婦人難產

手把之便生生南海有雌雄狀如杏仁青碧色欲驗
眞假口内含熱放醋中雌雄相逐逡巡便合即下卯
如粟狀者真也亦難得之物李時珍曰顧玠海槎録
云相思子狀如螺中實如石大如豆存篋笥積歲不
壞若置醋中即盤旋不已按此即郎君子也宋周公
謹曰長生之螺置之醋中則活嘉慶丙子先君房師
陳公聖鑄廣東人以醋蠶二枚遺先君己卯先母林
夫人育季弟柏薌分娩遲至五日取而吞之以和湯送下
後從小兒左右手握出至今尚存後洋賈又遺數枚

羅源族兄維汪以其女每難產封函中寄致兒生兩
枚俱失詢之洋賈皆曰胎轉呑之必失後屢試果符
所云蒼按醋鼈形如福州魚貨所市之珠螺蟨而差
扁腹下有旋螺紋和米藏之積年取二枚置醋中先
吐珠沫徐乃逡巡而行相遇即止並無下卵如粟之
驗蒼後於泥中檢珠螺蟨試之亦如此蓋旋紋遇醋
驟得收歛之氣故能轉動其吐沫乃燥物遇潤其氣
上蒸無足異也郎公子諸說皆不足信　凡物非目
見皆不足信非善於體會即目見仍襲舊說海市不

止登州福清之江陰白嶼漳州亦時有之凡山澤出
雲吐氣如瘴母之類皆有定所如人之咽喉故海市亦然
江陰塲之下傳有車螯故有海市若白嶼漳州不産
車螯何以亦有蜃氣竹窗筆記云晉江薛千仞云有
友劉西來者為登郡司馬言之最詳云登有水陸千
城蓬萊閣在水城内山麓閒觀日出與海市者多登
馬遠望東海中長山大竹小竹沙門四島如列眉凡
海市之初但見一島雲起直上如線三島先後應之一
漸合為一隨風揺曳縱之則為琪樹寶塔横之則為

長橋連城斜之則有若長幡旗幟叠之則忽如樓閣亭臺頃刻變易絶無常態然皆在彷彿閒像之未可以聲聞色相求也若云人物飛鳥之狀特神其説耳更逾一二時雲氣愈盛布滿空中則注雨直至矣夏月為多中秋後不復可見觀者病其隱見無時不可必得劉公秩滿遷常德別僚友曰今日贈君輩以卜海市法但柱礎潤即見矣以是知雨徵也

天生海蛤殼　偶於潮所至山土中掘得之其暈微赤入藥尤靈　掘得者以數十斛計侯官曇石尤多

海錯百一録目録

卷四　記蟲　記鹽　記海菜

苔　滸菜　赤菜附藍菜　舵菜　蠣菜　線菜　神

黛　白著附紫著　烏菜

海錯百一録卷四

侯官郭柏蒼蒹秋輯

記蟲

龍蝦 即蝦魁目精隆起隱露二角産甯德嶺表録異云前兩脚大如人指長尺餘上有芒刺鈷硬手不可觸腦殼微有錯身彎環亦長尺餘熟之鮮紅色名蝦盃北戶録潮州出紅蝦大者長二尺土人多理為盃以蝦為盃非名盃也按閩亦製蝦殼盃蒼按甯德以龍蝦為燈居然龍也閩小紀云有空其肉為燈者貯火其中電目血舌朱鱗大鬣如洞庭君擘青天飛去時以其大乃稱之為魁僕人陳照

賈呂宋船頭突駕二朱桂夾舶而趨船人焚香請媽祖棍三擊如樺燭對列閃灼而逝臺灣海防同知孫元衡詩天妃神杖椎老蛟攘臂登檣叱魔祟自註名媽祖棍可驅水怪乃悟為蝦鬚南海雜志商船見波中雙檣搖漾高可十餘丈意其為舟老長年曰此海蝦乘霽曝雙鬚也洞冥記載有蝦鬚杖舉此則龍蝦猶小耳又有對蝦產羅源甯德長二三寸土人羮之兩兩相對可以寄遠味豐南鎮長二寸產福甯之南鎮淡乾以遠市蓋以地名蝦赤尾小於南鎮吳津呼鹵蝦又有金鈎子小於赤尾味佳

五色蝦　長尺餘具五色鹹淡水有之梅蝦蘆蝦青蝦泥蝦皆產池澤及稻畦中

虀蝦　即鰝也其形似魚而鬚脚蝦也各島得者以肉僞江瑶柱爾雅鰝大鰕注鰝大鰕出海中長二三丈游行則豎其鬚高於水面故其字從高鬚長數尺可以為簾蒼按凡蝦皆磔鬚鉞鼻背有斷節尾有硬鱗多足好躍腸屬腦子在腹外虀蝦僵硬其鬚有細刺古稱蝦鬚簾拾遺記蝦鬚長一尺可為簾今蜀中之中江簾細者稱蝦鬚言其細如蝦鬚未聞竟以蝦鬚

為簾也

白蝦　湖湘所出白蝦傳為美品產連江東岱百姓及福清甯德者得鹹淡水味尤豐香糟和薄鹽醃之或切厚片炒食福清興化泉州常市蝦麪可口

黃蝦　海濱皆產長二三寸醃入省會味遜白蝦又有節蝦

節蝦　節黑長與黃蝦等殼厚肉粗凡蝦殼薄脆者味豐節通明者肉細又蝦米

蝦米　漉小蝦曬乾出長樂梅花者白潤潔淨厂石以下次之帶澀者曰蝦飰又有蝦蚕

蝦蚕　羣蝦集海套放子於水草承而薄醃之色青者味

美色紅者攙豆渣以薑蒜和豬油一沸即熟瘡疥勿食防潰爛癢痛

蝦姑　一名管蝦以其足善彈又名琴蝦形似蜈蚣又似鼉大者廣三指能食大蝦小者食小蝦炒食味豐或為醢疥瘡最忌

苗鮮　漉小蝦醃以薄鹽名苗鮮和薑調醋生食或和肉釘微蒸食又（蝦鮮）鹹淡不等村民山居年市數萬桶

海粉　海蟲也諸書皆稱狀如綠毛龜無介純肉背有

小孔海粉出焉晴明收之則色綠陰雨收之則色黃
蒼按福清所產海粉形似鮀小而圓無頭足灰色隨
潮往來飽則脂漫至淺沙散粉粉從後竅溢出若蠶
之吐絲停勻柔細狀類米粉而扁初浮於水久則糾
結於沙漁人拾而陰乾之片片綠若側柏南貨鋪市
之每兩價值百文廚人以此飾盤菜李時珍曰能化
痰輭堅

龍蝨　福州呼水蟑螂泉州臺灣呼水龜形如蠐螬蟲
閩小紀云龍蝨三十枚漳州海口每八月十三至十

五三日飛蝗餘日絶無除面黝黚赤氣婦人貌美能媚男子蒼按龍蝨醃乾有羶味去其翅足食者嗜之不食者哇之周櫟園所云或别有一種詢之漳人無聞也五雜組閩有龍蝨者飛水田中與竈蟲分毫無異海錯疏龍蝨秋風暴起從海上飛來落水田中人撈取油鹽製珍藏之閩人言是龍身上蝨或然耳又

龍蝨即海豬腸似蚯蚓中空兩端如一又似豬腸截斷塊然柔輭盤結臺灣漳州朝朝取之味清脆在魚菜之閒

沙蠶　產連江東岱汐海沙中福州呼之為龍膅形類

蚯蚓而其文如布經緯分明鮮者剪開淘淨炒食乾

者刷去腹中細沙微火畧炸有風味其形極醜其物

極淨

海丁香　俗呼泥蒂乾之如丁香燜肉美品每斤銀二

錢六七分圓大者為泥卵連江羅源皆產之

土鑽　似沙蠶而長又海狼健上蠶沙膩大畧相同沙

膩味清海族出沙中者味必清

泥筍　即土筍又名沙噀似蚯蚓八閩通志其形如筍

生泥沙中豬油和蘆筍炒又土蟀即蛾蛾又名海蟀與泥筍相似亦名泥釘去泥沙炒韭芽和淡醋食

土苗　即塗苗海蟲之極微細者海物異名記謂之醬蝦細如針芒波徒頃鬚若泥淖海濱人鹽以為醬蒼按今海人亦稱醬蝦色藍鹽醃可久不壞福興村民藉此下飯年貨數萬桶

海參　閩所產者不及外洋曰白參大者撐以竹籤小而圓黑者名牛腎以形名易爛無膠極小者味苦名水參

海蜈蚣　形類蝦姑膾食瘡痏忌

島蛇　島嶼千百蕪穢不治嘉慶閒蔡牽亂海上禁島有至今未開者小民竊入栽種其中何所不有蛇多而大青竹蛇最毒次則手巾花即白花蛇其皮條條然或白或黑次則蜈蚣蛇色微黃吹氣則項大而有聲能趨火逐人古云蜈蚣寄種於蛇目是以毒也惟烏蛇無用俗呼老鼠檄能將爵鼠一口吞入水蛇亦無毒咬傷者以水洗即愈錦蛇長二三丈雜紅白花其皮可鞔琴櫃諺云一畝地三蛇九鼠凡蛇皆避鸛

鶴之聲故窮流裏山多畜鵞以看門蛇至冬輒含土入蟄及春出蟄則吐土於蛇洞挑其圓重如錫石者謂之蛇黃畫家用之故曰蛇黃不入口蛇黃有大如拳如椀者不知其蛇之巨幾何嶺海異聞載蛇異弘治閒船者二十人即山而薪山麓石潭深不可測日影西下山聲殷殷如雷升木而伺有巨蛇蜿蜒幾五里其色正黑兩目如炬山巔奮迅而下沒於潭如雷者乃觸石崩隕之聲也有蜈蚣長可七尺騰躍而逐之旋潭踆踆尾端毒沫時時射潭內水色變如油抵

暮潭面火燄高尺許舶人熟視乃自蜈蚣甲閒出夜分循山而去光燄燄燭山谷遲明觀之蛇蜷跼死潭閒蒼在將谿見牆根蜈蚣長七八寸其行如飛忽一暗蜂從蜈蚣頭上披靡而去閩呼稱蜂之綠色者為暗蜂以其能穿幽邃取食蟑螂也蜈蚣呆立如癡若有所俟暗蜂復來作對語狀退行蜈蚣隨之越牆而去博物志曰啄木能以嘴畫字令蟲自出魯志剛云今閩廣蜀人巫家取其符字以收驚療瘡毒也或云偷兒效其符使扁鑰自啟蒼山居日久審啄木所啄之處日日循序而啄一旦剝裂羣蟻紛散遂其所欲或從隙中取出聒蟲蓋以喙啄木辨其虛實旦旦啄之虛者自裂以喙作符之說皆附會耳蜈蚣至毒而畏暗蜂蠍子至强而

畏錢串物類相制有不可解者沈存中筆談云見一蜘蛛逐蜈蚣蜈蚣循籬竹裂隙而入蜘蛛以腹磨竹隙再三少頃破竹視之則蜈蚣斷爛不屬矣蓋蜘蛛布溺以殺之也物之以小制大理實運之耶閱書蚺蛇身大而行紆徐冉冉然也或曰鱗中有毛如髮陶宏景言出晉安（稽康養生論蚺蛇珍於越土）酉陽雜俎蚺蛇長十丈嘗吞鹿鹿消盡乃繞樹則腹中之骨穿鱗而出養瘡時肪腴甚美（所記乃摹擬山海經巴蛇吞象）劉恂錄異記蚺蛇身有斑紋如故錦纈春夏於山林中伺鹿吞之蛇遂羸

瘦待鹿消乃肥壯也其膽可藥埤雅蚺蛇尾圓無鱗身有斑文如故暗錦纈似鼉行地常俯其首膽隨日轉上旬近頭中旬在心下旬近尾蒼按據埤雅蚺蛇即島中之錦蛇閩省山中亦有錦蛇但小於島產耳

凡紅蛇多產於宅之巳方及竈中島無之

記鹽

鹽

閩鹽凡三變宋元以前皆用煎法至明初始用曬鹽法萬歷間有以瓦片砌埕坎曬者今盡埕坎矣煎者花細微苦曬則花麤而味重然人力尚繁今純用埕坎人力簡而天功多久雨則產鈌　用煎法者俟朔望前後潮退鹵壤經過烈日結生白花刮而聚之坑地為池茅襯其底而實杵之復穴其下為井有竅相通以蘆管引之取鹵花實於池淋鹹水循蘆管下注井中投雞子或桃仁浮則鹵氣重而可用矣別為土

斛於竈傍使土斛微高於竈乃瀉滷其中亦引以蘆管乘高注之於盤盤者編竹加蠣灰為之蓋以竹為釜也蜀煎鹽井之水亦以竹為釜以紙布之引火井之火於釜下紙竹得鹹氣不燃不汕大盤日夜煎一百斤小盤半之三山志海水有鹹滷潮長而過堤地則滷歸土中潮落日曝至生白花取以淋滷方潮未至先耕堤地使土虛而受信既過刮起堆聚用車及擔輂致整頭掘土為窟名為漏坵以杵築實用茅襯底滿貯土信取鹹水淋之堆實則取滷必鹹旁用蘆管引入滷堭堭在漏坵之下掘土為窟以

受滷茅草覆之取雞子或桃仁置滷中浮則滷鹹可
煎築土為斛在竈旁以竹管接之旋盤如畎澮之流
盤以竹篾織用蠣灰塗復織釜牆以圍繞亦堅以蠣
灰蓋㼜以受滷也大盤一日夜煎二百斤小盤一百
五十斤　用曬法亦為池與井聚鹵壤鹹者於池別
汲海水淋之滲漉入井滲盡去舊泥入新泥即以井
中水淋之如是者再則鹵可用乃取鹵置盤中盤以
密石砌治廣不過數尺一人日可得二百斤風和日
暖則易結近砌埕坎潮入曬之潮再至已成鹽矣莆

田場所曬者粒粗而色黑名青花福清場江陰場粒
細色微烏洗之則粒愈細而糙白矣名曰洗白鹽力
不及莆田場蓮河場曬者最白最淨蓋其地套入山
内海風揚垢不至也蓮河之桂口東石曬者尤潔白
霜瓝收者久貯則堅如鐵石上里場下里場亦產白
鹽但鹵重不宜積壓甯德漳灣曬者稱細鹽羅源鑑
江熬波成者稱煎鹽鹽樹即海樹產福甯叢生海邊
本高一二尺至四五尺粗者若小兒臂細者如筋葉
類冬青而柔輭湖上則沒頂潮落則出無花伐之燒

灰滙水成滷可煎爲鹽色黄味微苦鹽至上游以包
殼燒灰淋滷煎之白如雪名鹽仔

記海菜

石花菜　生海礁上狀如鷹爪蘭長二三寸得日者紅背日者白薑醋拌食李時珍曰石花菜生南海沙石閒高二三寸狀如珊瑚有紅白二色枝上有細齒以沸湯泡去沙屑沃以薑醋食之甚脆一種稍粗而似雞爪者謂之雞脚菜味更佳二物久浸皆化成膠凍也蒼按即雞跤菜性寒夏月煮之成凍福州暑天所市草凍肩挑人和水飲之即此菜無力役者勿食

虎樓菜　南越志生海上穗長二三寸許葉如蘭葅閩

書虎棲菜生海石上穗長二三尺許葉如蘭葿微翠色又羊棲菜生海石上長四五寸微黑色皆出漳浦

鷓鴣菜　連江志生海石上色微黑凡海產之菜多帶鹹味宜醋拌料蝦故李時珍於海菜亦有和醯之說

龍鬚菜　即麒麟菜李時珍曰龍鬚菜生東南海邊石上叢生無枝葉狀如柳根鬚長者至尺餘白色以醋浸食亦佳蔬也蒼按色白欲清則和醯欲濃則蒸肉

福建通志甕菜土人號龍鬚菜誤

燕窩菜　閩部疏燕窩菜竟不辨是何物漳州海邊已

有文燕飛渡海中翮力倦則擲置海面浮之若杯身
坐其中久之復銜以飛陳懋仁漳南雜記閩之遠海
近番處有燕名金絲者首尾似燕而甚小毛如金絲
臨卵育子時羣飛近汐沙泥有石處啄蠶螺食有海
商詢之土番云蠶螺背上肉有兩肋如楓蠶絲堅潔
而白食之可補虛損已癆瘵故此燕食之肉化而肋
不化并津液嘔出結為小窩附石上久之與小雛鼓
翼而飛海人依時拾之故曰燕窩嶺海異聞海鷰小
如鳩春回巢於古巖危壁葺壘乃白海菜也島夷伺

其秋去以修竿接鏈取而鬻之謂之海鷰窩隨船至
廣貴家宴品珍之其價翔矣蒼按閩部疏所云擲置
海面浮之若杯者來降燕乃睇之燕防風雨則水無
小魚可啖以此爲糧禦風吹集海岸是已至血燕毛
燕兩種乃冬月海燕巢於海上山巖林中取者覆其
巢奇慘甚矣海燕大小不同皆能作窩儲糧於海旁
凡沙磧無淤泥之處所產海菜脂瑩輭膩嚼和魚螺
絲絲嘔出燕色純黑屬水并其津液搏成魚螺之味
漸化海菜之味漸加血燕毛燕及各種燕窩多至厦

門始製成片片獨越燕胡燕蛇燕急於哺子且屬客
居故不儲蓄互見卷五海燕條下

鵞腸菜　閩書生海石上長四五寸其薄如帶色黄漳
浦多又蕁菜不種自生葉圓而厚藤相糾結又名浮
藤産下遊臺灣和蕁作羮爲佳子紫黑色可染布

紫菜　海潭皆産之名曰紫菜潭互相傳買勿得竊採
出興化及惠安小岞者最有風味福清産者亦佳三
山志紫菜附石生海上色青取乾則紫其莖纖而布
其味尤珍出福清者佳福州府志紫菜一名索菜吳

都賦綸組紫絳注紫紫菜也蓋其生黏帶石上潮浸則散髼髼髼然潮落復黏於石嫩者搓取之而成索長者摘取之則皆散生時色青乾則紫本草紫菜生南海中附石正青色取而挼之則紫色李時珍曰閩越海邊悉有之被人挼成餅狀曬乾貨其色正紫亦石衣之屬也蒼按紫菜釋名為紫英有大潭小潭之別大潭出者肥厚或挼為餅或糾為索潔淨無沙小潭出者薄弱散曬之沙多而味淡初出水青色見風日即紫不紫而仍青者下品也閩書（苔垢菜）紫菜取盡

就上復生苔衣狀類浮垢又有石蓴即紫菜之經曝而不紫者味灊藏器曰石蓴生南海附石而生似紫菜色青據此則石蓴又是一種

苔菜　如髮洗淨壓乾入鹽薑番椒香油和韮芽拌食或以油微炸夾光餅閩書海苔綠色如亂絲生海泥中其細嫩者名溼苔

滸苔　生海泥中似青海所出之髮菜髮菜三角滸苔微扁出惠安灣西者味淡名淡苔

赤菜　即鹿角菜海物異名記赤菜海生而紫蔓又其

大者為鹿角菜又名猴葵南越志猴葵色赤生石上南越謂之鹿角以其莖有歧也三山志鹿角菜生海中亦能解麪熱麪熱即麪毒也蒼按鹿角菜大如鐵線分了如鹿角其色紫黃入湯盪之醋香油拌食乾之可以行遠醋拌如新又

藍菜生海巖上味甜

舵菜　海舶舵上所生菌也味鹹微甘本草主治癭結氣瘀飲瀋之恒廣菌譜舵菜即海舶上所生菌也亦不多得蒼按舵菜形圓葉厚每於停廢老舵上得之曬乾則無幾矣其性流利舵旁生者有細蛆勿食食

之令人腫脹

蠣菜　閩書蠣菜生海中邊沙地上長半寸許成簇而綠蒼按蠣菜蕁菜皆以味稱紫菜味亦如蠣故閩人作蠣湯炮蠣必用紫菜

線菜　閩書生海中沙地上其長如線色微紅出漳浦

神黛　閩書生海邊泥泊上葉葱蒨如黛歲饑和米作粥食之出興化漳浦通志曰神黛異之也

白薯　即甘諸島嶼間有野生者一莖延蔓至數十百莖節節皆有根莖附物而高有實如卵者有實如臂

者皆於土中掘得之亦有二月種之十月收者剪其莖亦可種皮白肉白者白薯皮紫肉紫者紫薯紫薯勝於白薯搗為泥和糖棗瓜子稱為薯泥劊為丸調各味稱薯丸蒸熟切而曬乾可充糧糗和米為丸或蒸為酒南方草木狀云南人二毛者百無一二惟海中之人壽百餘歲者由不食五穀食甘藷故耳四川梁山縣雙桂堂有黑牡丹一株其寺僧多壽蓋後山杞菊水入飲盆建甯縣某鄉男女皆壽後淘井取出綠毛大龜自此鄉少壽者

烏衣　附海石生以邑名羅源甯德人取以入饌凡海

邊及石上所產各菜均乏辛芳之氣

海錯百一錄卷四

海錯百一録目録

卷五　附記海鳥　附記海獸　附記海草

海鷂附蠘身　海鶴　海鵻　海鴗　海燕附越燕　胡燕

鮀燕　沙燕　海鷗　海雞附五嗚雞　海鳧附冠鳧　信鳧　海鵜　海

鸛　海鸚哥　海八哥　海鴛鴦　海雞母　蒼鶻

白鷺　採鸛　火鳩　呼潮　天鵞　翠鳥　紅

公　禿鶖　冰鵝　鷖　虎鷹　鬼車　九頭鳥

過冬鳥　舶鴿　鵁鶄　鬼雀　黄褐侯　撒屎鳥

海蛽　海虎　海鹿　海鼠　魚

海菴　海蒕　海蒲　海藻　海葛　棱葛　石帆

石龍芻　占風草　水燭　蔄箐　臭草　雀梅

建水草　野籐　蕢　醉魚草　蒠竹筍附莽筍

龍牙草

海錯百一錄卷五

侯官郭柏蒼蒹秋輯

附記海鳥

海鶻。大如鷹，蒼黑色，尾稍短，善擊鳧鴈。蒼鷙俊而大者謂之鶻，或畜以擊鳥，羽毛麤重，鼻根黃如蠟色，謂之蠟鼻。

海鶻。《八閩通志》：海鶻，方言魚鷹也，蒼色，似鷂，攫魚而食之。蒼按：《正字通》：鶻多義，冬揚鳥之盈握者，夜燠其爪掌，旦縱之。《禽經》曰：鶻不擊妊。《酉陽雜俎》：鶻生三子，一為鵪埤雅鶻拳堅處大如彈丸俯擊鳩鴿食之鳩鴿中其拳墮空中即側身自下承之捷於鷹隼蒼按鶻從骨即以其拳堅也每從高處側下其疾如風故曰鶻落所擊之鳥怛墜地不若鷹之捕而遠颺也

海雉　禽經赤黃曰鷩雉白曰翰雉黝曰海雉海雉曰秩秩如雉而黑在海中山上蓋即夏小正所謂黝雉也蒼按鳥得氣薄故山陽山陰而色異草與蟲得氣尤薄故各肖其山形各如其山性島產之雉文彩不及山雉且多牝村人母雞抱卵若無雄即以雞卵塗

竈煙從竈腹向突穿出祝曰無雞公穿竈公母雞抱之二十日出卵皆黑色但多雌耳氣薄有感即化也皮卵燒松柴製者卵白現松花燒竹木製者卵白現竹木四蹏之獸及時而配有感即姙且鮮有不育者埤雅蛇蹯向壬鵲巢面歲燕伏戊己虎奮衝破此亦鳥獸之所以靈也蒼按鳥獸各有一能者其受氣薄也以指揑蜂必螫其技絕矣

海鴇 李時珍曰鴇水鳥也似雁而斑文無後趾惟不木止其飛也肅肅其食也齝肥腯多脂肉粗味美又曰不食鴇奥奥者膍胵也深奥之處也蒼按鴇無後

趾其罕棲於木者勢使然也閩語鵁無舌兎無脾蒼在海濱未聞鵁鳴詢之土人則曰無舌後讀吳兩鳥獸草木攷引閩語鵁無舌兎無脾乃知其語舊矣或云純雄無雌與他鳥合或云鵁見鷙鳥激糞射之其毛自脫也荔支蟲名石背側兩肩出尿射人果子貓之白尾者福州名白尾貓獵犬逐急則後竅出氣以媚之犬聞羶逡巡草間而貓遁矣萬類各挾其智以為生也凡鳥雌雄存者雙飛雙集無異類之感孤棲則他鳥强配抱成無名之卵獨雁可稱孤雁故古者奠雁喜雀抱二卵一雌一雄四卵二雌二雄若三卵五卵其奇者皆隼也隼

大即啖雀雛故雀母見隼乃徙巢而分哺之予屢視巢雀始信其然鶻生三子其一為鶡舉凡奇卵皆異類西域記皁雕一産三卵者内一卵化犬短尾灰色與犬無異但尾背有羽毛數莖耳隨母影而走所逐無不獲者謂之鷹背犬

海燕　燕之種類不一皆籋口布翅歧尾而黑色其小而多聲春夏再乳秋社引子歸海外者名（越燕）亦稱紫燕又名漢燕頷下紫色巢於門楣又（胡燕）大於越燕臆前白質黑章又有巢懸於大屋兩榱閒長可容

疋槖者謂之〔蛇燕〕來巢令人家富陶隱居曰紫胸輕小者越燕胸斑黑聲大者是胡燕元中記胡燕斑胸聲小越燕紅襟聲大本草謂鷹鷂食燕則死能制海東青鶻故有鷙鳥之稱蒼按燕翼長能抱雛故稱燕翼凡鳥翼長而有力者摩空否則斜飛側出燕近人且下上無定故摯鳥不能擊海島之空嵌者燕與蝠皆冬蟄之文昌雜錄云海崩見蟄燕不為僞説海燕純黑與越燕胡燕蛇燕異甲午九月蒼與劉芑川墨莊對坐忽昏黑以炬至主客不知所謂始疑笪日繼聞咿嗃聲知為海燕此鳥海風將作則先羣

飛而夜鳴但不知飛集何處耳〈沙燕〉身小飛似蝙蝠

魚所化

海鷗　嶺海異聞海鷗似鷘而大不識人舶過嘗集人

肩頂人輙捕而烹之傳曰海上之人有好漚鳥者每

旦從漚游至者百數其父曰取來吾玩明日之海上

漚舞而不下蒼按此雖寓言然鷗之性閒逸近人上

游溪流漣漪之處舡人盪槳浮鷗對對㛹槳水附舟

而行所以得全者以毛豐肉瘠耳興化九鯉湖鷗帶

粉紅色唐時貢芙蓉鷗十二是已

海雞　嶺海異聞毛色如家雞惟雙足鼈類爾蒼按海濱雞多與異類交接雞卵勿食雛之異狀者勿烹近水之處雞多應潮臺灣有潮雞福州謂之水漲雞輿地志愛州移風縣有潮雞述異記以為伺潮雞又臺灣有五鳴雞其鳴應更

海鵁　李時珍曰鵁東南江海湖泊中皆有之數百為羣晨夜蔽天而飛聲如風雨所至稻粱一空陸璣詩疏云狀如鴨而小雜青白色背上有文短喙長尾卑脚紅掌水鳥之謹愿者肥而耐寒吳兩鳥獸草木攷

鳧水鳥也一名鷗一名沈鳧似鴨而小青灰色長尾背上有文數百為羣常在海邊食沙石皆消爛惟食海蛤不消隨其糞出又海中有一種冠鳧頭上有冠乃石首魚所化也吳地志云石首魚至秋化為冠鳧頭中有石是也凡作冠鳧皆冠鳧之誤並宜冬月取之又一種身圓似鷗隨潮往來者名信鳧色淡青信鳧即鷺詳下晉書張華傳人有得巨鳥毛長三丈者問之華華愀然曰此海鳧毛也出則世將亂北京顏料庫有鳥毛長數丈人從管中匍匐竟首尾

海鷁　江海船頭所畫鳥也似鷺鶿而尾長李時珍曰一種鶂鳥應作鷁或作鷁似鸕鷀而色白人誤以為白鸕鷀是也雌雄相視雄鳴上風雌鳴下風而孕口吐其子莊周所謂白鶂相視眸子不運而風化者也昔人誤以吐雛為鸕鷀蓋鶂鷁音相近耳鶂善高飛能風能水故舟首畫之

海鶴　長頸竦身長脚青翼頂赤身白頸半黑常鶴高三尺餘喙長四寸海鶴尤高夜潮風生鳴於禁島而不可迹閩書海鶴方言魚鷹也恐誤嶺海異聞海鶴

大者修項五尺許翅足稱是呑常鳥如鵔魚成化間
有至漳州者漳人射殺之復有以頂貨者類淘河鶘也
而鋭咮雄大雌乃畧小晝啄於海暮宿巖谷間島夷
豫以小鏢付犹按犹音龍犹人出於暹羅之崛巄短
小精悍圓目而黄精性專慤不識金
帛木食如猿猱古檝蒙密者率數十巢蓋舉族所聚
也語咿嚶不可辯山居夷獠每諳其性常馴擾以備
驅使蒙以斂絜食以鰛鮍飲以滴酒即躍然喜似謂
得所主者舉族受役至死不避雖歷世不更他姓嘗
沒以採片腦鶴頂皆如期而獲其山多犀象主者利
其齒角授以毒鏢犹挾以歸遇犀或象輙往刺之升
木而匿犀象或怒且索毋得也移刻毒發而殪犹乃
羣聚叫嘯若誇其捷者相戒聚以守經月犀象且腐
所遺如牙如角齒則負以數犹角乃一犹肩之以輸
其主遇奪他姓亦至死弗畀也舶人編竹為籠紆深

其制置所必由之俘機而取之以獻於夷王王大愛玩酬以蘇方木至數千斤猶衣猊以番錦飼以嘉實置之爽塏猊以非其主終不附也然稍近煙火淚日死爾月夕則伏於鶴常宿所擇其大者而刺之平旦有獲五六頭者島夷乃剝其頂售於舶賈比至閩廣價等金玉蒼按海鶴與鶴異鶴足黑海鶴足白南通州呂四場所産鶴足皆綠海鶴鳴則羣蛇集海鶴年久蛇毒聚頂上腦骨皆丹所製鶴頂紅鐲舶舶恆於廈門貨之或云丹處有毒舐之傷人本草以鶴糞能化石然皆未驗

海鷴哥 諸志皆云黑喙綠羽足亦鸐也蒼按海鷴哥

黃魚所化小而綠毛兩指向前兩指向後與鸚哥同
閩小紀所云倒挂鳥遍體嫩綠腹背之毳雜五色注
距皆赤曲肖鸚鵡但小僅如雀者又是一種亦産海
上

海八哥　臺灣志八哥黑身紅頂綠足亦名田雞蒼按
鸜鵒一名寒皐斷舌可使能言南唐李煜謂之八哥
酉陽雜俎曰八哥交時以足勾足鼓翼如鬬往往墜
地俗取其勾足為媚藥福州呼純黑者為八哥呼差
小有白毛者為烏鵠泉州呼烏鵠為番鸜鵒八哥剪

舌能言每歲霜降前一日羣避入山谷至霜降過時方始出谷故畜八哥者於霜降日並籠懸入井中不然殂矣臺灣志所稱田雞紅頂綠足者又是別種

海鴛鴦　產興化海面形同江產者俗呼金翼

海雞母　黑色綠脚如母雞產臺灣海嶼

蒼鶴　其形如鶴而首似雞興化泉州呼蒼鶴臺灣澎湖呼鴇雞十數成羣色蒼昂頭高五六尺夜宿海嶼晝獵食田野蒼按正韻鴇水鳥也爾雅鴇麋鵖子虛賦雙鴇下正義曰鴇似雁而黑韓詩外傳鴇胎生也

正字通鶬大如鶴青蒼色亦有灰色者長頸高脚頂無丹兩頰紅關西呼鴰鹿山東呼鶬鴰南人呼鶬雞江人呼麥雞泉州興化有馴畜之者不下卵亦不閧胎生宋史陳洪進洪進在泉州日方晝有蒼鶴翔集内齋前引吭向洪進洪進視之有魚鯁其喉即以手探取之魚猶活鶴馴擾齋中數日而後去

白鷺　爾雅鷺舂鉏李時珍曰水鳥也林棲水食羣飛成序潔白如雪頂有長毛十數莖毿毿然如絲欲取魚則弭之名曰絲禽蒼按俗說鷺雌雄相隨受卵相

盼則產蓋誤以白鷺為鸕鷀又指鸕鷀為鴿詳上鴿
條下鷺居海邊洲渚間純白者為白鷺間有頂毛黃
色者亦有背黃翼黃者皆鷺也每以清明前飛集衙
署廟宇大樹上附會架巢兩次育卵身瘦而鰈摯鳥
不擊必擇人煙稠密而處者防鷹鷂搏其雛也白露
後引子歸海㴱

探䳄　亦水鳥黑色與鷺共魚而巢居性貪饕禽經云
䳄飛則霜鷺飛則露是也白露鷺歸島霜降䳄入宅
俗呼探鷀蒼按李時珍曰鵁水鳥也高頸高脚羣飛

可以候霜據此則採鷚亦名鴿按採鷚卵生與韓詩外傳鴿胎生者異

火鳩　色紫黑具斑文項下赤千百為羣一飛百飛一集百集鰉魚所化互見卷一鰉魚條下

呼潮　色蒼似鴿潮至即鳴亦水漲雞潮雞之類延平城中雞夜夜二鼓即鳴見書影福州以雞初更鳴者為報喜二更鳴者為報死及其首懸市中予雞生雄毛能鳴蒼所親見凡母雞鳴者腹中有腎實雄也　臺灣產烏鶖亦能報更白鳩產咬嚁吧能報候臺灣亦傳其種興化候潮草葉間有莢如榆莢潮至則開退則合

天鵞　江產者大於鵞海產者高如童子脚近尾瞿禽

經云脚近髀者能步飛鳴則一一横天育卵蘆洲人或取之腥不可食飲膳正要所云天鵞有四種非是一名鵞鴿

翠鳥　亦名鷸爾雅釋鳥翠鷸疏李巡曰鷸一名翠其羽可以為飾又一種赤足黃文曰鷸蒼按福州呼翠鳥者即翡翠八閩通志雄赤曰翡雌青曰翠埤雅云鷸也名前為翡名後為翠性善捕魚故又名魚虎亦名魚師閩海所產者差小而翠不及外洋俗呼魚狗

北風捲蜯上沙岸蜯死者狼藉赤足鳥食之誤啄生者即所謂鷸蜯相持矣海濱有鷸蜯相持問答

紅公　瀕海皆有之亦能捕魚音似擊鼓諸書皆云啼則血如子規故名蒼按紅公即布穀福州呼黄鷷紅公黄鷷音之偽也啼則血如子規又因紅公而曲為之説

秃鶖　古今注扶老秃秋也蒼按秃鶖狀如鶴而大青色長頸赤目舉頭高七八尺頭頂無毛項紅喙黄長尺餘而扁直其嗉下有胡袋足如雞能與人鬭諸書皆稱其毛辟水毒

水虩　似鳧而小蒼白文脚連於尾不能陸行其膏瑩

刀劍不銹即鮮鱙也

鷖　蒼黑色鳧屬鳧好沒鷖好浮故亦名漚常以清明至卯於洲渚似雞卵而色青羣飛至岸亦主風漁者渡者視以爲候數百爲羣其來蔽日潮至則翔水嚮以爲信謂之信鷗蒼頡解詁曰鷖鷗也生卵於荷葉上名水鷚形色似鴿而羣飛風土記鷖鷖鴨也以名自呼大如小雞蒼按福州諸溪及小西湖所出之水攢又名水壺蘆是也

虎鷹　大如牛翼廣二三丈能捕虎豹見紅色則避海

濱孩童着紅衣袴以避野禽摯獸志載鼓山僧見其攫二大羖羊飛去捕虎之説亦或有之廣志胡鷹獲麞虎鷹即胡鷹本草曰雕能搏鶏雀獐鹿犬豕又有虎鷹翼廣丈餘能搏虎也

鬼車　或呼鬼鳥嘴頭俱長三山志似鵬而小一名梟一名鵂鶹夜飛晝伏又名夜遊女又名鬼車三山志蓋以狐猿為鬼車狐猿福州呼貓黃鳥漳平甯洋呼貓頭號或呼哈唏崇甯二年沙縣有異鳥集陳正敏舍明年巢天王院如嬰兒聲僧惡甚探巢得一雛烹

而食之是歲正敏袁父鄰居人與寺僧死者數十或
云即賈誼所賦鵩鳥也鬼車亦非梟鵩書鬼鳥海中
出嘴頭脚俱長海濱人采捕之真所謂肉味不足嘗
鼎俎雞肋不足安葬葬可惆甚矣然所以得采捕者
掩其一則不呼不翅以致大衆俱羅不知其愚乎抑
其自相毒誤也蒼按鳥之鬼車魚之橫搆掛皆物之
赴刲福州呼一無所用之人爲鬼車

九頭鳥　立海沙中不近人一首獨高八頸瘦短環列
如葱管其首鳴則八頸噴血污氐脊者不祥相傳只

此一鳥殆妖物罕見耳嶺海異聞飛頭蠻亦海山中鬼物也居處嗜好與人無別夜則首飛去頭實穢物歸則身首屬而爇之惟頷下微痕如紅線爪哇羅島夷有娶婦得此者其夫惡之或教以俟其首去置身於地以小刀刺喉頸間頃之首歸不合宛轉而死偶記小說云某人家生一子自然無首則飛頭者豈亦沴氣適然所鍾耶有人嘗言海外奇事鄉間有納婦者婦每夜從牀前入地去飽食魚蝦而返衣猶沾溼其夫欲逐之不果後生子一如常亦無他異蒼按窮海婦人多異狀其陰戶上垂一肉如簾福清許友竹為予言又嶺海異聞祭酒泰泉黃公志云親見香山縣深林中有物如嬰孩而躶自藤蘿中攜手魚貫而下相挽不斷見人輒笑至地而滅土人謂之赤蝦亦無所怖及閱雙槐集所載亦與此合道光丁亥蒼隨先大人往漳平甜山麓見一婦人高八尺穿藍衫而跣足雙珥如栗挑二木桶高大亦非常從輿前過詢土人曰山神也其狀如此

過冬鳥　閩書泉州每冬有鳥從海外來宿食百千無算名過冬鳥居民以冬至三日放風箏黏之

舩鴿　三山志舩鴿似鳩而差小諺謂千鳩不如一鴿言矣也編角如筐繫其尾高飛雲端聲似鳴鏑而委蛇善識主人之居舩人籠以泛海有故繫書放之以歸蒼按舩鴿目金色即今之夜游鴿海渡有日主之名日主者今日首先載客之渡船也次曰日次明日之日主也來去傳信人力不及故用舩鴿

鵁鶄　身似鳧而稍圓脚似雞產鹹淡水福州五虎以

内皆有之可畜其味不腥故作饌生爊之勝水鴨三山志鵁鶄水鳥人家養之可壓火災馴擾不去郭璞曰鵁鶄似鳧而脚高有毛冠辟火災或曰鵁鶄鳽也異物志鵁鶄巢於高樹巔生子未能飛皆銜其母翼飛下地飲食通作交精蝙蝠胎生其子小如豆口銜母乳隨飛上下蒼於風颩中得之見其然也

鬼雀　即烏之大喙者或白頸越烏龍江始有數百集樹澈夜飛鳴鷩噪令人不寐故呼之為鬼雀

黄褐侯　或呼青雕狀如鳩而綠褐色聲如小兒吹竽

蒼按斑鳩是處有之或言春分化爲黄褐侯秋分化爲斑鵻據此則以鳥化鳥亦鷹化爲鳩鳩化爲鷹之類海邊沙洲鳩類最多有小而灰色者有斑如梨花點者有珠斑者雄者三鳴之後復繼一聲雌者止於三鳴雄欲感雌先向雌前三呼三俯三仰每在巢中鳴人因捕之古人所稱鳩蓋涸鵴與斑鳩也雀巢鳩處之鳩鵴也鳴鳩拂其羽之鳩斑鳩也斑鳩翼重不遠颺飛則膈膊有聲拂其羽三字繪出斑鳩一段鈍拙形態蔡氏月令章句鳩鶻鳩也鳩先是時鳴故稱

鳴鳩拂猶搏也陽氣所感故搏羽高注呂氏春秋季春紀鳴鳩斑鳩也是月拂擊其羽直刺上飛數十丈乃復者是也其説尤妄或指鳩爲布穀布穀似喜雀尾長而黑福州呼黄辟以其色黄而聲如鼓故名飛似喜雀拂其羽三字不足以狀之

撒尿鳥　形似雞雛飛集桅杆尿如瀉水傳爲溺人所化亦鬼物也舶人急禱於天后以媽祖棍向前扣之飛去則舟亦無恙近航海多輪船水火騰躍怪物不敢近但終險耳

附記海獸

海獺　形似獺大如犬而短脚脚下有皮如胼拇其肉腥臊海人剥其皮為帽為領但南風發潮易爛而不蛀又一種大倍於獺毛稍黑亦岸宿水食以銃斃之肉可食蒼按如滈注博物志云海獱頭如馬自腰以下似蝙蝠其毛似獺大者五六十斤亦可烹食是海獺之大者又名海獱孟子注獺獱也是以獺獱為一物集韻或作猵音賓獺屬似狐青色居水中食魚揚雄校獵賦蹈獱獺師古曰獱小獺也是又以獱為小

獺矣今海濱大獺頭似竹鼮有黄色有黑色有黄黑色如淯所謂頭如馬者或出外洋

海虎　鯊魚所變春晦鯊魚上沙㵿不飲不食旬日化爲虎惟四足經月乃成其文直而疏且長文彩亦闇淡或云虎鯊曝日中數日亂滚即化爲虎互見卷一鯊魚條下

海鹿　鯊魚所變以兆牡畜之亦能生育閩製全鹿丸者恒以此味仍鯊魚形變性不變也互見卷一鯊魚條下

海鼠　嶺海異聞稱海鼠大如豕重百斤目正赤然猶

畏貓道光閒施紫華病卧見鼠入貓窠攫其三子後紫華卒物理之背亦不祥之徵此乃外洋之鼠今臺灣後山之鼠不知其若等大禁島中所出之鼠亦重十餘斤黄色晝入水取魚夜齧蘆根常鼠匿船中及釣船者或黑或黄種類不一蓋下椗時從海岸逃入也龍巖汀州於屋下砌磚畜鼠爲鵪客佳品產母必食鴿及鼠夜間有挾鐵鏁執油捻向溝隙捕鼠者其術百發百中以鐵箱去其齒納籠中市之

魚小雅象弭魚服傳魚服魚皮服也蒼按魚獸名生東海中一名半體魚其狀似牛剥其皮懸之海潮至則毛起潮去則毛伏陸璣云魚服魚獸之皮也魚獸

似豬東海有之其皮背上斑文腹下純青可以為弓鞬其皮雖乾燥以為弓鞬矢服經年海水潮及天時雨其毛皆起水潮退及天晴其毛伏如故雖在數千里外海水之潮自相感也蒼按人魚美人魚海和尚魚海豬魚海狗魚皆無毛無鱗而四鰭魚屬也皮外有毛獸屬也海驢海騮之類是已海驢海騮皆產外洋

附記海草

海蘆　隨在有之長丈許中空皮薄色白者葭也蘆也葦也短小於葦而中空皮厚色有清蒼者菼也薍也荻也萑也其最短小而中實者蒹也簾也皆以初生已成得名蘆一名葦一名葭花名蓬蕽筍名虇葉四向而中垂心抽幹長丈許中虛皮薄色青老則白莖中有白膚較竹紙更薄身有節如竹葉隨節生若箬葉下半裹其莖無旁枝花白作穗若茅花根若竹根而節疏堪入藥（海蘆皆變不入藥）荻一名菼一名薍一名萑

初生為菼長大為亂成則為萑或謂之薍至秋堅成謂之荻其初生三月中其心挺出其下本大如箸上銳而細揚州謂之馬尾蒹一名簾似萑而細高數尺中實是數者皆蘆類也其花皆名芀其萌名蘿堪食如筍可煮食亦可鹽醃海人謂之苗菜按苗又蘆之一種用以被屋能歷數十年畬人不瓦其茨屋者即苗也蒼按海濱蘆荻之類巨者可為杖海鳥織其葉而薦其花晚則啾啾然葉落海面鷗宿焉

海薑　廣羣芳譜生海中狀如石龍芮有大毒蒼按海

薑似水蘄閩產詳異錄凡山谷自生之薑辛辣非常乃大
地金氣上升所結不可誤食猴薑即骨碎補可入藥
亦視其所附何木

海蒲 叢生海渚間似莞而褊有脊而柔初生出水取
其中心入土白蒻如匕柄者生啖之甘脃又醋浸如
食筍亦美至夏花抱梗端謂之蒲槌蘂之蒲黄即花
中蘂屑細若金粉欲開時便取之八月收其葉以織
蓆或曲梭之名海袋以裹貨裝船出洋

海藻 有二種皆可食馬尾藻生淺水中細黑色又大

葉藻生深海中葉如水藻而大海人沒水取之五月以後有大魚傷人不可取也爾雅薚海藻是也

海葛　自生之葛引蔓長二三丈其根外紫內白葉有三尖如楓葉而長面青背淡秋採剝其皮漬而搗之織爲葛繡其色非黃非白出海南者佳名曰海南葛

椶葛　斷腸草也擘其葉平分而斷如椶所織故名本草稱鈎吻或呼爲胡蔓草或稱爲野葛或曰冶地名蒼按福州所云椶葛蔓生葉似夜來香或曰夜來香火其根再榮即椶葛再火其根又變爲夜來香未試姑存其說而光潤又如茬葉箬葉者

包檳榔子葉也羊遇梭葛並根齧之故誤服者灌以生羊血嘔盡則生不得羊血先入蕹菜汁或鴨血或綠豆漿其葉日午或自搖獨活有風不動無風自搖路石天雨獨乾日出獨濡此亦物理之不可解者作相招狀相傳為梭葛鬼所弄數十年來見死於梭葛者村婦十之九薪者束梭葛於柴草中其鬼夜吟唧唧然焚之即絕羊食百草獨誤食躑躅即死

石帆

高尺餘生海底無葉而花其狀如柏根黑如漆乾浮水面人或得之以下藥蒼梭石帆根赤色稍上漸輭作交羅紋梗大如筋土人飾作珊瑚裝吳都賦

草則石帆水松劉淵林註石帆生海嶼石上草類也無葉高尺許其花離樓相貫連若死則浮水中人於海邊得之稀有見其生者

石龍芻　即龍鬚草一名龍修一名龍華一名龍珠一名懸莞一名草續斷一名縉雲草一名方賓一名西王母簪蒼按石龍芻叢生狀如龍常草（即稷心草）其莖直上夏月莖端生小穗結細實並無枝葉有自生者亦可栽種島嶼間多有之按較他處所生纔大耳閩書此草生水石之處可以割秣餧馬故謂之龍芻（據述異記）

東海島龍川穆天子養八駿處也島中有草名龍芻馬食之一日千里古語云一株龍芻化為龍駒此乃因八駿而附會其說閩書以石龍芻為龍芻誤矣本草割草包東曰芻今海濱以蒲葉並石龍芻包裹船貨

占風草　福州呼風颱草其葉如竹一一離披然歲有風颱二三月時其葉即橫折無折則六七月無風颱樸荔枝龍眼橄欖為生者每視此為進退多驗臺灣志所載風草春生無節則經年無颱風生一節則颱風一次二節二次多節多次甚驗一統志知風草廣東出叢生若藤蔓土人視其節以占一歲風候每一

節則一風無節則無風臺灣廣東所稱風草知風草
與福州異福州風颱詳卷一鰤魚條下

水燭　產海壖葉如蒲花如蠟燭肉如絮能止血鎗刀
傷用亦可治金瘡澤中亦產山產者名山蠟燭外孫女陳
閬瑜從古方中鈔出湯火方歷試奇驗附錄於此用
生地榆洗淨研末調淨麻油敷無麻油用淨茶油甲
申年雷火燒二人以此試之亦效
爛補貼瓦甕中湯火塗之亦奇驗

蔄菁　生水邊冬枯春即其本再榮抽花如蓬蒿性寒
其葉離披兩旁如鋸齒傷手足痛不得了土人呼極
不爽快者為蔄割村人以水浸輭束菜蔬用編泥壁

亦用之老屋取出煎湯治血蒼按蘭箐即壁竹

臭草　生水邊極臭治𧏾瘡爾雅蓄蔓于本草註其氣

䵷臭故謂之䵷䵷者䵷也朽木臭也

雀梅　名醫別錄雀梅味酸寒有毒主蝕惡瘡一名千

雀生海水石谷間

建水草　即石韋圖經本草生福州枝葉似桑四時常

有土人取葉治走疰風痛又按本草石韋生石上葉

如柳背有毛而斑點如皮福州别有一種石皮三月

開花採葉煎湯浴治風蒼按今人多誤以石垂爲石

皮石垂詳閩產錄異

野藤　禁㠀中積年糾結緣木石而上者三四十丈大如桶本槁藤存以有蛇蠍穴其中竄入種地者焚之謂之燒山不敢以爨

蕢　三山志蕢生三稜江生者爲淡蕢近海者爲鹹蕢土人以爲纜爲蓆爲屨蒼按即鹹草索鹹草蓆鹹草屨也論語荷蕢孟子爲蕢俱訓草器疑即草包北土無竹器故以草包乘土

醉魚草　本草綱目醉魚草一名鬧魚花一名魚尾草

一名槐目南方處處有之多在塹岸邊作小株生高
者三四尺根狀如枸杞莖似黄荆有微稜外有薄黄
皮較易繁衍葉似水楊對節而生經冬不凋七八月
開花成穗紅紫色儼如芫花一樣結細子漁人採花
及葉以毒魚盡圉圉而死呼為醉魚兒蒼按海濱有
莽草即本草所稱鼠莽亦能毒魚又有毒人而鬼為
役之水莽草福甯府出鼈籐臚籐俱可毒魚籍讐集
載嘉靖間崇安星村藍源居人將毒溪以取魚有老
人鬚髮皤然詣首事之室曰九曲溪不可毒中有神

物居之其人曰藥已具矣衆蜂集吾一人豈能阻老人悼歎不已留膳辭以持齋乃以豆腐及莧菜進食已謝去衆放毒得大魚重百餘斤剖之見豆腐莧菜在焉衆驚悔不數日首事暴卒尋大疫死者甚衆漳州府志語安龍潭深不可測魚大者可數百斤鄉人常斂社錢市藥毒魚恆毒而遇雨明嘉靖吳董齋時值鄉賽鄉人復醵錢董齋方閉戶有款扉者容貌甚古問鄉人將毒龍潭魚魚待命先生固無脫者無以口腹故多戕物命魚亦何罪先生寧之董齋謝以勿

欒國善然此鄉人事且器與欒畢具恐雖某不能止
也授二㲋果客吠之悵然而别後村人果大得志於
龍潭擇其最巨者以壽吳先生剖之腹中㲋食具在
乃知向者客固潭中魚也

箯竹筍　生海島間即毛竹所生之毛筍殼有毛如麻
筍其毛刺人則死又筀筍亦有毒本草經注陰命生海中赤色著木懸其子有大毒

龍牙草　莎也其根即香附子說文莎鎬侯也廣雅地
毛莎隋也莎古作惢漢書地理志惢題縣本草莎草

一名藹一名侯莎亦作莎侯蒼按龍牙草耐水旱樂延蔓雖拔心隕葉一燒再燒其根四出圖於島者惡其佔亂畦蔬以生油蘇糝之油蘇榮則莎根絕

海錯百一錄卷五

據華中師範大學圖書館藏清宣統三年鉛印本影印原書版框高十四釐米寬二十一點二釐米

中國漁業歷史

〔清〕沈同芳　撰

柒

提要

《中國漁業歷史》一卷，沈同芳撰，清宣統三年（一九一一）鉛印本。是書屬《萬物炊累室類稿》十七卷第一種。

沈同芳（一八七二—一九一七），字幼卿，號越石，江蘇武進縣（今江蘇常州）人。光緒二十年（一八九四）進士，次年五月改庶吉士。光緒二十四年（一八九八）四月散館，授唐縣知縣。著《萬物炊累室文》《萬物炊累室文乙集》《萬物炊累室駢文》等書。

是書版框高十四釐米，半葉寬十點六釐米，十一行二十八字，雙行小字同，白口，四周單邊，版心上鎸『漁業歷史』，下鎸『萬物炊累室類稿甲編』。

書衣題『中國漁業歷史，張謇題』，扉頁爲沈同芳三十七歲小像，時間爲戊申年七月，鈐『錢基博教授捐贈圖書』印。

卷前有張謇《敘》一篇，又有沈同芳《漁業歷史序目》一篇。是書五萬七千餘字，内容包括前代漁史總論、漁界總論、漁業公司、漁業設官、漁撈、製造、養殖、水産等八個方面。

其中：前代漁史總論介紹了中外傳統漁業歷史。

漁界總論介紹中國海洋區域劃分，附陳知縣壽彭節録《中國江海險要圖誌》。

漁業公司介紹漁業公司緣起，漁會之附屬及章程，漁校及水産商船校之組合等内容。

漁業設官介紹漁業管理部門、管理方式等内容。

漁撈包括漁具，漁船之種別、漁網之種別、捕撈法之種別。漁時，附寧波漁時漁船海産一覽表。魚産地及名稱，海洋魚産之種別、江湖河池魚産之種別、特殊魚産之種別、介類之種別等内容。

製造包括食用品，乾製品、加工乾製品，淹製品，附通州頤生罐食合資公司。藥用品，鱗類、介類。工用品，使用具、文飾具等内容。

養殖包括移殖法、保護法、飼養法等内容。

水産包括鹽類，鹽政、各省鹽説略、通州吕四場改良之鹽説略附表；水菜類，珍寶類等内容。

是書相較前代漁業古籍，從理念、結構、内容等方面都有革新。是書吸收了西方漁業科學思想，依照漁業規律設置全書結構，相較前代漁業古籍更爲合理，内容涵蓋漁業各個方面，更爲全面細緻。

據《中國古籍總目》載，是書版本有：清光緒三十二年（一九〇六）鉛印本，國家圖書館藏；清宣統三年（一九一一）中國圖書公司鉛印《萬物炊累室類稿》十七卷，國家圖書館、首都圖書館等單位藏。

本書據華中師範大學圖書館藏清宣統三年（一九一一）鉛印本影印。（柳巍）

目録

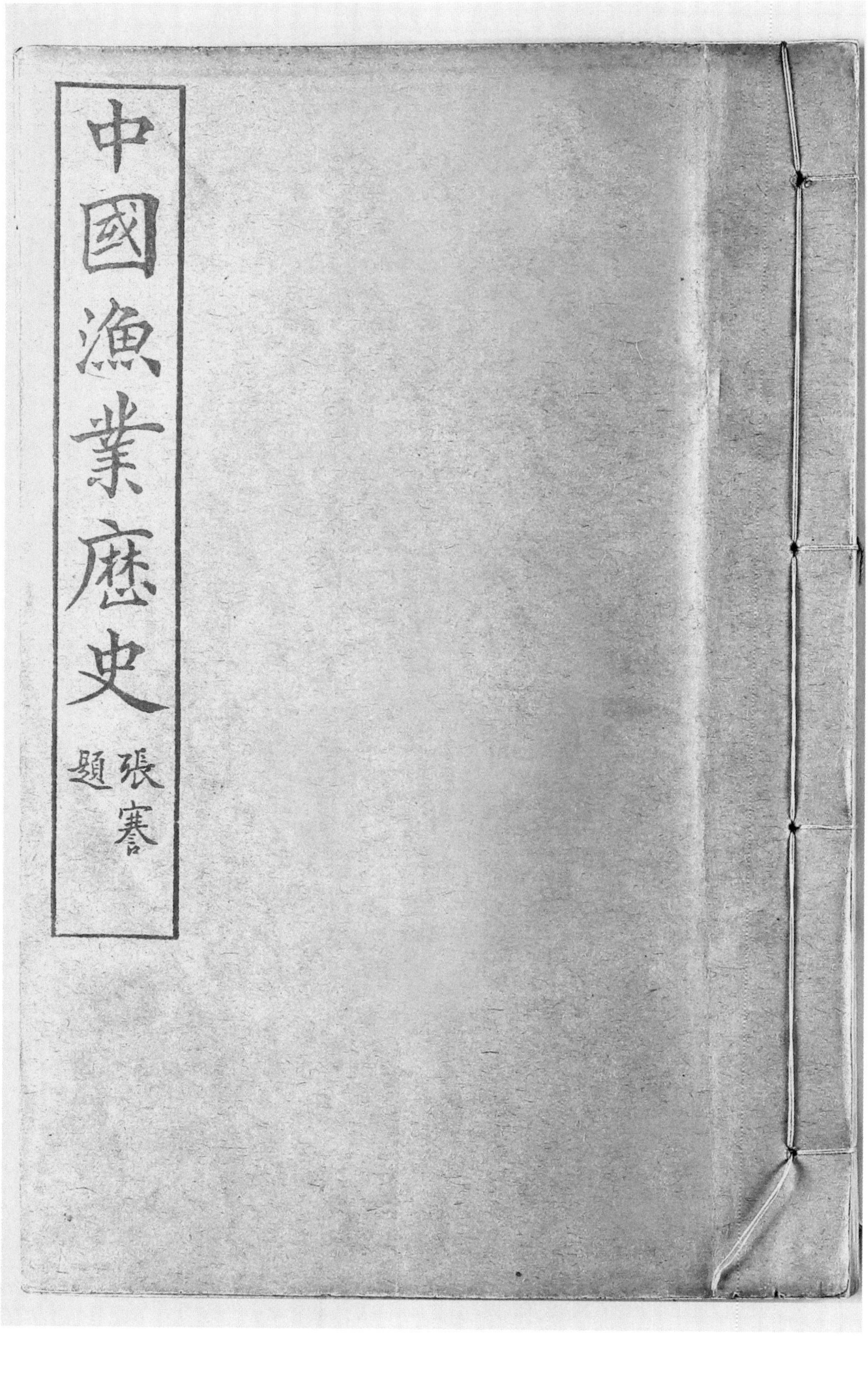
中國漁業歷史
張謇題

沈同芳三十七歲小像時戊申七月

敘

光緒初葉各行省文武大臣雖以采納忠讜敦禮士大夫著重於海内者在粵惟張靖達公樹聲在豫惟吳武壯公長慶二公皆廬州人方其在職諭軍國利害大要率喜用書故書數倍多於公牘

於時張公幕府則有武進何栻孫翔焜賀縣于晦若式枚如皋顧延卿錫爵吳公幕府則有泰興朱晉君銘盤江都東畏皇綸海門周彥昇家祿劉點林怡菴葵及騫幕俸唯學給擬優矣吳公之歿月裁之數十金耳然自時

諸人從吳下自江寧而山東而朝鮮而奉
天聚處一室以文章義理相切劘辯
難縱橫意氣激發極朋友之樂而未
嘗有厭薄之思式壯靖達阮先後殂謝
當時兩幕之人遂風流雲散各還鄉
里而謇與梅孫每相遇從容道故撫不

滕府主醴酒之恰悵然是以來爰三

十年如二公者耳目之前覿面不可遇即

忠覲邃識如何拔孫雅裁修藻以于

晚美朗之高趣以顧延御瑰琦逸宕

以朱罍君巔之中理以東畏皇倜儻

杳節如周老舒一清迴蘭素如林怡

巷於諸令代亦豈易得而是七八人者
收其姓名太半物化於其，當時雖用
瑕疵、成厚盈數尺之稿乃亦不知蕭散擱
燒於何所閒存秋作十不過二三則豈非
人世豈可悼歎之事哉武進沈君友
仰樓蓀鄉人也與余爲甲午同年初識

三

於京師既改河南知縣旋引疾歸方友
鄉作令時余嘗適通州一隅之實業屢蹶
屢起及謀教育而事益苦以一身任書
記之役旁無助者乙丙之際海上士夫暢
於外侮之日亟於是謀教育謀實者
會相望踵頂相錯筆舌相磨礲而

友卿亦以是未會物孔之事言以任
之時氏商榷異同更漏數下車轄之投
在戶也既而在大府之辟游魯游粵
蹤跡又睽然每於邸抄中讀新彰之
章奏文字輒詫人是必出友卿手於
是人人以為文字之適用於世莫友卿

四

著而余設國文專修科於通州注重
於章奏箋啓敘記三類以為可以盡
應世之用並告友仰謂當今之世欲造
就百數十書記人才亦識時事業也
頃者友仰從歸出示近數年間所作
排為一編名曰類稿凡在海上若大

排為余所家目其代人章奏及一切
文牘凡已宣示者仿近人羅膚盒文
編〻例別為外編夫文采排排語澈
中邊積〻有鋒而體〻以質友仰
〻所長也能〻以文字概古今〻要通官
民〻郵不拘一方因事異宜此舉世之

所重也以友仰之所長準舉世之所重則是編豈非造紂書記之資乎若友仰同鄉者尚有屠敬山孟蓴生眉生此於漢季亦徐陳應劉之選因敘是編及之亦以見常州之多才而仰身世之感亦由之而無窮也已亥

五

統三年七月通州張謇

萬物炊累室類稿總目

甲編

中國漁業歷史一卷

公言集三卷

乙編

刻鵠集三卷

外編

秘書集十卷

以上各編漁業歷史丙午歲排印於上海公言集戊申歲亦排印於上海今皆爲再版刻鵠集初名萬物炊累室文乙集癸巳歲始排印於常州僅一卷丙申歲鏤板於廣州書局復增一卷今易題曰刻鵠集幷前

後作共三卷爲第三版秘書集係代人之作仿近人薛氏庸盦文編之例得以入集故列入外編爲初版此外尚有課經剳存讀史通論諸子精語邦聞私議諸作均未成書檢視舊稿尤難自慊惟以上四種漁業則得之調查僅加編纂曾攜赴賽會公言集則代多數人立言得諸公決秘書集則代人創稿事過境遷文早發布無可竄改刻鵠集前二卷均係少作亦經刋印無可藏拙彙付手民以自志無聞之歲歷此文字種種之階級云爾宣統三年辛亥五月沈同芳識

漁業歷史序目

漁業在中國開化最早自結繩爲綱罟以至𠪚人設官漁政漁法燦然以備此爲一時代秦皇專制累代仍之農工商實業苟且簡陋衣食是是亦足矣士夫之流則且睥睨之曰是農也工也商也漁之名號或僅爲文學士所寄託佃漁古制不絕蓋如縷緜秦迄明數千年間大都無甚興革此又一時代明代海疆有事談海防者始計及編漁戶之法　國朝因之瀕海各省仿設漁團經始於左文襄任兩江總督時而劉忠誠奉　命督師榆關亦亟亟以各省籌辦漁團爲請略言漁戶熟諳風濤沙綫膂力過人前明海盜汪直徐海之黨多出其中我　朝名將李長庚王得祿之屬亦出其中一轉移間利害已判有　詔飭沿海各督撫實力籌辦漁業之干涉政界自明已然此又一時代夫中國沿海七省爲水產所饒江蘇居七

省之中互市又最早季直前輩愳實業之失隊也創十數公司以爲農工商所有事罔非士夫所有事也而漁業一途更或農工商所弗屑弗潔季直視之亦士夫所有事也歲乙巳商部據所條陳者聞於　朝旣報可矣顧以余所聞中國漁業舊歷史蓋如彼他日水產校傳習所之更相研究且將以得諸實驗者爲新歷史之嚆矢然則是編又奚爲者固以見我國漁業開化之早而中國語言文字不能劃一語言與語言又不能劃一則不得不取某書某志一一條注其所自出以見實業界亦非學無以發明且恐同種異名紛見沓出將以資傳習者之考證非侈博也抑余聞日本明治二十二年東京始設水產會及傳習所提倡敎育水產之學逾年開會始有水產館名目嗣後增築黌舍擴增敎務又官設水產學習所農商務省助其費三十三年定入學程度分設學科三年卒業又卒業生入現

業科練習實業一年又入研究科研究學理三年方畢在學之業又定遠洋漁業練習所分科有九每科分目十餘類以爲課程亦三年卒業盖十數年間即漁業一端致力已如此其瘁然則漁業者士夫所有事而又不僅士夫所有事也而勿之事也勿之事也嗟夫武進沈同芳

漁具　漁船之種別　漁網之種別　捕撈法之種別

漁時　附甯波漁時海產表

魚產地及名稱　海洋魚產之種別　江湖河池魚產之種別

特殊魚產之種別　介類之種別

製造第六

食用品　乾製品加工乾製品　淹製品　附通州頤生罐食公司

藥用品　鱗類　介類

工用品　使用具　文飾具

養殖第七

移殖法

保護法

是編成於乙巳既脫稿覺事非實驗必多舛誤即古籍中之考證亦以行篋攜書無多難語愜當而赴賽諸員恩恩戒途既至會外人於吾國漁鹽陳列特加優遇獲上等獎牌既而季直語余溫州孫仲容主事詒讓於此編頗有糾正亟擬馳書請益而孫君已歸道山茲由其門人郭漱霞明經鳳鳴郵示副本因條取其說附注各篇之後以志吾闕至於

漁業公司之變遷語甚長當別錄宣統三年辛亥五月同芳自記

漁業歷史

萬物炊累室類稿甲編

武進沈同芳

前代漁史總論第一

漁古無專業故亦無專史上古之世倮者與羽者毛者鱗者介者雜處所見者狎性亦相狎久之倮者與羽毛鱗介各族爭而倮者處於優勝之勢日月遞嬗積爲人羣之世界又久之乃利用羽毛鱗介諸品就其所長從而爲之辭精水產學者曰此漁業也此後來所加之名詞非業此者意也何以言之古者君與民親名詞亦簡樸無繁縟火食之制既創有以庖犧而氏其帝者矣不專一業也迨作爲網罟耒耜以佃以漁遂爲專業之漸虞舜以上下草木鳥獸疇咨臣工爲後世設官所自祖（泰西古代漁人日坐海濱石上俟魚近岸射以矢刺以叉沿海之人得食之內地則否嗣

有羅馬王食比目而美由斅堂勸人列爲珍味始有嗜者然魚價頗不貲近今數百年始有專講漁業者十五世紀英設漁業專官漁業乃日盛與中國古時亦相類）夏禹治水與水族相競尤烈其形狀俶詭散見於山經諸書者多怪誕不可考搢紳先生難言之夏之衰也伊尹以任天下聞於時而致身之始依緣割烹竊疑周官內饔掌膳羞之割烹外饔掌外祭祀之割烹在夏商之間已有專職故六百祀間前則選舉於割烹後則選舉於魚鹽伊尹膠鬲兩賢謂皆漁業中人可也尙父起於東海習水產後世子孫卒擴張魚鹽蜃蛤之利以大其國其所表白時時見於管晏所稱道蓋其時版圖中國者僅區區中原數千里地濱海之國惟有一齊魚鹽發達氣候最早惟所見者狎故性亦相狎雖然齊終春秋之世號爲强國漁界與國權相利賴當時已如此周衰吳越海壞稍稍溝通至今侈治生

法者必曰陶朱公顧所述頗惝怳其言曰治生之法有五水畜第一水畜魚也以六畝地爲池池中有九州求懷子鯉魚長三尺者二十頭牡鯉魚長三尺者四頭以二月上庚日內池中令水無聲魚必至至四月內一神守六月內二神守八月內三神守神守者鱉也內鱉則魚不復飛去在池中周遶九州無窮自謂遊江湖也至來年二月得魚一尺者一萬五千三尺者五千二尺者萬枚直五千得錢一百二十五萬至明年一尺者十萬枚二尺者五萬三尺者五萬四尺者四萬留長二尺者二千枚作種所餘皆貨得錢五百一十萬俟至明年不可勝計此爲發明漁業之始惟計所直或過當且內魚必二月上庚與近世所傳致富書謂捕魚必以亥日或危日(致富書亦託於陶朱公所譔)拘牽膠滯易爲迷信者所依託(張籍詩江村亥日常爲市黃山谷詩魚收亥日妻到市李淳風易鏡占取魚

卦宜二水又云取魚宜見水忌土皆此類）夫數千年相傳之中國實爲神權參互之時代故迷信之根性爲實業界上之大玷士無改良工無進步厲階在此漁業其一端也秦漢以降幅員漸廣瀕海水產之利詳於鹽而略於魚業魚者類窮海荒島之民否則內地畜飼魚類一池一沼徜徉以爲樂無競爭利益之思想史官紀載或摭拾一二爲食貨志之點綴否或高人畸士寄跡水濱理想元妙往往託諸寓言濠梁之趣技止是矣至經生家言從事箋注其蔽也密於考證而疏於經驗然爾雅釋魚及詩三百篇多魚之訓周官冢宰所職與夫禮經內則郊特牲各篇所紀載繁徵博引攷訂名稱一切魚具魚類頗藉之以傳不可謂非漁史之一助也唐宋以還文人學士時時稱述而昌黎大儒謫官嶺海其詩中所謂鰇相粘爲山十百各自生者殆得諸目擊至今粵人猶稱蠔山焉惟祭鱷魚一文

傳者謂一夕大雷風鱷即徙去其偶然耶何迷信之篤耶至若託物起興咏漁之詩多於咏樵皮陸詩中間詳漁具足資搜討綜前後時代唐虞以前君民一體勤苦勞動又須洞甫平水產皆所素習故漁界之闢最早而不以一業名唐虞汔周季漸以文勝魚具及製造品始萌栟發達惜幅員尙狹漁界光線僅發見東海一隅自秦皇以專制愚黔首累代仍之民間實業罔識提倡即如魚鹽並稱所謂經營鹽法者不外乎收鹽收稅之兩端官賣商賣之兩術積久弊生爲世詬病於鹽學固未聞改良也況漁業又若現若伏任民自便視鹽業又相去甚遠哉明代中葉海疆多事始稍稍留意其法聯合十餘漁艇或八九艇爲一綜同罟網魚稱爲罟朋每朋有料船一艘以隨之醃魚彼船帶米以濟此蜑各蜑得魚歸之料船兩相貿易亦兩相覺察是爲漁業干涉政界之始亦爲維繫海界之始

漁界總論第二

海界與陸並重各國公例也故中國之漁界爲外人公認即中國之海線爲外人公認漁業者海線之標幟也顧英法交界海峽甚狹海濱小島亦多近岸非若中國沿海島嶼棋布星羅甚有相隔百餘里者皆漁人踪跡之所託較之英與法美前後所訂捕魚之約以淺水低痕三海里之限情事至不相侔故今日中國之所謂漁界即前所云外人公認之海界也有公認之海界即當自行我領海主權據英國海軍官圖局册載中國瓊州島漁甚夥每年漁艇恆出行數月離島至七八百海里收採海參剝玳瑁晒魚翅西歷三月諸艇相率至爪哇陸續至六月始還又覔得一礁在緯線北十六度九分至十七分經線由英起算偏東百十一度三十七分至五十三分西歷正月至五月瓊州艇船咸集於此礁以圍漁又於杜康島

植椰樹并有一井亦瓊州漁人所鑿又有樹島爲華船避風停泊之所漁者亦以時至是中國漁業直出南海之外是書又載臺灣瓊州相距之間適當汕頭正南遙遠處有蒲拉他士島在緯線北二十度四十二分三杪經線由英起算偏東百六十度四十三分十四杪島有淺灘有澳掘沙數尺可得淸水中國人至此圍漁或避風多歷年所是島約與呂宋之博志社角相値是南海漁界所到中國已領其全矣又按廣輿記言直隸灣中有桃花島爲春日漁人聚集之所所捕鯨鯢多在朝鮮海東以外桃花島即江海圖志所謂馬鞍列島之一然則中國漁界東海黃海無弗及也此皆英國海軍海圖官局所編中國海方向之書其爲他人公認灼然可見近者商部咨行海軍提督繪具漁業海界全圖陳知縣壽彭從事尤捽海界大明將在今日漁業大興亦在今日海圖另編成帙撮舉大要著於篇

端

附陳知縣壽彭節錄中國江海險要圖誌

廣東省

覔出礁　西歷正月至五月瓊州艇船咸集此礁以圍漁　礁在緯綫赤道北十六度九分至十七分經線東百十一度三十分至五十三分

林康島　島之中央一椰樹不甚大並有一井乃瓊州漁人所掘以擄鹽水者　島在緯北十六度四十七分七杪經東百十二度四十三分三十二杪

樹島　島上恆有中國漁人　以上見補編一卷

克巴港　當東北風時每年閱八月此港有無數中國大漁船避集焉

大羅鼻　是處漁梁殊可畏牽綱直達於濱岸也

海郎澳　澳中無居民恆有舢舨捕魚採蠣　以上三節皆在東京灣北與海防交處　見補編二卷

光頭　光頭之南十二海里漁梁衆多在水深六至八拓處

圍洲島　淺水處有漁梁　以上二節在東京灣北北海之東

瓊州　島畔漁艇亦夥皆以堅重之木料爲之以代中國常有之松木小艇也每年漁季諸艇皆出行兩月常離其島至七八百海里收採海參剝瑇瑁晒魚翅其所漁者常至中國海東南部衆淺水淺灘之間出漁恆在西歷三月能望見北向諸岸每船僅用一二舵工並數甕清水而已諸艇皆進至爪哇隣近諸大淺上陸續漁至六月初旬始歸各積其所有以爲貨此等漁艇亦常遇之於中國諸淺間

天風　晴和天氣沿濱恆見竹圍插立海面乃編綱以圍漁者是處漁

人有時亦至灘岸遠處以捕飛魚

南海山　澳中之魚特盛　以上皆在瓊州之南

鷓哥海村　離是處漁梁甚多

海他　海他海濱漁梁最大　以上皆在瓊州之西

青馬澳　澳之東有數漁村罾綱林立或沉或浮由岸漳塞而出一迷

當

官帽　漁梁衆多由北向西皆漁梁伸展

白沙　漁梁衆多

保清澳　此澳週圍皆大漁梁　以上皆在瓊州口左右　見補編三

卷

香港　香港珠江附近一帶常遇華式漁船迅速强行穿過此須格外

提防之此船張挂小方帆隨風向往夜不燃燈其船所製必不勝諸船相撞也有時離岸四十迷當之遠即遇此船

老萬山　當東北風時漁船泊此以避

東澳　天氣惡劣華式漁船皆集於此

白瀝島　上有漁舍並漁磯

刺撒尾　上有漁舍爐罟綱

橄欖沙　當愼避漁梁因其豎揷於灣中者良多也

寬河　此淺沙中甚多漁梁船行須取其中道　以上皆香港附近處見正編四卷

龍穴平灘　近此灘之北常有漁梁及漁舟甚密即龍穴與伶仃相接處亦有漁舟務宜謹愼惟此船夜則有燈

利馬水道　提防漁船

大濠水道　慎勿撞入漁梁

平洲島　約離東岸處亦可停泊水深八九拓惟漁梁甚多夜行恐相

觸

伯亞士灣　其中央部位多漁梁木樁罾網繩索之屬

江海灣　天氣清爽華式漁船結隊尤多

碣石鎮灣　天氣稍佳附近處漁船結隊而出

望澳　至低水時雖大漁船亦不能過

漁翁島　距雙倍島至約離汕頭停泊處有漁梁行行排列甚多亦有

伸長横於當路夜間駛行此路多挂礙大船亦當撞之小艇乘潮常誤

入於網中

韓江　江之中漁梁衆多惟水最深之處則離開足容華船行過此亦妥善駛行之引導也然在夜間小船乘急潮而行則險甚其漁梁相望多本樁以繩縛焉至是處若遇帶火之漁舟則近其漁梁盡處

汕頭　乘潮以過雙倍島者須避漁梁也　以上皆在廣東東向　見正編六卷

南澳　島中地雖瘠居民頗盛多以漁爲生其島周圍深水之處皆漁梁須避之有時亦足以壞船也及入島之內向其兩旁之漁梁尤夥

福建省

禮是門　禮是島童然不生草木惟漁人聚居之

紅澳　舟澳深水處有許多漁梁　以上在廈門之西　見正編七卷

深滬澳　離岸漁梁衆多網罟相接

崇武澳　離崇武諸石之西魚鮮特盛

孟爾假石　諸島之上皆漁人居焉　以上皆在厦門之東　見正編八卷

盲水道　諸島係漁人所居　以上在福州口之西　見正編九卷

蒲拉他士島　島内有淺及澳透入其西向半英里足供中國漁人以避風中國至此圍漁已有年所　島在緯北二十度四十二分三杪經東百十六度四十二分十四杪

沙馬沙那島　中國之居此島多爲福建籍　以上在臺灣左右　見正編十卷

北桑列島　漁梁甚密在福建東北　見正編十二卷

浙江省

甌江　此江周圍多漁梁

黑山群島　其居民皆福建人謂此島曰鞍山其人皆漁父嘉魚可得

齊克寨　當春月時漁人麕集有島曰清明曰摩母路兒足障東北風也是季中有漁舟數百停泊於摩母路兒及陸地相距間　以上皆在象山港之南　見正編十三卷

沈家門港　舟山東南角盡處皆漁人所居取魚於普陀之東載而貨之甯波當夏月得魚則以氷凍之

東霍　是處僅小戶漁人居之

長塗島　小長塗東北濱有一小島島巔有土著所設小燈塔足爲近處指示維此燈乃油燈也指示五六七等月是漁人私自鳩貲燃點東北水道不見險阻且有無數漁人小艇及罾網等在於最好停泊處

之前一路之間麕集充塞諸網橫展至港之半直至廟前相幷處而止

以上皆在象山港之北　見正編十四卷

蘆岡列島　諸島皆無民居但有漁人所建茅廬甚多是爲漁季休聚之所

値港　灣內有大村一漁季時小艇必多嘗見一時聚泊至一千二百艘以外

道遜列島　諸島與疙瘩冶匠相距之間漁網甚多

塔小島　除小島外皆漁人所居

生孝斯島　其間漁網由散子島伸至半路者甚夥

時素士土利石　定遠砲台相並處轉舵再入水道之中左畔漁梁甚多　以上皆在長江口之南　見正編十五卷

江蘇省

南淺灘　此灘之泥甚軟其外向有漁梁浮樁排列罾網甚長在長江口　見正編十六卷

山東省

息都塘島　有一漁村在其北向渡頭上島在成山頭之南　見正編十九卷

威海衞港　居民皆漁農春季有一大隊華船從北直隸海灣之南岸萊州府及隣近諸港咸集於此是爲漁季之始

之罘　牡蠣與魚鮮尤多鰵魚特有西歷三月向盡鱠魚正美海濱一帶强半爲業漁之民居

柴母利伯的士港　除石蠣魚鮮可得外餘無可供接濟之物

曾令休石　陀磯島上之漁人常謂其間有一小尖石　以上皆成山頭之北　見正編二十卷

三山馬鞍　馬鞍之麓有一大村落雖爲漁人所居其屋宇以石建之殊精善在萊州灣　見正編二十卷

直隸省

大山河　是處諸村中所謂長頭鋪者土屋三十家其人自言其苦況謂生計專在夏月之漁及冬月則漁業荒矣　小津鋪乃一村落其濱產乾蛤蜊乃一種之蚶也由華船貨與廣東福建謂之蚶乾又有一種蠣殼極大謂之牡蠣亦收集出販以供藥餌之需

岐河　岐河進口之南角上所居皆漁人窮苦鄙陋華船能載五噸至二十噸者常由天津運粟來此易魚

沙留汀島　淺上漁綱無數其與陸地相接處似無隙可入

海若子蠶河　居民無多惟漁爲生　以上皆在大沽口左右　見正編二十一卷

奉天省

遼河　駛行至深孔處有漁人所設之漁梁三互相開展一在西向二在東向在遼河口　見正編二十二卷

惡丁灣　西歷二月向盡則有華船結隊出高麗濱海捕魚在關東半島之東　見正編二十卷

按以上所錄較詳于漁海諸圖因圖幅逼於地勢不得不從略兹悉照江海圖誌凡沿海一帶有關漁業者節書於此以補諸圖所弗及

馬鞍島距江蘇崇明近處不及二百里其地清幽宜避暑汽船泊此又可

避風今海上人烟縟密設度地於此爲漁之蒐集以固圉以殖民樂利何如也鄞縣張美翊示余馬鞍羣島考略附錄於後

大小約二十五島小嶼礁石無數

北馬鞍原名花腦山一作花鳥東西長約二海里廣處約一海里居民百餘戶漁季至二三百戶島北岸有澳可下碇惟不能避北風西北角有燈塔有霧礮定海營派有練軍駐南澳

其東南爲假馬鞍島原名枸杞山凡三小島中間水道可行小艇居民約二三十戶北島西岸有澳爲停泊善地

又東南爲東馬鞍島原名陳錢山一名嵊山亦名盡山自西北至東南長二海里餘廣一海里餘居民二百戶漁季多至千戶南有玉環澳容大汽船停泊可避東北西北風西北有箱子澳兩山環抱中開一港小

汽船泊此無異內港定海營派有練軍駐箱子澳
東馬鞍之西爲南馬鞍島原名壁下山東北至西南長二海里半廣二
海里居民二百戶有溪水可種稻田有山名五里牌摩厓刻山海奇觀
四大字下有明萬歷庚寅春都督等小字餘泐不可辨識其東南西南
有澳可以停船
北馬鞍島西南約二海里爲西馬鞍島亦稱旁馬鞍原名東西緣華凡
二小島西島大東島小中間海港小艇可通停船亦穩自西島西北望
崇明東南角僅一百八十七里西馬鞍之南三海里爲馬鐙羣島總凡
六小島北馬鐙三島原名東庫山在北柚子山在中暹暹山在南中馬
鐙二島原名三橫山南馬鐙一島原名台南山
西馬鞍之西偏南約二十五海里揚子角之東偏南約十七海里中間

小島爲葛詞拉夫島原名大戢山其北偏東約三十八海里即佘山或名沙尾山佘山之南偏東約十六海里即雞骨礁極險大戢山西畔有海線電報局通吳淞長崎厦門等處有大燈塔其西南八海里半爲窩雞列島原名小戢山則矗立三叢石而已

漁業公司第三

瀕海延袤七千餘里魚鹽大利世所著稱自中外交通賫琛畢達寖成商戰之世界商戰之利用合羣也惟設公司爲尤便中國瀕海諸省舊有漁團頗具聯絡之意爲公司之所胚胎其冰鮮醃切各行戶散見於江淮遼渤之間時其經紀利其食用于于相望闤闠溢顧賫積不厚在上者聽民自爲民間亦無有操奇贏決勝算以綱維之提挈之用是民氣日窳因仍其簡婧陋劣之習業用勿振通州翰林院修撰張謇有鑒於此光緒三

十年三月條陳商部漁業公司辦法有旨報可並　詔沿海七省督撫同時籌辦賽至上海會有購回德國蔚格羅捕魚輪船改名福海之事事具賽所著漁業紀要此爲公司有漁輪之始賽既與蘇松太道袁樹勛相度形勢規畫一切以內外界定新舊法爲宗旨以南北洋總公司爲綱以省局縣會爲目以官經商緯爲組織略言各國領海界視近海遠洋爲區別近海爲本國自有之權遠洋爲各國公共之路拕船捕魚宜在遠洋布置近海數百里仍爲我尋常小船捕魚之利外爲內障內爲外固相資爲用而不相妨所謂總綱如此江浙閩粵四省皆屬南洋先立總公司則目前有一氣團結之先聲各省有斟酌施行之餘地此以總公司爲綱總公司其名也實事在四省自立公司然不可複公司名擬名某省局四省舊俗彼此不同四省舉辦先後不一或分或合各聽其便以江浙論目前可并

幷則可名江浙局凡鳩集股分仿造新式船綱皆局任之會即就各州縣漁團保甲而易其名兩省可一局一省不必一會即如江可分揚淮通海蘇松太浙可分杭嘉湖甯台温各就其地聯之以會使隸於局分類編船分船編人分人編姓使皆瞭然易查易察此以省局縣會爲目如是則能使沿海漁戶樂於有會而受局之保衞樂於有局而不受外人之勾引去其平日輸納各衙門陋規之擾保其平昔被盜失風之患我實利彼彼乃附我若何而能去陋規能護刼盜商力不及必倚之官欲製造新船新綱也須購德船欲乘時衞我漁商之路也須速購德船然甫議公司貲本未集此購船之欵則由蘇松太道撥公欵墊辦爲宜此項撥欵即作官本與商股均分所入之利息此項利息即供漁政上辦公經費及調撥兵輪之用此以官經商緯爲組織之一既合四省爲南洋漁業總公司舉辦之始

至少須一省二船約計四省須八船今如江浙合辦一省二船約共四船江局分江南一艘江北一艘浙局分溫台一艘甯波一艘暫時不用小輪運船按其貲本須四十萬兩以外約以四十五萬兩除擬由官撥五萬兩外仍須由公司集股規銀四十萬兩兩省分認各集二十萬兩爲製造船網及經費之用公司集股辦事各就地舉董經理而集成於官　國家宜特設一漁政之官以爲之筦鑰此亦組織之一以上皆規畫之大槩嚮所咨報於南洋大臣者三十一年春南洋大臣始會同北洋奏設江浙漁業公司爲次第推廣直奉東閩粵各省之漸於是山東福建沿海紳士先後期會於滬奉天粵海各路馳書旁午斟酌磋議直隸漁業繇官司其事行戶領諭繳稅均由公司大概辦法無甚差別洋式漁輪購圖擬造意七省合羣之效果將於漁業公司實驗之自漁業公司購回德國漁輪議大加

擴張復籌每年七省漁輪會合之策以海岸言江蘇居七省之中吳淞又居江蘇之中各國輪船雲集鱗萃爲觀聽所繫屬以七省公共漁業公司自行我領海主權以七省聯絡之保護官輪自表我中國漁界南北梭巡彼此糾察歲正月或十月電約會合吳淞一次由主其事者詗勤惰察利弊各貢見聞有更新而改良者筆之於書彙爲漁史公司之所以互換知識者如此甬人陳生巨綱發明漁業頗夙公司集股設局辦事及漁輪管理轉運各事宜反覆討論多藉計畫章程另有訂行茲不箸錄

漁會之附屬及章程

公司經營伊始措置頗困難蚩蚩者氓罔識大計咸疑一家自立公司專爲牟利謠謗蠭起羣思抵抗黠者則搴洋旂冀減其固有之稅總董樊棻慼焉憂之白諸蘇松太道蔡機利導聯合漁會附於公司優給利益擔任

保護復散布簡明廣告諭海濱父老各自衛生計且可恃以捍寇救險羣疑乃熸試行數月江浙洋面遽無盜警甬人頌之謂數十年所未有江浙相較向來漁業江散而浙聚江但漁戶而浙有士人漁會組織尤甬人是賴蓋實業之開化未有不始於學校者也樊棻稟道魚會章程如後

稟爲沿海漁戶願合魚會擬章懇請轉詳立案以收人心而保權利事竊本年八月間奉憲飭辦江浙漁業公司九月間修竣購買德商之船在浙洋試辦以來考察水性改良網口講求捕法漸有進步又於隨時散布簡明廣告由是沿海漁戶咸知漁輪之設係爲保護本國海權魚利絕不妨其向來之生計且可恃以捍禦寇盜救護風險願合魚會附入公司當此各國商戰風潮劇烈之時亟爲收拾人心自固藩籬之計自應乘此機會許其歸附惟若不任爲除害優予利益仍恐無以感激

其天良永杜乎外誘查光緒二十四五年魚船進滬吳淞釐局收大船捐每次錢七十四千文小船捐每次五十六千文關稅大船二十七千八百五十文小船十五千七百五十文加看艙埠頭一切規費每船每次非用錢一百餘千文不能進口小本勞力不堪其苦遂有熟識法商之華人出爲包攬每船每次收洋銀七十圓一律改掛洋旂釐局免捐海關減稅每大船繳稅銀十二三兩小船三四兩不等所有向索陋規之人亦遂不敢過問淵魚叢雀誰爲敺之國弱民離即此已見茲蒙憲台有提倡漁業之盛心公司宜盡切實保護之公義擬仍向例分漁船大小二等除完關稅噸鈔及認官墊漁輪正息并開支外所有已失之釐捐即爲豁除排號編照給予外部咨明各國海陸軍之中國商民公司旂以爲符信并予以各應有之利益庶我辛苦人民猶識　國家寬

厚既信公司可恃漁業更易振興謹擬詳細章程十二條照式一帋稟
請察核轉詳督撫憲立案分飭各海關釐局一體遵照實爲德便
計粘船照式一帋章程十二條

存根

案准魚會附入公司合給執照以憑保護今據　　縣漁戶
所有　　號　　船壹隻計合營造尺長
寬　　編列第　　號除給照外須至存根者
光緒　　年　　月　　日

漁字第　　號

執照

江浙漁業公司爲

給發魚船執照事案奉

蘇松太道詳奉

督撫憲覆准沿海漁戶願合魚會附入公司者各就所在海口

分船身大小二等編列號數給予執照幷公司旂共享

漁戶應得公司保護之利益今　　縣

漁戶　　有　　號　　船壹隻計合

營造尺長　　寬　　編列第　　號

另給公司旂編號旂各一面合給執照每次進口時呈

由公司核驗蓋戳以便保護須至執照者

船戶　　收執

光緒　　年　　月　　日給　　週年更換

江浙漁業公司魚會章程

一爲欲合江浙沿海漁戶團結一氣休戚相關故公司力任保護開通之義務

一願合魚會附入本公司者由公司給予中國外部移明各國外部并海陸軍之合衆公司旂另掛一公司編號旗使各國兵商船及海關易於識別

一魚船號旗每届正月分由該漁帮柱首開列船戶編號清册向本公司領給以歸一式

一會內魚船由本公司給予編號船照一帋每次裝魚進口先將船照送公司核驗並報明魚數若干由公司查明代爲完納關稅聽魚船自行投行銷售

一船照及公司旗一年一換大船納旗照費兩元小船一元其費充漁政總局之用

一願入魚會之魚船凡裝冰鮮進滬者向掛洋旗每船每次出洋銀七十圓今議減省大船按八折每次繳洋五十六圓小船按六折每次繳洋四十二圓其銀圓即由經售魚行照數扣除繳入本公司代爲完納關稅嘸鈔諸費

一魚船進口每次所繳洋銀除完納關稅嘸鈔及魚會中定章應支各欵外贏餘之數貼補官墊漁輪價欵之息幷備充漁政總局之用

一本公司係江浙合辦進滬之冰鮮魚船多係浙民理合查照浙江鎮海關鮮魚每百斤徵稅銀四分之則例魚船到埠報關驗徵以昭一視同仁之理抑或參酌江浙稅則通融辦理不分船身之大小祇計魚汛之

旺衰每年以四五月爲旺月餘皆衰月旺月每魚船完納江海關稅銀拾兩衰月每魚船完納稅銀五兩庶海關無稽查之勞而漁民樂遵循之易至魚船出口時仍請江海關照章查驗以杜夾帶偷漏之弊

一逢星期及停徵日期冰鮮魚船進口如欲啟艙上貨請照帆船定章核減五成繳費以示體恤其費由該魚船自任由售魚行家扣除本公司代爲完納

一魚船大小向以樑頭尺寸爲準今定前樑頭營造尺八尺以外爲大船八尺以內爲小船每屆給照編號時量準尺寸填入照內如有弊混一經察出歸該帮柱首議罰

一魚船進口除關稅嘸鈔費由本公司代爲完繳外其餘善捐及巡捐等項爲數不多均歸魚船自繳

一總會附於漁政總局每年或春秋團聚一次會議利弊因革及如何擴
張之事

漁校及水產商船校之組合

漁業之性質非多設學校不足以發明利而導之則可以造就軍人之資格古者寓尚武於蒐苗獮狩漁亦海獵也爲自有領海權者所尤宜注意何以言之漁民自幼狎習風濤沙線潮汛各諳所近僻處窮島舟楫網罟外無所事識字知算懵曉外事百不得二三蠢蠢終古難語進化於是議就各漁會地方建立初等小學校或設半日小學校以輔之特編課本學期四年其經費或由地方勸集或即在裁減陋規內酌留數成以資俸食均由各省總會酌定報明公司此爲漁業中謀教育之普及中國海產種類不一船形網式南北亦殊同治年間有法人攷求中國漁業著爲圖書

携回巴黎資實業家參攷而中國舊有閩中海錯疏江南魚鮮品及養魚經海語諸書與夫沿海各郡縣所志大都詳於魚類無專紀魚業者歐洲俄奥有水產博覽會德有海洋學博物館美有水產士學校英法有漁業賽會日本有水族院不特本國漁產搜羅務盡即他國足供參攷之品往往以重貲購致之孵化有學飼畜有法製造有業防範有令皆水產學之事也日本汽船初興駕駛管輪亦借材於歐美今則自商船至海軍皆本國學生學成備用歐美之人踪跡無幾今師其意議就吳淞總公司附近建立水產商船兩學校即選漁業各小學校畢業學生聰頴體弱者學水產體壯者習駕駛學成之後即以漁輪爲練習商船與兵船駕法略同則漁業與海軍影響尤切此爲漁業中振尚武之精神奮既以上所條議白諸商部復咨南洋大臣就吳淞隙地與空閒官房撥爲暫行建設公司之

用循序而進以漁會爲總公司之附屬品而學校者尤漁業之母也練習駕駛爲海軍之預備則尤因母而得子也政治與實業之組合蓋有如此者。

漁業設官第四

漁業設官周禮𩻖人所職辨魚物爲鱻薨以共王膳羞爲專官之始至於虞人入澤必以時校人爲主池沼之小吏皆爲漁官之流派近日泰西各國注重漁業英國商部漁政專官三員司內河者二司海者一司保護征稅稽查造册理訟之事視𩻖人所掌地位既不同造端爲尤遠張謇既奉

命籌集公司念惟派員專辦庶商情可達若得淮運司兼督漁政則核實醃切鹽稅安頓沿海窮民一氣聯絡其效易睹且魚鹽並稱運司兼轄情事亦侔然商部故事公司無派督辦者議未遽行顧漁業公司與他公

司殊異有官則擾無官則安此公司通例也始謇辦通州紗廠請不必派官即商部定章不用官督商辦之意至是商部以爲言然漁業經始頗困難對外言則有種種交涉對內言則實行保護本國嚮有之漁業一酌裁沿海各衙門病漁之陋規二每月或一次或二次特派兵輪游弋三漁輪用煤與各海關道有關繫用鹽與各運司鹽道有關繫四舊業漁戶不能人人盡泯奪其生業猜疑之見苟有猜疑必生謠謗苟有謠謗必生阻撓苟有阻撓必賚彈壓凡此皆他公司所必無之事運司兼督既不獲所請則又咨南洋大臣請奏派蘇松太道就上海督辦漁政而謇自任經理蓋公司總匯七省適中惟江蘇爲利便就江浙公司兩省之適中惟上海爲利便蘇松太道所轄歲有大帮漁船江北通州沿海搖網船捕漁鹽旂皆道所經理道員袁樹勛始終贊畫於辦理漁業致力爲甚劬然仍以定章

不符部議未即報可而謇牽於通州各公司實業復以興辦宿遷玻璃廠之舉足跡繭徐海間往返輒千里公司既設內而愚民黠吏因緣侮弄外而稅司洋人交涉變幻非有常川駐滬特簡之員事之迂者直之繁者壹之睢盱惶惑莫可得而理會駐京義大利國巴使照稱義國密拉諾地方有漁業賽會之舉故事日美兩屆賽會　廷議特派專使前往謇復請於商部及南洋大臣擬商請卸事廣西邊防大臣候補京堂鄭孝胥於至滬就醫之便設所患速痊願任漁業公司總理即奏派出使義國賽會事未決已有　旨派駐義使臣許珏入會而商郡亦奏派升任江蘇按察司使蘇松太道袁樹勛爲頭等顧問官兼充漁業公司監督則光緒三十一年十一月也謇自條陳漁業設官之　命期而後可中間購回德國捕魚萬格羅船又減免捐稅招徠掛用洋旂沿海漁船編隸公司頗藉蘇松太道

袁樹勛之力最後美國漁艇巴勒司駛至南洋開網請購水手食米三百石樹勛復以南洋爲中國領海米石未弛禁却之美領事復謂巴勒司係開往舊金山迤東海島開捕距南洋一萬餘里米爲水手日食所需請量改爲五十石始允所請於時　廷議以漁業公司爲能自行領海權而尤嘉樹勛之遇外得體也謇嘗寓書商部參議王淸穆楊士琦曰袁察使之才難得自願去膏潤之地就寂莫之友更難得故目前尤需此公各國官與商合故商倚官中國官與商不合故商尤不得不倚官蓋有卹乎言之也

漁撈第五

中國漁界既有遠洋近海外江內河及湖蕩池沼之不同魚類名稱往往古與今異此與彼異欲講求捕撈宜分爲三曰漁具曰漁時曰魚之產地

及名稱

漁具　約分爲三曰漁船之種別曰魚網之種別曰捕撈法之種別

漁船　中國漁業肇興結繩爲網罟臨流垂綸𣃁舟楫之利後人著述託諸咏謌挿竿繫艇點綴風景漁以船競者蓋寡惟廣東通志載蜑戶以舟楫爲家以捕魚爲業晉時不賓服者五萬餘戶自唐以來計丁輸糧明洪武初編戶立里長屬河泊所歲收魚課廣惠潮尤多愚蠢不甚識文字不記年歲土人目爲蜑家不通婚不陸居朝夕踊舟中所得魚僅足一飽其女大曰魚姊小曰蜆妹以魚大而蜆小也婦女嗜生魚能泅浮昔時稱爲龍戶能行水中三四十里不遭物害此漁船合羣大之者雍正七年奉諭旨聽其登岸居住近復多以武功起家者蓋練習風濤具軍人資格也又通志載漁船製小材簡工亦甚約每載三人一人執布帆一人執槳一

人執防身火器布帆輕捷無墊沒之患易進易退隨波上下爲言海防者所注意與近人所譯英國海軍官圖冊附記言香港珠江附近常遇華式漁船張小小方帆隨風疾行夜不燃燈往往離岸遙遠倘遇此船其於漁梁漁椿漁網之類行船悞犯尤引爲厲禁中國漁船爲外人所注意者又如此江浙之間有溜網船張網船搖網船大捕船對魚船小對魚船舢板船拖網船摘網船網椿船猛網船插網船緊網船滾釣船穿洋船氷鮮船七團舢板船八團舢板船諸名色或形式略同而土語從別直隸一帶漁船踪跡率至馬鞍島桃花島所捕鯨鯢船多在朝鮮海東以外此見於廣輿記者漁業公司既就舊有之漁船編入漁會又購回福海漁輪以爲之倡用新法以電燈繫網引魚網大船快電燈佐之斷非粗笨淺隘舊有之捕魚船所可較量預計漁輪捕法日夜換班約每日三網每網八小時每

二十小時多可得魚七八千觔少或不及二千觔多少約算每日得三四千觔照至賤之價每觔五分日可得銀洋二百圓七省通力合作造輪之費一以官欵爲之先以堅民信且爲實行保護近海舊有漁船之計畫惟各省漁輪開支經營伊始能否取之於漁輪所獲之魚應各省自爲補助總公司及水產商船兩校爲七省所公共卽指撥吳淞空閒官房而建築之費尙需十萬元常年之費需三四萬元七省合辦衆擎易舉常年支欵每省約五六千元漁輪所獲設有贏餘尙不必盡取諸官建置漁輪之始所爲規畫善後者又如此

漁綱　爾雅緵罟謂之九罭九罭魚罔也嫠婦之笱謂之罶罺謂之汕籗謂之罩槮謂之涔又魚罟謂之罛覶結繩之制蓋加詳矣又廣東通志漁戶有大罾罾門竹箔簍箔灘箔大箔小箔大河箔小河箔背風箔方綱䑸

綱竹篸布篸魚籃蟹籃大罟竹簄等一十九名色按字書無篸字而廣東新語尚有蜆篸篸蓋土字綱罟之屬一十九名目殆視其所利用之漁具從而爲之辭也顧遠洋近海與內地綱式既不同織綱之具亦異自有捕魚輪船用新法改良拖綱之式視舊綱爲迴別附說如後

拖綱尺寸　（以綱言則曰闊以綱言則曰長）

拖綱上綱繩　英尺八十六尺　拖綱下綱繩　英尺一百三十尺

綱袋筒底至綱口上面即上綱　英尺長八十四尺

綱袋筒底至綱口下面即下綱　英尺長五十二尺

綱袋筒底一寸方眼計一百二十眼圍圓自底眼數起至三十眼處

計二百眼圍圓

袋筒放生道每績一眼放生一眼績至三眼加放一眼所以自一百

二十眼起數至三十眼處有二百眼　上下網處網眼約一寸半方其生道每績十眼加倍全放一次再績十眼再倍放一次換次遞加至於成網

捕撈法　拖網漁輪在遠洋布置其近海數百里內仍爲舊時漁船之所萃陳生巨網爲言鎮海劉貢生鳳岡董漁團有年一切捕法皆得諸目擊蓋漁業之有實驗者捕法分兩大種一曰溜網繫網船首而隨潮流行一曰張網種根海底而張網迎流溜網又分輕重二法其輕者曰勒魚船曰黃魚船其重者曰沙魚船曰米魚船曰蟹船張網亦分呆活二法其呆者曰打樁船其活者曰挑捕船曰拋椗船曰大捕船曰串網船此外有非溜非張借風力人工而圍捕者曰大對船曰小對船有不網不網用利鈎引餌而誘取者曰拉鈎船曰秋鈎船又有依山之拕網扳繒以捕墨魚傍岸

之推綱棚繒以捕小魚至綱式捕法洋面魚種以及入船醃製各不相同條列如後

鰳魚船亦名溜綱谷雨到洋大暑回洋係用輕綱法隨潮流行上不出水面下不及海底量魚高低以爲度其綱用蔴線結成如平面方格窗櫺長約三丈闊約二丈舵水八人用綱二百數十口在水中竪立排聯若長城有風管（以竹筒爲之）浮挈上綱有錘石（外圓裏空以土燒成）鎭壓下綱一端用大索（名爲魚繩）引長帶在船首一端用小索繫竹杆爲表（名爲樣桅）浮植水面以便瞭望所獲以勒魚亦名香魚爲大宗用鹽醃漬色白味美

黃魚船立夏出洋小暑回洋亦用輕綱法隨潮流行其綱以細蔴線結成形式大小收放略如溜綱亦一端帶在船首一端繫竹桿爲表上綱有浮子（杉質方形長五寸兩端稍尖）提浮水面下綱繫錘石（以土燒磚外圓裏空長三尺）懸墜水中舵水

六人用網一百數十口所獲以黄魚爲大宗用氷則售鮮用鹽則劈晒爲鮝色由黄轉白故謂白鮝

沙魚船立冬出洋至下年清明節回洋係用重綱法上網用風管提挈下網用錘石拖沈因重力較大於浮力而網自竪立在海底隨潮進退搜括潛魚其網式大小收放略如勒魚網惟一端繫大石（名爲拖脚石，約百餘斤）由石用大索（名爲魚繩）引長帶在船首大索之長短以海水之深淺爲度舵水八名用網八十口視網上之水草以定洋之遠近如曰雞毛曰鵝毛曰金花曰瓜花曰楊梅曰大炮等類所獲以沙魚爲大宗亦可售鮮晒鮝餘如銅盆魚亦多

米魚船立秋出洋白露回洋亦用重綱法隨潮流行下網着泥其網式捕法等槪與沙魚船相同惟所捕之洋面較近

蟹船白露出洋立冬回洋亦用重網法隨潮流行其網式捕法洋面等概與米魚船相同惟網線較細網眼較大所獲之蟹最宜搗漿或全蟹用鹽滷浸漬名曰醬蟹味極爽口　以上係溜網船

打樁船驚蟄出洋小暑回洋先在各島構結草廠候風靜浪平之日定向打樁迎流設網其網用蔴線結成以四竹橫直並行撐成見方一丈之口自口至尾（即底）約長三丈內容逐漸減縮視之如方底立錐形橫眠水中口角出四索併繫於獨轆（木質丁字形橫木兩端各繫兩索直木鈎上挽帶一索二木連合處有活而不呆軋而不脫之妙）再由獨轆繫索量水深淺牽至樁頭扣牢網口下二角各用十六觔方磚鎮壓隨潮漲落四面旋轉流急則伏於海底溜寬則浮至水面每船舵水六人廠工四人用網五十口所獲之魚種類不一俱用鹽醃漬製成鹹魚燥鮝但此法無論魚汛衰旺不能移改別處

挑捕船大暑出洋霜降回洋用巨椗木質拋於海底繫大索篠蔴打成以帶船首船旁挾兩網左右分佈如挑担然其網與打樁船略同但裝法迥異用毛竹三支各長一丈二尺裝成正三角形三角出三繩併繫於船頭兩角入水一角出水面二尺許於兩竹之腰再橫架一竹與水面平然後以網之上二角繫於橫架竹之兩端以網之下二角繫於水內底竹之兩端而網口遂成匾方形左右一式船隨潮轉網偕船移尤好在視魚蝦之多寡而起椗以定去就故無專捕洋面法最活動舵水七人所獲以蝦爲大宗間雜小魚爲近水面也蝦用鹽滷熬之名曰烤蝦小魚用鹽醃之名曰魚鮚

拋椗船時令網式洋面魚種以及醃製各法均與打樁船相同惟此船用拋椗活法一網一椗故用網二十項即需椗二十門每視天氣之變動魚汛之衰旺可任意起網拔椗以定去就舵水十人船亦較大

大捕船春分出洋冬至回洋爲時最長船小而限用四人網大而祇放一口因船小網大必須耐受風浪所以另有造船妙法船身前段中高邊低兩旁多開眼孔後段藏人處亦用避水法故有時巨浪從船上滚過水不能入內即向兩邊分瀉回海雖屬危險終無禍害其捕法用巨椗（木質）二門並抛海底各繫大索（用稻草篾絲打成二條各長三十丈名曰下根）以挽網口之下二角又上二角各用大毛竹二株（共計四株）在水面浮挈竹根與網角間用大索以牽之（長隨水之深淺名曰上根）流急則沈伏海底溜寬則浮近水面其網口長二丈闊丈許如畫圖之針立萬卷書形自口至尾（即底）約長十丈横眠水中與打椿船網形略同再在網口下網中繫大索一條比上根多五丈名曰命根帶在船首遇盛潮時恐椗力不敵將命根收短使網口略小以免損傷俟潮平取魚畢即將網尾由網口翻出（俗名反肚）改向以迎來潮

串綱船載綱數十口備竹數百桿長年在海邊各島游弋以察魚之多寡其綱如勒魚船相同惟線眼較小放捕時先將竹竿排插塗間前後相距各一丈許將綱繫掛竹竿上宛若長城一端向上稍高步步低近退潮末點此一端捲曲如鈎形名曰魚籠蓋潮漲則泛濫過綱潮退則綱頂步步露見魚隨潮而退遇見綱時欲尋出路不得不循綱而漸入籠內船共八人每天挑魚入市售鮮次日解綱拔竹移改別處　以上均係漲綱船

大對船霜降出洋至下年大暑回洋兩船並捕一曰綱船一曰煨船舵水共計十四人其綱以蔴線結成在水中放開形如笠帽以笠頂爲底以笠邊爲口故綱口極大周圍長數十丈以十分之七爲上綱繫浮子比黃魚船稍大提浮水面以十分之三爲下綱繫錘石比黃魚船稍大懸墜水中下綱兩端用大索引長一帶在綱船一帶在煨船或風駛或人搖分向前行於是上綱即

牽直如弦下綱亦曲浮如弓約行數海里兩船同時收拖索收下綱收畢則兩船相遇而上綱即在水面變成圓圈形然後再收上綱并綱以取魚一圍既畢再放二圍每日圍數不定全恃風駛人搖之力所獲或帶魚或黃魚或鰳魚之類

小對船亦用綱煨二舟捕法等概與大對船同但大小約減其半

拉釣船穀雨出洋大暑回洋先用長繩一條浮飄水面而船帶之再用短繩一千數百條一端繫利鈎一端在長繩上扣牢前後相距各三尺許如瓜籐然節節放鈎即節節繫浮子以提挈之隨潮漲落游魚着鈎一動而旁鈎齊集萬難脱身所得俱大魚

秋釣船大暑出洋立冬回洋每船用人七名備釣線五十籃鈎插籃邊籃邊有草圈 線盤籃内每籃配鈎八十枚再備小椗木質十餘門欲放捕時先用大

椗木質拋在海底將此船帶定然後取籃內之鈎插上引餌依次放出每隔三籃用小椗一門扣牢總線拋沈海底椗尾繫八觔磚一塊以鎮壓之五十籃總線在海底連接爲一每鈎各有短線帶在總線之上其鈎飄動誘魚吞噬所獲大魚居多鮮鹹隨時酌定

拖綱立夏出洋小暑回洋先赴各島構結草廠一船三人以二人搖櫓一人手執拖綱之索沿山脚而行其綱以麻線結成形如荷包袋以袋口三分之一用橫木撐之長六尺許以袋口三分之二鎮以大錢使圓活而不呆滯恆在水內之山石上拖括而墨魚因以就捕雨則鹽醃曰混子晴則晒鮝曰螟蜅

扳繒時令海島魚鮝均與拖綱同惟捕法不同先擇定相宜山嘴搭成木棚繫以活車其綱用長竹十字撐角於十字交點用索扣牢引過活車以

數人挽之起落無不如意再於木棚中間吊以火籃四面照耀墨魚即隨光而至捕獲自多

推網沿海漁民長年可以出捕乘夜間潮漲之時在塗邊涉水而行兩手推網杆背後負魚籠頭上戴燈火魚見光而羣至捕獲自多均係小魚跳蝦早晨挑鮮入市銷售其網可合可開如摺扇然但扇係平面網則有底而可容物

棚罾亦長年可捕擇海邊風潮和平之處架木爲巢人居其內巢前有棚彷彿如墨魚之有扳罾所獲以小魚跳蝦居多每日發行售鮮一種在江內插竹阻魚使之漸歸一邊人在船上捕之此船頭裝棚罾起落亦無不如意

江蘇東臺縣之東南栟茶角斜兩場沿海魚業所萃也徐生鎮調查頗覈

有足與劉生鳳岡所言互相發明者爲摘錄於後江浙接壤捕撈槩略已具於此

船製上面整木圈口兩根兩旁前後整木各六根再上艥艙籬帮右名櫓前左名櫓後後用掉挺貫舵下有舵合活裝海底闌外藉含舵管再後閣艄大桅前三艙後五艙內兩闌頭有彎木靠帮肘面蓋平基極前浪頭極後艄頭內各穿弓勢樹三支此兩處係魚工宿息之所

船度長四五十尺至八九十尺寬七八尺至十四五尺深三四尺至七八尺板厚二三寸左右

艄篷大船皆用篷內前兩邊眠樓各兩層後兩邊航竈米櫃

帆檣有四合有五合極小船用兩合止在沙邊探捕不能往洋張綱帆寛七八尺至二三十尺高十餘尺至五六十尺大檣與船同長餘遞減

擺板兩扇在船兩旁長十餘尺上寬二尺左右下寬三四尺船行時用在
下風船大亦用疕水置在兩參之下
絞軸前一條起錨後一條起舵又大船有盤車更便於起錨起綱
鐵錨三口一大錨一二錨一提錨重自一擔至十餘擔又有小移錨遇大
風軟椗保險
緤兩條福建樱最佳外纏絡麻絞可用十年若絡麻與籐肉每年必換長
一百二三十尺至一百五六十尺周四五寸左右
太平籃竹篾所造方七八尺高一尺餘船遇大風既不能航又不能抛錨
惟此放乎中流可以保險
舢板長十餘尺頭寬二三尺左右艄寬五六尺左右深二尺左右用艣行
駛以便開綱提錨淘魚

張網縠雨時捕鰣魚者在洋約三十尺至一百尺深前口七八十尺後有稍袋漸成尖形長一百二三十尺至一百六七十尺口綱有大竹夾頭兩根長十四五尺眼方半寸又花鼓泡長一尺六七寸徑七八寸三個分浮水面

團網小滿時捕鰳魚者其形如袴後有稍袋長二百五六十尺寬一百餘尺眼方一寸上口綱繫木瓜浮一百餘個下口綱繫錫脚三四十個及甎脚八十餘個團要船快須加用穿艄艕及槳四把

搖網亦捕鰳魚各船皆用麻線此網有麻有棉形如絲網高二三十尺長五六十尺每船四十餘條

海鰏魚網眼方二寸形如張網

琼網捕米魚鰳魚鰉魚者高八尺長五十尺眼方一寸每門六條每船自

十餘門至三十餘門

縴綱捕黃姑米魚鰉魚及雜魚蝦者有疏密兩種疏在高處密在低處高三尺長八十尺每分六條每船十二三分至十七八分

罛網長寬如縴網另有稍袋在後

張方方十四尺眼方三分每分十餘方每船二十餘分

拉網高二尺餘長一百五六十尺眼方二分

罾以柴編成前口扁方內有倒鬚後用繩束高二尺寬三尺

滾鈎以寸半長鐵鈎繫於繩上三寸遠一把每分二千餘把每船十餘分

撈網有兩竹柄三角尖形高七八尺上寬三尺下寬十尺餘眼方三分

粵東爲南洋第一門戶漁氓屯聚最早尋常魚艇名目滋繁今舉其大者如後凡船載之大小輕重漁戶人數漁船價值資取攷焉

頭號密尾漁船（又號碙洲密尾船因船始碙洲故名）長六丈廣一丈五尺載魚十萬觔船上有三桅中桅高四丈八尺頭桅三丈八尺尾桅二丈二尺中桅帆上廣二丈七尺下廣三丈八尺頭桅帆上廣一丈八尺下廣二丈五尺尾桅帆上廣八尺下廣一丈二尺順逆風均可行駛如遇順風其速率可比輪船收網則用車盤安置船面其長與船同闊用收網上之繩者船上備網數張（說具網類）每張重一百五十觔落網採捕時須兩船並行分牽兩瓜絕流而漁魚多時則一網可得魚四五千觔少則一千觔左右惟每日只捕一次晨早五點鐘落網下午三四點鐘起網船上漁夫除舟主眷屬外雇用十一人每船連漁具共值銀二千圓（密尾船分二三等式同但長短廣狹遞減耳）

大開尾船長五丈一尺廣一丈三尺八寸載魚三萬觔船上有三桅中桅高四丈六尺頭桅高三丈二尺尾桅高二丈桅帆廣狹視頭號密尾船遞

減收網則用車盤安置船面其長與船同闊魚網每張重一百觔其行駛及採捕法與頭號密尾船同魚多時每網得魚二三千觔少則七八百觔漁夫除舟主眷屬外雇用六人每船連漁具共値銀八百圓開尾船分二三等式同但長短廣狹遞減耳

海南艇長三丈五尺廣一丈載魚一萬觔船上有二桅大桅高四丈小桅高二丈六尺桅帆亦視頭號密尾船遞減其行駛及採捕法如之收網車亦如之魚網每張重四十觔魚多時每網得魚一千觔少則一二百觔漁夫除舟主眷屬外雇用五人每船連漁具共値銀八百圓此等船多在粵海面採捕間往越南

兩頭尖淺海船長二丈八尺廣一丈船上只有一桅高三丈四尺桅帆視頭號密尾船遞減魚網每張重十餘觔漁夫雇用四人即在北海海面採

捕魚蝦朝去暮返每船連漁具共值二百五十圓

網頭號漁船所用之網均用苧麻結之其網頭長一十二丈廣七丈網眼廣一寸四分網尾長四丈廣一丈網眼廣三分二號漁船所用者其網頭長九丈廣四丈網眼一寸二分網尾長二丈廣五丈網眼二分餘船遞減網口上繫有浮木每長五寸廣四寸厚一寸三分每浮木相間由尺餘至數尺不等網口下繫有墜鉛廣八分長一寸三分厚一寸三分每墜重十餘兩盖浮木用以浮在水面使網口開張墜鉛使網下墜也以上所言輕重廣狹係指頭二號船之網而言其小船之浮木墜鉛因網遞減頭二號網繩用蔴絞成每長一十八丈者則重一百觔漿網之法則用薯莨或油柑膠水

撈箕用以撈網內之魚大小不一其大者可載魚一二百觔其形如袋口

圓屈鐵枝爲邊橫木其中其箕柄用木爲之長丈餘卽插橫木之孔撈時須用二三人合力撈箕亦以苧蔴爲之眼廣一二分不等

罾柵高一丈六尺用兩竹竪起成梯𣚍棚上安絞盤一個可立二人以手絞盤可使罾上下放罾處有四竹插入水中每竹繫一罾角罾下則竹與之俱下罾起則竹與之俱起罾長三丈廣二丈二尺重三十觔魚多時每罾可取魚一千餘觔少則或二三百觔不等北海上下約有罾柵五十架罾亦以苧蔴爲之漿罾之法亦用薯莨或用油柑膠水

長江航線自吳淞泝流而上達武漢彌望水鄉皆漁所萃集也顧外江內河漁具時有不同用法因之殊異皖省居江岸之中點調查頗詳凡長江上下游漁具名稱類視此矣節錄安慶府漁具調查表如後

撒網　又名旋網用蔴線結成長一丈六尺網眼見方六分撒開圍圓六

丈六尺邊向內兜每間一尺三寸用線吊繫成六十六兜兜深五六寸每兜綴錫墜三枚枚重一兩一綱共二百枚線粗每寸四十四條先用榲皮煮染再加生猪血染之亦有大眼二寸見方者專取大魚用法一人站立船頭左手執綱右手帶住墜脚一二個用力撒出後右手墜脚一一并放下船尾一人順流蕩槳約行十餘丈將船棹轉卽行起綱江湖內河皆有

滚鈎　綱繩長三十丈間三寸繫一鈎共一千鈎鈎線長五寸鈎有大小大者每千个自十二斤至三十斤不等每間三十鈎有竹浮一個綴之於綱間丈許繫一鐵墜線長於鈎墜着江底鈎離江底五寸浮離江底一尺綱繩一端繫於不障以板爲之長四五尺下寬尺許上寬五六寸背面綴粗竹一根長與板等板下繫石一塊沉着江底使障浮立水中障之四角各繫以繩長三尺許總綰一結以接綱繩一端繫於船首横截江中障須

迎溜稍側方能與船捙離並行障角之繩長短須隨時縮放障在船左則右繩長於左繩在船右則左繩長於右繩方合側度船首所繫綱繩離船丈餘亦綴石一塊沉着江底使兩端之鈎均離江底五寸浮離江底一尺不相上下魚近江底而游着鈎負痛亂竄則鈎着愈多雖數百斤大魚可得江中大魚多用鈎取湖中深水處間亦用之又有挂鈎不用船障擇有岩洞之處釘樁繫鈎以取出入岩洞之魚鈎綱有長至六十丈繫二千鈎者長短不拘一定

罾　用長竹四根接合成十字竹杪四出如長爪罾綱每寸三眼以𣏌爲之櫖皮猪血染色見方三丈四隅繫於爪端懸如仰盂岸邊置設木架上鋪木板架前有横軸一根長四五尺另用長木作鋭人字架前後各一下端合裝於軸上端相去成九十度直角連之以繩前端繫罾後端繫大石

一塊並繩兩條分開四五寸間二尺設一橫擋漁人攀之起罾大石着地罾卽出水大罾之底綴有密眼綱袋深三尺許口逕八九寸罾底孔亦如之袋口有竹圈倒刺起罾得魚落入袋中卽不能出小罾無袋得魚以兜竿取之最小之罾見方丈許不用木架僅用粗竹一根繫罾竹端拉之以繩凡罾宜於內港水深之處懷甯之石牌河桐城之樅陽河湯家溝等處最多江湖之濱亦有設者

船罾　與岸罾大略相同惟長竹只用二根根上四五尺交紮十字形根裝於軸軸置船首竹杪二枝前伸如爪綱之前二角繫於爪端後二角另繫竹篙兩端長七八尺置於軸前軸上亦有銳人字架一具前繫長竹交紮之處後用繩攀之起落綱眼大小不一綱線染色與岸罾同此罾裝置船首船長二丈餘蕩槳迎流攀取外江內湖均有之

脚網　卽古之百囊罟以麻爲之網眼見方五分分幅絣接每幅横長七八丈寬二尺二寸下脚兜轉二寸每間六七寸用線吊綴線長四寸上繫鐵牌一塊牌形上小下大長寸許重一兩每幅一百餘兜兜底有囊口徑六寸深一尺五寸眼與網同上面綱繩一條間四寸有木浮一塊浮長四寸寬寸許夾於綱繩與網之間絣接幅數視河寬窄三四幅至七八幅不等用法將網載之於船用二三人在岸拉其一端將船划至河心全網下水船卽攏至岸邊用二三人上岸牽引兩端齊拖緩緩起出大小魚悉入囊中網線粗細染色與撒網同

罯網　俗稱黑網以粗麻布絣成横長數百丈寬八尺上用粗麻繩爲綱間一尺有杉木方浮一塊四寸見方夾於綱繩與網之間下脚墜以甎石用船下網之法與脚網同兩端相去有遠四五里者每端各用二三十人

緩緩牽拖至岸魚無大小悉在綱圍之中另用綱兜撈取數晝夜拖取一綱得魚百數十石不等綱過之處魚類幾無遺種土人無製此綱者宿松等處現多用之聞由江西販來並非本地所製

濠綱　形如大袋綱口逕六丈深十餘丈中分三段近口三丈以粗椶繩結成綱眼見方五寸中段四五丈以粗麻線結成綱眼見方二寸末段綱底深六七丈亦以麻線結成綱眼由寸半起漸縮漸小近底丈餘細僅分許綱底有口用繩紥住前口用粗篾纜二條長數十丈上下各一兩端總繫於樁牢釘兩岸每綱占河面之半用大石一塊壓住下口篾纜口之正中釘大木樁一根將上口之纜繫於樁端出水數寸兩纜撐開如獅張口迎溜張設專取隨溜衝出之魚每日用船將綱底口解開取魚一次望江之急水溝五十里之內專設此綱九十餘具他處無之綱線亦用槴皮猪

血煮染

銀魚網　以麻線爲之亦有用生絲線者分幅輧接每幅橫寬六尺直長四尺網眼細不盈分浮用杉木圓棍徑半寸長三寸間三寸一浮綴於網繩名曰浮綱每幅十浮下脚綴小鐵牌十塊每塊重一兩網邊亦有網繩名曰脚綱用法以兩船分拖浮綱兩端繫於兩船之尾脚綱稍前繫於船首之柱網眼既密拖水力重故須用較大之船或雙桅或三桅者乘風揚帆相離七八丈駛行湖中銀魚喜游水面來必成陣廣蔽數畝魚入網界兩網齊收船漸攏近可以起網上船取之亦有小網見方三四尺綳於木框四角繫繩挂於船側戧風揚帆以橫拖之每船拖三四五六網不等

蟹網　用竹竿一根長一丈網爲半圓形弦長一丈弧長一丈五尺弦邊綴於竹竿弧邊兜轉六寸每間一尺用線吊繫邊有鐵墜共四十八個每

個重四兩形如荷包綱眼見方寸許槴皮猪血染色竹竿兩端繫繩丈餘以上幷合爲一繫之船尾將綱覆沉江中鐵墜着底順流拖之起綱則蟹入兜中

蟹籠　以竹爲之如褌形高四尺兩腿管端相離亦四尺襠底爲門圓徑八九寸有倒刺向内腿管徑尺許向下漸小亦有倒刺兩層管底有蓋蟹由門進一過倒刺卽不得出

蝦籠　以竹爲之形如蟹籠而小僅尺餘襠下無門門在兩腿管口亦有倒刺蝦能入而不能出

卡線　卡用篾絲長八分屈而圓之兩尖相並插蒸熟小麥一粒魚來吞麥篾絲彈開橫撐腮間卽不得脫綱用長蔴線一條間五寸繫一卡以蘆管爲浮綱線長短不一兩端皆繫於竹插之河中用小艇或大盆朝設晚

收專取鯽魚鱖魚之類圩邊內河多用之

籪　土人呼爲簰又曰迷魂陣編小竹爲箔屈曲攔插河中魚能入而不能出當河心一二丈僅露竹梢船可壓過其上樅陽一帶有專門製籪之人

魚叉　以鐵爲之如而字形排列五齒長七八寸尖有倒刺柄用長竹叉取清水中大魚及鱉

湖南本屬腹地惟洞庭一湖水面較闊港汊分歧方春夏水漲漁船頗盛濱湖州縣如巴陵華容澧州安鄉龍陽沅江湘陰益陽與湖心新設之南洲廳皆漁船所到之地也業漁之人雖多惟風網船方爲專業以外各漁戶悉散置無定數洞庭原分東西兩湖沿岳州湘陰界爲東湖沿常德澧州界爲西湖西湖一名青草湖向來東西湖所有風網船各編一團每團

約三百户

船筏類　曰風網船曰拖網船曰抓魚筏曰小漁筏

網罟類　曰欄江網曰蔴袋網曰鈎網曰揞篙網曰撒網曰挂鈎皆因所用而立名者

釣絲　湖南各屬樹木叢雜每値春季生有一種毛蟲至五月便向下垂捉而斷之取其腹内一絲質堅而白始滌以水繼浸以醋因扯卽長外洋常以善價購去爲繩索昔湘人因格知海水多鹹他物最易漚損此絲乃占鹹味則質愈堅漁人因作絲綸乃以入水無影無聲魚不因驚而逸

漁時　從來蓋古矣月令孟春獺祭魚時一也季春薦鮪於寢廟與獻人春獻王鮪同時二也鱉人職秋獻龜魚時三也王制獺祭魚然後漁人入澤梁是十月取魚時四也潛詩序季冬薦魚與月令季冬漁人始漁同時

五也惟夏非其時國語宣公濫於泗淵故里革諫之蓋古者魚蛤蜃蟹之屬固未嘗不取然平日於虞衡之官滋之息之所以遂其孳生游泳之性亦頗具至意攷英國漁業章程一千八百零九年至二十六年添設漁官專稽醃鮰之事鮰小魚也發售甚廣爲商業大宗然亦有禁每年自西歷九月朔至正月底止爲鮰魚誕子之候不准網取惟九月十月用竿垂釣者則不禁十一月釣亦並禁有水上警察防範甚嚴犯者必罰其與中國澤梁之禁亦相類然所以能實行其禁令者則水警察之力也故漁無中外必諳魚性然後知魚之蒐集中國老於漁者謂南洋一帶驚蟄節後魚聯爲羣稍稍循江浙洋面以次至遼渤海間夏至以後有烏鰂魚出現於北洋魚羣即渙散烏鰂儻亦害羣者耶立秋節後仍復向南魚性喜燠如此公司既成立蘇松太道檄所屬瀕海州縣仿寗波辦法分別魚船名色

魚品產地漁帮船數售處給牌處所進出牌費驗費魚局收數局用支銷列爲一覽表而於漁時尤注意今所屬有如檄報告者一以寗波表爲式茲附寗波表如下以槪其餘

寗波漁時漁船海產一覽表

魚時	魚船名色	魚品	產地	魚幫
春季三月起 溜網六月止 冬季九月起 次年二月止	溜網船	勒魚爲大宗 箸魚 沙魚爲大宗 蟹　紅頭魚五 沙魚鰲　箸魚種 銷外雜品	理泗 東西霍外 及東洋界	蟹浦 瀝港 衢山 岱山 別帮均係小數

寧鎮定 台州衢山岱山 溫州象山 各山聚集	盡山黃龍四礁出小黃魚 大羊山小羊山衢山岱山盡山帶魚乾 墨棗 黃瀧四礁墨棗 各沙頭海蛇 海鰛出盡山	小黃魚乾 帶魚乾 墨魚 墨棗 鰕 鰛魚 勒魚 黃魚 海蛇 諸鰣 淡菜 海鰛	張網船 連拋釘船在內	春 清明起 夏至止 秋 夏至起 六月打樁 半秋 七月底止 全秋 重陽止 冬 重陽打樁起 早年底止 遲則清明止 四礁早冬止 黃龍清明止
衢山 岱山 大羊山 小羊山 青濱 苗子湖 另小在外	大羊山 小羊山 衢山 岱山 大七 魚山	黃魚居多 鰛魚勒魚	大捕船	春 清明起 夏至止

立夏起 夏至止 視節氣 爲遲早	清明出門	夏至回洋
墨魚小對船	春對	漁船
淡墨魚鯗 鹹墨魚鯗 大水黃魚 鰛魚 勒魚	大黃魚 小黃魚 鰣魚 鯧魚 勒魚 裏港各魚 鱘鯗 虎魚 鰻 雜魚	
盡山 黃龍 四礁 東西霍 青濱 苗子湖 南洋 又台州目魚 衢港大水黃魚	衢港 四礁 岱山 大羊山 大小七 小羊山 魚山 瀝江洋面 南洋界 青濱 苗子湖 盡山 黃龍	
東錢湖 定橋 茅洋 陳埠頭 棲鳳 洞照 岱山 衢山 台郡 餘不計	甯波 鎮海 奉化 台州 盡山 黃龍 四礁 大小羊山 南洋 衢山 岱山 象山 橫溪	

船名	漁期	魚類	漁場	所屬
對漁船 秋冬	六月終或立秋起 中秋後或重陽回 八月底出洋 次年清明後回	米魚 大黃魚 又鰵 虎魚 青鱸 帶魚　小黃魚 鯊魚　鰵鰻 虎魚　大黃魚 除雜不備錄	衢洋　大羊山 四礁　岱洋 小羊山　青濱 黃龍　苗子湖 盡山 盡山　南洋 黃龍　青濱 衢山　苗子湖 岱山大　小羊山	甯波　奉化　象山 盡山　黃龍　四礁 衢山　岱山 及各小沙頭
冰鮮船 春	正月底起 夏至止	鯧魚　勒魚 墨魚　大黃魚 小黃魚　鰻 虎魚	盡山收　大小 羊山收　衢山 收岱山收 南洋　四礁 收　小沙等沿 路收	甯波　鎮海 盡山　黃龍 四礁　衢山 岱山　南洋 溫州　台州 各小沙頭
冰鮮船 秋	六月底起 中秋止	米魚 桂花黃魚	盡山　黃龍 四礁　大小羊 山　衢山　岱 山收	
冰鮮船 冬	中秋後起 次年正月止	大黃魚 小黃魚　帶魚 虎魚、鰻 名爲十樣景	同上加南洋	

春 二月來 端午後去 秋 八月來 來往不息 冬 常川均轉沈家門停泊	船數	鄞鎮 五百號 定屬瀝港等處 二千號
建帮 釣魚船	售處給牌地方	鎮海總局 鄞鎮慈 奉象定 各船均就近向局給牌
捕雜魚 祇備自食 帶魚爲最 在沈家門售賣	進出 牌費 驗費	大牌二元 中牌一元五角 小牌一元 墨魚旂五角
盡山 黃龍 大羊山 小羊山 衢山 岱山	魚局收數	牌費共一萬四千元
建帮 白界 泉州 淡水 別帮互有	局用支銷	鎮局 一千元 管局 一千元 定海 五百元 沈家門 六百元 蟹浦 二百元 石浦歸象山縣司事 二百元 各處柱首 二千元

盡山一百號
衢山約又
岱山約又
黃龍約二百號
四礁約二百五十號
南洋約又
大小羊山約二百號
小衢山　黃澤
約共一百號
徐貢

甯波

南菁公所
北菁公所
惟東錢湖目魚
郡由總柱派給
各散柱分給旂照

驗費

鎮關重入空出
每號三百文
墨魚中路
全節　載竹篾
柴炭糧
食器具
出每隻五千
空入三百
蝦蛹入八百

驗費

鎮　二千元
甯　二百元
乍　四百元
定　四百元
後海　一百元
蟹浦　二百元
小港　一百元
穿山　二百元
新堧　二百元
衢岱　四百元
瀝江　二百元
餘未載

營船

洋汛時由定海
鷹派船一隻歸
局用
又局中自費船一只
洋汛時約三个
月船及人工費
二百元
小輪船費一千二百元

大小羊山五十號
大七
衢港　三百號
魚山

鎮
向各税行及
各鹹行
蟹浦南北維豐
公所
江南大堘頭小
港
新碶頭
背溪跟

張網中路
重入空出八
百
全部重出二
千
大班一千二
百
小班一千
又少照成每
二百
溜網同上

甯約五千號
台
象約六千號

瀝江衢山岱山
沈家門
以上均設局
台郡亦給甯屬
總局牌
乍浦明州公所
及東巷鮮行西
巷鹹行

彈櫓
重入空出八
百
馬龍照上式
重出隨貨定
搶蟹船
每只一百五
十
乍浦各漁船
每只重入空
出五角

甯約五百號
衢山
岱山
盡山
黃龍
共約一千另號
次則七折
四礁
大小羊山
南洋
青濱
苗子湖
約共五百號
次則七折

張網船
大牌中牌通扯
一元五角
溜網
大中通扯一元
五角
墨魚中路扯二
元
小對給旂五角
秋冬對漁扯二
元
冰鮮鎮扯一元
五角
冰鮮定扯一元
五角
小對間有給牌
與旂扯六角
各山中路扯二
元

甯約一千號
衢山岱山約一千號
各小沙頭南洋等約一千號
次則七折

甯鎮約一百五十號
盡山黃龍約一百號
四礁衢山岱山及小沙約一百號
南洋約五十號
溫台等約一百號

常川二百號

又建帮名爲石浦

船專運螟蛹

約二十號

魚產地及名稱　分爲四曰海洋魚產之種別江湖河池魚產之種別特殊魚產之種別介類之種別夫載籍所稱亦云詳矣顧舊時學子聞神州九縣之說或皇然色駭自海禁大開估舶利便篙師舵工所述證之古書十得六七今何必異於古所云也江湖河池見聞較習然方言所囿往往數百里外同類異名同文之國固知語言文字必自畫一始至特殊魚產類多不經見之物或此物卽彼物所化有種類思想者尤注意焉

海洋魚產之種別

鯨魚　海魚也五六月就岸邊生子其雌曰鯢（古今注）

海鰌魚　每歲廣州常發艑船過安南經調黎鼓船而噪卽沒（嶺表錄異）小者名泥鰌好與魚牝牡薨豢乃佳又鰍魚田鱔皆此類（閩中海錯疏）

番車魚　頭下尾上決起煙波長數丈一躍聲震里許（海槎餘錄）

䱜魚　南越謂爲環雷魚子朝出食暮還母腹腹有兩洞貯水以養子（太平御覽）

鮫魚　虎魚老則爲鮫（任昉述異記）按䱜魚虎䱜鮫魚爲一物背上有甲珠文堅强可飾刀劍（交州記）左思賦扈帶鮫函卽此

鯊魚　吹鯊　海鯊能變虎土人多掘岸爲坡俟其前二足緣坡而上則襲取之四足俱上則食人而不可制（菽園雜記）按鯊魚有虎鯊鮨鯊狗鯊烏頭胡鯊帽鯊鮫鯊劍鯊烏鬐出入鯊時鯊黃鯊各名目種類不一皮肉皆同

吹鯊別時一種小魚也（閩中海錯疏）

鱀魚　數年一至南海（明一統志）脊若鋒刃銳喙長齒大腹鼻在䯒上而能作聲多膏健啖長一二丈（廣東新志）

鱷魚　狀如龜斬其頭而乾之斷喙去齒而更生三乃止（博物志）好出沙上卵大如鵝卵可食（太平御覽）別號忽雷熊能制之（沿閩記）

海鏝鱺　身徑如磨盤鎗嘴鋸齒遇人輒鬬船人執鏢戟諸器以灰溢其來路乃困殺之皮美於肉（黃衷海語）

鋸魚　亦名狼藉長二丈口長六尺左右如鋸（明一統志）

潛龍魚　亦曰潛龍鯊重百斤其小魚從者數千肉甚甘諸骨柔脆（南越筆記）

鮹　似鱣而色青黑頭如鐵兜鍪口在頷下一名鰽肉色白（南越筆記）

絮鯊　鳥頭魚尾鳴似磬而生玉（山海經）廣州海中出此郭璞江賦所謂文

鯊孕璆也

劍魚　海魚千歲化爲劍魚一名琵琶形似之而善鳴海語　尚書大傳鄭注

有刀劍魚卽此

印魚　出南海似靑魚而修廣過之腦後垂皮方徑三寸許有文如篆籀

故名獲者必珍藏之海語

海河豚　海中大者如豕皮雜紅黃文采可玩舟人以小絙繫叉鏢擲而

獲之重數十斤海語

鹼魚　類鮎嘴長無鱗大者數十斤韶州府志

章拒　石矩　柔魚　海上鱗族之異者亦名塗婆閩中海錯疏　亦曰章舉似

烏賊而差大生南海政和本草韓詩所謂章舉馬甲也　石矩亦章舉之類身

小足長燒食極美又有小者兩足如帶曝乾後似射踏子故南中呼爲射

踏子太平御覽　又柔魚類墨魚而長無螵蛸骨故名海豐名鰇魚較他產脆美大約章舉柔魚墨魚一類也嶺南雜記

鯧魚　鏡魚　金石魚　鯧生南海狀如鯽身正圓無硬骨陳藏器本草　鏡魚圓如鏡或云卽鯧魚南越記　金石魚形圓如七寸柈疑卽鏡魚又閩人曰鯧曰斗底鯧曰黃蠟樟皆鯧類性善媱與羣魚相牝牡故名閩中海錯疏

鱟魚　雌常負雄而行漁者必得其雙雜俎　形如惠文亦如便面惠文武冠也爾雅翼　在海羣行相積於背高尺餘人呼鱟帆雨航雜錄

郞君子鯊　一名郞君子元本草　狀如螺實如石大如豆置醋中卽盤旋不已海槎錄

鱛魚　鰿一名鱛亦曰鮂廣韻　鱛蓋鰿字之誤異魚圖贊箋　初夏從海中泝流而上長尺餘肉中細骨如鳥毛係鶺鳥所化腹內有鳥腎異物志

䱐魳　即海豚隨風潮出沒形如豚其子數萬隨母而行陳藏器本草　江豚生江中而小郭璞賦江豚海豨即此

鯪魚　鯪魚若鯉四足南徐州記　或謂鯪魚若獸吳都賦　四足如獺腹背有刺如三角菱風土記　頭似蜥蜴鱗如鎧甲南越志　常吐舌誘蟻呑之本草綱目

鰕魚　鯢魚大者名鰕本草綱目　能以足行如蝦故名異物志　一名人魚山海經　亦名鯢魚與海中鯨鯢同名而異物拾遺記

鰼鰼魚　狀如鵲聲亦似之十翼鱗在羽端述異記

飛魚　生南海羣飛海上候之當有大風陳藏器本草　魚身鳥翼蒼文白首赤喙夜飛其音如鸞鷄山海經　吳都賦文鰩夜飛而觸綸即此

龍魚　龍魚陵居狀如狸海外西經　又出電白海中文選龍鯉一角即此

鰵魚　身類鱸口類石首長丈許重百餘斤四明諺云甯棄三畝稻勿棄

鰲魚腦蓋美在腦也閩中海錯疏

嘉酥魚　海中魚之大者重千斤昔琉球人以其脊爲酥販鬻閩中閩中海錯疏

水母　一名鮀海中浮漚所結也色白如沫縱廣數尺有知識無腹臟頭目以蝦爲目閩中海錯疏　一曰樗蒲魚本草亦曰鮓北戶錄　卽海蟄色紅紫浸以礬水去其血汁乃白松江府續志

魟魚　有鱝魟水蓋班車黃貂諸名形如團扇口在腹下無鱗軟骨紫黑色尾長於身能螫人其首似燕名燕魟魚尾似牛亦名牛尾魚味美在肝

俗呼鯕魚閩中海錯疏

鮧魚　海產其類甚衆皆可食閩中海錯疏　鮧魚味爽可析朝酲異魚圖贊

楓葉　海樹霜葉風飄浪翻腐若螢化厥質爲魚海物異名記

鹿角　醃爲酢味佳大者五六寸其皮可以角錯海物異名記

鱁鮧　漢武帝逐夷至海上造魚腸食之因名齊民要術齊明帝嗜鱁鮧南史

江湖河池魚產之種別

魴　鯉　魴身廣而薄少力細鱗尾白汝墳注廣而肥甜魚之美者廣州記一名魾今之青鯿埤雅海魴身扁而博縮項穹脊兩旁似翼尾長有刺捕者多爲所螫尙有黃魴黑魴燕魴味佳無尾錦魴皮有硬珠又一種名金絲魴出閩福甯肉有絲如金色與毛詩所云河產迥異林日瑞漁書鯉蓋健魚也神農書大小脊並三十六鱗續博物志脊鱗一道每有小黑點雜俎亦名稚龍釣磯立談崔豹云交州人呼赤鯉爲元駒白鯉爲白驥黃鯉爲黃騅異魚圖贊箋又有大姑四明謂之密姑大姑生子色紅黃曰金鯉閩中海錯疏

嘉魚　嘉魚出於丙穴蜀都賦在漢中沔縣北有魚穴二或謂卽鮇魚出漢

河丙穴中正字通 魚知丙穴由來美杜甫詩 卽指此後人取以箋詩按蜀人呼嘉魚爲拙魚蜀中丙穴甚多本草綱目 又廣西梧州戎城縣江水口出嘉魚形如鱒甚肥美嶺表錄異 以爲鮓餉遠桂海虞衡志 肇慶所產頭如鼠其鱗炙之明如珠廣東通志 是兩粵亦有嘉魚與詩南有嘉魚特言南方魚之善者莫善於江漢之間正義 不必强合

蒲魚 或曰鯆魚味美尾有毒狀如荷葉嶺南雜記 韓昌黎詩蒲魚尾如蛇口眼不相營

鮒 卽鯽色黑而體促腹大而脊隆所在池沼皆有之本草 相接曰鯽相附曰鮒埤雅 東南海中有温湖鮒生焉神異經 以其附土而行又謂之吐鮍養魚經

鱮 鱅 鱮性旅行故制字從鱮埤雅 亦稱鰱失水卽死弱魚也釋名 鱅本鰫一名鱮幽州曰胡鱅說文 一名鰱魚中之下品本草

鱒　鱒魚食螺蚌爾雅翼　赤目似鯶而小多獨行故從尊爾雅鱒注　䱨　此魚處處有之

鯽　蒙舍池有鯽魚大者重五斤西洱河及滇池冬月多鯽魚甫夷志　鯽喜猥泥本草　潯陽青林湖鯽大者二尺餘小者盈尺味肥美東南海內有恆湖鯽長八尺神異經

鮆魚　鮆狹薄而首大長者盈尺俗呼刀鱭初春出於湖養魚經　蘇子瞻詩知有江南風物否桃花流水鮆魚肥指此

鱸魚　鱸四腮巨口而細鱗養魚經　秋中由海而入江可以作鱠金谷園記　華亭谷有水縈繞百餘里乃長泖之異名出鱸魚松江府志　鱸出松江者四腮江南魚鮮品　隋煬帝謂金虀玉膾東南佳味指此

鱘鰉　鱘鰉鱈同江海之產有鱘鰉之魚養魚經　鰉有二種類時魚而小河

海皆產一八月羣至數百騰於沙嶼移時化爲鳥俗呼火鳩黃衷海語

鱣　鱣無鱗長鼻軟骨俗謂玉板江東呼黃魚續博物志亦鱏屬長數丈而骨可啖三月中從河上於孟津捕之堪作鮓南越志大者曰王鱣釋名

洄魚　鮰即洄釋名至秋爲美俗曰菊花鮰江南魚鮮品生江淮間無鱗甲亦鱘屬北人呼鱯南人呼鮠並與洄音相近今通稱洄而鱯鮠之名不彰其名鰈者鱯音之轉秦人謂其發癩又稱鱝魚本草綱目一名水底羊蘇子瞻有洄魚詩

河豚　河豚出於江湖者皆不盈尺海語鯸鮧魨也觸物即怒魨即豚博雅又黃駒即鯢魚俗所謂河豚也一名鮭一名嗔一名鮠一名鶘夷一名鯸鮐其肝最毒獨眼者尤甚雨航雜錄目能開闔作聲養魚經故鮭肝死人鯵鰕螫人萬物含太陽火氣而生者皆有毒王充論衡

鰣魚　盛於四月鮮白如銀其味甘美多骨速腐養魚經　亦名箭魚腹外細骨如箭簇首夏以時至故名雨航雜錄　富春江上鰣魚最盛自漢江來非土產武林遺事　今江中皆有之惟江以西呼爲瘟魚畏而不食異魚圖贊說

鮧　鰋　鮎　鰋訓鮀卽鮎粘滑無鱗說文　大首偃額大口大腹釋名　與鮎鮠相類似名同而種別

鯷　大首方口背青黑而無鱗多涎養魚經

𩶱鰭　一頭數尾長二三尺左右有脚狀如鼉玉篇

魚舅　鯌似鯿而大鱗肥美多鯁一作鮐江東呼其最大長者爲當魱爾雅注　蜀中呼嘉魚爲拙魚亦名魚舅郡國志　似名同而實異者

弓魚　弓魚一誤作公洱河出公魚似鰷細鱗長大不滿尺大小均有子大理志

鱭兒　鱭鯔同爲鱎兒之訛鱎歸小魚是也爾雅廣東陽江出鱎兒魚一統志今興國州諸處亦有之呼爲春魚又甯國府涇縣琴溪產細魚僅類小棗核土人呼琴魚或麥魚異魚圖贊箋又闌胡如小鰍而短僅如人指長三五寸頭有斑點如星一名彈塗雨航雜錄一名銚潮至出行水上以跳爲行閩人亦名塗虱以生泥中如虱閩中海錯疏此魚之小者皆鱎類也

丁香魺　似銀魚而短小腹博異魚圖贊箋按英國添設漁官專管醃魺之事此魚福建最多土人名之曰鯑

鯤　北溟有魚其名爲鯤鯤之大不知其幾千里莊子此寓言也按內則卵醬卵音鯤國語魚禁鯤鮞皆以鯤爲魚子至小之物

石首魚　每歲四月自海洋來綿亘數里有聲如雷本草綱目狀如鰽腦中有二石子如喬麥瑩白如玉好奇者取魚腦石以植酒籌嶺表錄異亦曰石首鯗

炙轂子 能鳴夜視有光鹽曬爲鱐則曰白鯗閩謂之金鱗又謂黃瓜海族志小
曰鰈又名鰌最小曰梅首又名梅童其次名春來又有鯝形相似雨航雜錄謂
之鯝雄石首南越志 亦冒黃魚名四明梅魚比黃魚極小肉味相似或誤合
鰉黃爲一種魚味索隱 至秋化爲皃頭中猶有石吳地志 按韋昭春秋外傳石首
成鯤鯤鴨也卽此閩中有鯩魚形如石首而差鱗細口紅閩中海錯疏

比目魚 東海有鰈魚卽比目魚也山海經 南人謂之鞋底魚江淮謂之拖
沙魚嶺表錄異 又謂之板魚亦曰左介南越志 板魚片立合體俱行一名鰜一名
兩魪臨海水土志 又稱婢屣奴屩異魚圖贊

王餘魚 雙則比目片則王餘吳都賦 出蘇松江浙大者長四五寸身圓如
筯潔白如銀無鱗本草綱目 相傳吳王江行食鱠之餘棄中流所化名吳王鱠
餘博物志 皮日休詩隱几船舷無一事分明數得鱠殘魚卽此

王鮪　王鮪岫居（東京賦）至春始出（埤雅）三月遡河而上蜀曰䱴鰽（水經）子虛賦䱴鰽漸離指此亦生江中背如龍（陳藏器本草）一名䲡鮪七八尺者益州謂之鮪鱔大曰王鮪小者叔鮪更小者鮥子一名鱏或作鱘一名碧魚今東萊遼東謂之尉魚或名仲明魚以樂浪尉仲明溺海故名（釋名）

丹魚　出南陽丹水先夏至十日夜伺之魚浮於水赤光上照（抱朴子）丹水在內鄉縣（風土記）

鮥　鰥　鱤一名鮥一名鰥一名黃頰魚生江湖中腹平口大色黃鱗細大者三四十斤啖魚最毒池中有此不能畜魚其性獨行故曰鰥（本草綱目）諸魚欲產鮥輒𩘚其腹（雜俎）

望魚　望魚側如刀可以刈草出豫章（魏志）

烏魚　烏魚即鱧首有七星夜如朝斗狀（野紀）形長體圓頭尾相等細鱗元

色有斑點花文類蝮蛇本草綱目　凡魚散子不沫惟文鱧沫子而長或云是公
蠣蛇所化至難死亦謂之鰹格物志　鰹大鮦小者曰鯇爾雅　一作蠡魚諸膾苦
惟鱧膾甘本草綱目
瓊魚　仙人上藥有劉淵瓊魚漢武內傳　其言不足信杜詩出綱銀刀亂疑即
瓊魚之類
石桂魚　鱖魚巨口而細鱗肉味鮮美背黑有斑彩養魚經　桂鱖音之轉唐
張志和詩桃花流水鱖魚肥
橫公魚　北方荒外有石湖中有橫公魚如鯉而赤刺之不入煮之不死
以烏梅二十七枚煮之乃熟神異錄　按魏略文帝將受禪赤魚游於露鑊即
此魚也其性自然乃矯飾之爲瑞應
棘鬣　赤鬃　方頭　烏頰　形味俱相似亦曰吉鬣嶺表異錄　泉州謂之髻

鱶閩中海錯疏

魣 似烏魚而短身圓口小目赤鱗黑一名鰡味與鰣相似一曰撥尾魣魚之小者莆田東北五十里迎仙橋下所産極爲珍味又有草魚紅鰱烏鰡黃鰡諸名出邵武閩中海錯疏

鱓魚 一作黃䱇異苑 冬蟄夏出亦名蛇鱓按漢書鸛雀銜三鱣鱣卽鱔或作鱓閩人呼曰土龍曰地龍閩中海錯疏 荇莖苓根土龍之屬化而爲鱓有黃白二種抱朴子

鰳 形與鰣相似泉州志 味亦相似福州志 然其美在腴而鰳較鰣爲多鯁亦作鯬文字集略 又曰鰵異魚圖贊 沿海皆有之閩人或呼爲黃炙

鰻 鰻滑而鱓澁鰻脊骨圓而鱓方興化縣志 焚其骨可辟蠹魚有雌無雄以影漫鱧而生子故謂之漫鱺埤雅 海鰻鱺與此異

鱴魟　似鮎而小有刺能螫人其聲鱴魟異魚圖贊亦名黃顙能醒酒本草綱目

四明謂之鱴顙閩中海錯疏

鰤　魚禁鯤鰤國語小魚也呂覽東海之鰤當別是一種

烏鰂魚　一作烏賊一作烏則一名黑魚一名纜魚鹽乾者名明鲞淡乾者爲脯鲞異魚圖贊　閩浙間皆有之見人及大魚輒吐墨以混其身閩人有

鎖管墨斗猴染諸名又烏鰂見逸周書王會篇名爲最古

馬鮫　青斑色無鱗有齒又名章鮌亦謂之章胡連江志

䱚鯯　板身多鯁而肥美亦謂之當魬爾雅

帶魚　身薄而長其形如帶鋭口尖尾一脊骨無鯁無鱗長者五六尺小

者曰帶柳閩中海錯疏

錢魚　長七八寸骨柔無鱗類錢之半有五色文又白鰾一名金錢鰾亦

鱵類閩中海錯疏

丁斑　大如指長二三寸身有花紋紅綠相間尾有黃點善鬬盆中畜之號鬬魚又溪斑重唇疊甲皆此類閩中海錯疏

銀魚　大者曰麵條魚身白而長不踰數寸小時曰白小亦曰銀毛白小見杜詩江南魚鮮品　閩人一曰白沫凝沫成形雪色無骨其大如筯蕘之味厚類丁香䱜閩中海錯疏　又水晶魚長不滿寸大不過分俗呼爲白飯魚嶺海名勝記亦此類

白魚　身窄而長鱗細白肉美而不韌江南魚鮮品　杜少陵詩白白江魚入饌來即此閩人有鱵魚大面諸名

竹魚　身甚薄閩中海錯疏　廣西亦有之灕水澄碧見底竹魚最多味如鱖桂海虞衡志

含光魚　鯇魚　按含光即鱣　鯇即鰀之譌（異魚圖贊箋）　長咫如竿爆之爲燭可作羹餐（臨海水土志）

鮯魚　亦名鮯鮯（山海經）　其形如鯉六尺鳥尾（異魚圖贊）

髮魚　帶髮如婦人出滇池肥白無鱗（魏武四時食制）

戴星魚　背有星文點䵷玓瓅（異魚圖贊）

𩸞魚　又作鰶其美在骨（異魚圖贊）　犍爲郡僰道縣出臑骨黃魚（郭義恭廣志）　亦此類

鯛魚　鰯魵鱸鯚鱳　皆出樂浪亦見說文（異魚圖贊注）　按鱸鯚當是鱅鮇之訛

青魚　類鯶而鱗微細（江南魚鮮品）　泔以爲鮓曰五侯鯖（異魚圖贊）　卽草魚之青者

漁書

鰸魚　遼東浿水鰸狀如蝦（異魚圖贊）

鰣魚　按石鼓文當作鱒舊訓作魴惟鯾似魴形體薄而廣者爲鯾重五六斤魴不盈銖兩此當與鰻同（異魚圖贊箋）

竹頭鯚魚　滇池所饒亦名竹丁（異魚圖贊）按張揖廣雅竹頭鯚是也

鰺魚　或作鰺（本草綱目）魚類之淫者說文作鯵按魚部凡一百三始鰟終鯵江海間有魚游必三如媵隨妻人號婢妾魚（表異錄）所謂鰺惟妾魚也（異魚圖贊）

鱖魚　又作鯚吳楚鱖魚其文如罽（異魚圖贊）

鯇　無皮鱗嶺南呼爲綿魚又土蜯形如蚯蚓蟲鮐穴於田塍或泥岸中又有細如米粒者長樂所產呼曰骰可鮓（閩中海錯疏）

鰫　鰫　鰫脊多腴亦曰火筒魚　鰫身圓如竹頭尖喙長亦類火筒善

昭諸魚（江南魚鮮品）

鮓魚　形如鱸肉鬆少刺味甘重數十斤出海豐惠州志

鯩魚　如白魚而身短淸遠江多此南方之魚鯩爲上嶺表錄異

臘魚　產陽江似鯽而白肉油膩性喜温臘月漁人立水中爭附足可掇也粵東筆記　閩人呼爲過臘以臘來春去也四明謂之銅盆魚閩中海錯疏

織杼魚　眞魚　形相似背上正靑南越志

鱴魚　尾上有刺如欓樹刺也南越志

黃彡　黃鰽　耍魚　金鮐　寸金　皆鱗細黃色或赤色長寸許出甯德縣閩中海錯疏

白刀　鰓　鱴　白澤　白鱗形如刀生湖河間鱴魚白質黑章閩中海錯疏

白澤群生隨波潮縮生澤海物異名記

鳳尾魚　一名刺尾魚俗呼刺潑產廣東海中盛於三四月淸明掃墓必

買是魚（廣東通志）

蝦魁及蝦類　前兩脚大如人指長尺餘上有芒刺鋊硬手不可觸腦殼微有錯身彎環熟之鮮紅色一名蝦盃俗呼龍蝦（嶺表錄異）蝦類甚多曰蝦姑能食蜈蚣曰白蝦江浦城南有白蝦浦曰草蝦曰梅蝦梅雨時出曰蘆蝦蘆葦所變味甘美明初曾進貢曰稻蝦稻花所變曰對蝦兩兩相插腊之可寄遠曰赤尾卽天津之滷蝦曰塗苗海物異名記謂之醬蝦細如針芒鹹以爲醬南通州出長樂港尾者佳曰金鈎子小於赤尾淡者佳曰海蜈蚣狀如蝦姑出興化土人切以爲膾（閩中海錯疏）粵中尙有蒼蝦雙枕蝦河淸蝦諸名不能盡錄

水雞　色黃皮皺頭大嘴短其鳴甚壯如在甕中有尖嘴蛤似水雞而小青鉀黃鉀亦相類閩人惟食水雞黃鉀等種則不食（閩中海錯疏）

蝦蟆　蟾蜍　雨蛤　蝦蟆大如拇指微黃腹白生草澤間蟾蜍皮皺色墨頭腹大而脚細好伏牆陰下而絶壽雨蛤一名雨鬼如蝦蟆而小天將雨則鳴閩中海錯疏

石鱗　生高山深澗中皮斑肉白味美晝伏竇中夜踞山頂最高處閩人以爲神物捕者戒勿洩緣崕攀石以火照之見火輒醉十不脫一閩人飲饌以此爲佳品俗名石蘦魚又名谷湅閩中海錯疏

水䖃　俗名鍋蓋魚背光黑尾長尖甚毒能刺人漁人呼爲魚翦又黃鱗似水䖃而黃俗呼黃婆子通州志

馬鰝　春社時生一名社交魚通州志

容魚　又名萊花魚似四鰓鱸而差黑惟青溪二十里有之青浦志

鱵魚　亦名銅哾魚臨海志　生江湖中狀同鱠殘但喙尖有一細黑骨如鍼

本草綱目

鰽魚　狀似白魚長不近尺闊不踰寸扁身細鱗腸腹多脂南人呼爲黃鰽魚江海並產

燕尾魚　頭似鯉嘴稍長身寬如鯿脊翅二寸其尾似燕故名紅白相間出廬州等處

青金魚　形似鱖魟有鬚色青長僅四五寸刺能螫人

特殊魚產之種別

海魚之異者黃魚化爲鸚鵡泡魚大者如斗身有刺化爲豪豬鯊魚之斑者化爲鹿不但化虎也凡魚皆孳子卵生惟鯊魚口吐而生破復取胞魚目未開者肉嫩（廣東新志）近世水產學家謂鯨鯊均胎生云

水猪　隨海潮薄岸食人人刳之大者圍九尺長二三尺似猪（太平御覽）

海和尚　人首鱉足身差長無甲海語

人魚　長四尺許體髮牝牡人也背有短鬣微紅出沙汭亦能媚人海語

海朮　南海有水族左脚長右脚短口在脅旁以左脚捉物右脚有齒嚙之方內于口其聲朮朮南人呼爲海朮酉陽雜俎

嬾婦　似豪豬而小以機杼織袵懸於膣望之而走雙乳垂腹取以煎油其膏百斛赤雅　按嬾婦產瓊南溪澗中齒長則入海化爲奔鲟廣東通志

鹿魚　海魚形如鹿五月五日登岸化爲鹿小於山鹿廣東通志

海馬　出南海形如馬長五六寸陳藏器本草

何羅魚　一身十首化而爲鳥夜飛曳音聞春疾走異魚圖贊

鯢　鮷　鯢即狗魚生山溪中似鮎有四足長尾能上樹聲如小兒故名與海中鯨鯢同名異物　鮷亦名孩兒魚啼聲如孩兒也按孩兒魚有二

湖北地區藏漁業類古農書珍本萃刊

種生江湖中形色皆如鮎鮠腹下翅形似足軋軋音如兒啼此鰟魚也一種生溪澗中形聲皆同但能上樹乃鯢魚也（本草綱目）

介類之種別

龜類　鼂鼊名匽鼂（說文）又曰海航（臨海水土志）形大如蘧出自沙踋一枚剖之有三斛膏（異魚圖贊）鼂鼊一作蚼蠏即蠵龜（本草綱目）一作贔屭所謂巨靈贔屭也（蜀都賦）或云大者爲蟕蠵贔屭小者爲鼂鼊（異魚圖贊箋）山蠵以胸鳴其音如鼓（說文）洛神賦所稱馮夷鳴鼓也夾板龜所在皆有其性冬令閉氣藏身爾雅曰攝龜又綠毛龜板有綠毛爲介中之特別湖北蘄州湖南澧州皆有之余任唐縣時西關有一井亦產綠毛龜元順帝時曾遣使取之然則此龜亦不僅產自湘楚也

鼈　一名團魚一名腳魚卵生形圓穹脊連脇四周有帬外肉內骨不可

與莧同食（閩中海錯疏）亦稱神守（養魚經）

蟹類　八跪二螯堅殼其行郭索臍尖者牡團者牝俗稱有毛蟹金錢蟹蟛蜞虎獅金鱘虎鱘蘆禽塗蜥諸名其別種曰海鱘亦曰蝤蛑曰蠘似蟹而大螯有稜鋸利截物如翦故曰蠘（閩中海錯疏）又有千人擘聚刺獲殼擘不能開（海物異名）亦謂千人捏（酉陽雜俎）又女丑大蟹舉螯爲山（山海經）雲間人謂之沙狗（蟹譜）又有擁劍招潮倚望諸名（異魚圖贊）亦曰彭蝑（爾雅）或誤爲彭越更作蟛[illegible]

紫蛣　東海有紫蛣（荀子）又名紫藒（江淹石蛣賦）謝朓詩紫藒爅春流是也一名石蛣郭璞石賦石蛣應節而揚葩王維詩去問珠官俗來經石蛣春皆可證或名龜脚或名仙人掌佛手蚶（閩中海錯疏）則以形似名之

石決明　無鱗有殼一面附石細孔雜雜或七或八（爾雅贊）鰒魚別是一種與決明相近（本草圖經）俗名將軍帽溫州與登州海中俱有之即名鰒魚溫人

醃用登人淡晒閩中海錯疏　南蠣𧉯鰒介生別搆也後漢書伏隆傳注

海膽　石蟮　寄生　海膽殼圓如盂外結密刺內有膏黃色土人以爲醬四明謂之海績筐石蟮亦相類寄生爲海上枯羸殼存者寄生其中負殼而走形如蟹味如蝦大如榆莢閩中海錯疏

蟶　生海泥中大如指長三四寸許肉白殼薄兩頭稍開其長大殼厚者曰竹蟶三月麥熟時最盛形如麥稿又名麥稿蟶一曰玉筯蟶閩中海錯疏　閩粵人以田種之謂之蟶田潮州府志　浙江象山縣等處亦有之

螺類　香螺大如甌長數寸雜衆香燒之益芳獨燒則臭鈿螺光彩如鈿可飾鏡背紫背螺鸚鵡螺泥螺產鄞縣南田者尤佳米螺田螺黃螺紅螺蓼螺梭尾螺馬蹄螺指甲螺鴝鵒螺花螺竹螺油螺醋螺莎螺石螺螺獅其種不一而肉多同惟殼異閩中海錯疏

海月　石華　海月形圓如月謂之蠣鏡磨礪其殼使之通明次以蓋天窗閩中海錯疏　水沫所化煮時猶花爲水本草綱目　嶺南謂之海鏡又曰明瓦　石華附石而生方言謂之石雹肉如蠣房殼如牡蠣而大可飾戶牖天窗閩中海錯疏　按謝靈運詩挂席拾海月揚帆採石華是也

石帆　沙筋　石帆紫黑色枝柯相動連帶不絶生海上石穴中閩中海錯疏　沙筋生海岸沙中春時吐苗其心苦骨白而勁可爲酒籌嶺表錄異

殼菜　江珧柱　殼菜一名淡菜一名東海夫人生海石上以苔爲根殼長而堅硬紫色味最珍生四明者肉大而肥生閩者肉瘦閩中海錯疏　形雖不典而甚益人本草綱目　所謂東海夫人淡菜有殼也異魚圖贊　小者曰沙箭尤小者曰烏蜦無毛曰烏投殼堅有毛　江珧柱一名馬甲柱閩中海錯疏　厥甲美如瑤玉海物異名記　肉柱膚寸名江珧柱萬震南州志贊　四明奉化者佳

蜆 蚌 蠕　凡生於海者曰白蜆生於江者曰黑蜆黃蜆遇風雨輒飛徙廣東新語　廣州海中有白蜆塘廣東通志・金鏤蜆亦曰金口蜆廣州府志　閩俗謂之蟟有黃蟟土蟟之別　蚌　生曲岸中肉如蛤蜊殼厚而長腹中有蟹子如榆莢合體共生蛤青似蚌殼薄青色翠者呼曰翠翠閩中海錯疏　蚌之狹而長者曰𧒀周禮　蠕比黃蜆大聞雷則生海中有蠕塘南越筆記

蠣房　海曲蠣房或名蠔山南州志贊　其殼磈磊相粘如房地無石灰者燒蠣殼爲之嶺表錄異　草鞋蠣大如杯黃蠣大於蠣房數倍閩中海錯疏

蛤蜊　其種甚夥一月生一暈南海志　凡蛤之屬開口聞雷鳴則不復閉南越志　殼白厚而圓肉狀如車螯有赤蛤海紅螂蜣蜞螂沙蛤紅栗文蛤海蛤沙虱土銚白蛤空豸諸俗名閩中海錯疏　大蛤曰車螯陳藏器本草　亦曰蜃周禮以時籍魚鼈龜蜃是也

蚶　蚶爲蚌屬狀如屋上瓦壠殼中有肉紫色滿腹荆州記　細者曰珠蚶或種水田或種海塗有文如絲者曰絲蚶閩中海錯疏

蝛　老蜯牙　石礴　蝛生海中附石殼如麂蹄殼上肉下大者如雀卵老蜯牙似蝛而味厚一名牛蹄石礴形如箬笠閩中海錯疏

西施舌　浙温州有之生海泥中似車螯而扁常吐舌寸餘本草從新　本名車蛤以美見諡閩東四郡海錯以此爲最閩中海錯疏

孫仲容主事於此篇魚類名目頗有糾正凡涉中國古籍荒誕之説悉依删去惟於鯊魚條下云依生理學通例無魚化獸之理誠然但雀之化蛤田鼠之化爲鴽又安得盡辟而闢之此非加以實驗不敢臆斷過而存之以待水產學家之研究作者識

製造第六

吾觀於日本水產學製造之品而知與我中國周官制禮深有合也乾製食料品則腊人所掌是醃製及他食料品則醢人所掌是氷鮮貯藏品則庖人所掌冬行鱻是工藝用品則獸人所掌凡皮毛筋角入於玉府是又英國舊俗得鯨則獻首於王獻尾於后而蘇格蘭舊例亦載凡鯨魚跳躍上坡大逾六匹馬者宜獻於后后則賜海軍提督或其部落之酋長謂之御魚猶之鳧鴈自集其地稱爲御鳥與周官膳夫所掌歲終則會會計也唯王及后世子之膳不會皆有受天下養之意而庖人籩人等官辨物必詳致用必潔詩稱仲允膳夫又稱膳夫左右尤拳拳三致意非惟衞生之道以尊且王莽之椒酒梁冀之煮餅皆因飲食以肆大惡其誤食戕生色惡臭惡者更何可勝道以是知周公之法爲可行也中國烹飪之美及其他食品見於私家撰述者不可勝紀何曾有安平公食單韋巨源有燒尾宴

食單段文昌有食經鄒平公有食憲章虞悰有食方謝諷有食經孟蜀有食典越絕書以夏日供帳飲食處曰氷廚歲時記以四月十五後謂之櫻筍廚其所製造者固不拘拘水產一端然亦食品中之良史也自漁業廣設公司製造食品爲他日貿易輸出之預計江南鹹鮮諸味閶闠鱗比膾炙人口而通州先已有頤生鑵食合貲公司之設附表於後以資觀覽水陸諸品並列鱗介其一也凡製造所有事計分爲三曰食用品藥用品曰工用品

食用品　分爲二曰乾製及加工乾製曰淹製

乾製之法最古易噬臘肉周禮腊人掌乾肉脯腊膴胖之事按去骨曰脯帶骨曰腊全體曰膴半體曰胖其法至備庖人夏行腒鱐鱐乾魚也今人乾製不一其名有素乾者亦曰風乾其借火氣日力併製而成者俗通呼

曰乾魚即魚之蕘者凡乾魚可盛器以致遠石鼓文何以橐之惟楊及柳橐包也易曰包有魚魏武食制謂之蕭析謂以蕭蒿承曝而成也李時珍謂淡壓爲腊者曰淡魚曰鱐魚以物穿風乾者曰鮿魚以鹽漬成而乾者曰醃魚曰鮑魚曰鱁魚烏鰂魚鹽乾者曰明鮝淡乾者曰腹鮝凡魚之乾製者其法多類此又南人呼沙魚之大而長喙如鋸者曰胡沙肉美而皮粗鹽作修脯其它鯉鱓之屬醃乾可久食然衛生者謂頗阻消化力小者如銀魚麵條之屬曝之尙易淡菜海蝦等物味含鹽質蒸曝尤便惟海參出水必先刳去腸胃石灰醃去醒涎令體肉緊密乾之縮至寸許燕窩爲貴家宴品其價頗翔黃東海語謂海燕大如鳩春回巢於古巖危壁葺壘乃白海菜也島人伺其去以修竿執取而鬻之爲乾藏餽遺之珍品此其大略也其加工製乾者曰燻魚如鯖鯽之屬去鱗刳腸胃和酒漿濾淨架

貯於鐵具下爇木屑皮黃骨酥爲度按嶺表錄異嘉魚肥美最宜爲鋌每炙以芭蕉葉隔火恐脂滴而火滅鋌蓋即爊魚之類有爆魚亦曰炸魚法亦略同但魚須切片洗淨血䱉和酒漿濾乾投沸油鑊中有間皮皺肉黃以箸夾起冬月之間經旬可食其炸者或用鱖魚長如箸更弗切片如上法以沸油炸之更鬆脆可口又有製魚鬆之法取活鯖鯶之屬背肉切成正塊濾乾蒸數遍使勿漬水以皮肉脫骨爲度皮骨紫肉悉剔除勿用將魚肉擠碎略用豆油一二匙入炒炒至極乾加黃酒仍須炒乾後再加醬油糖瓜姜末脂油名物以炒乾爲合格則成鬆矣或稱爲魚粉此加工乾製之概略也　淹製之法較乾製爲尤夥膳夫之職羞用百有二十品珍用八物醬用百有二十甕可謂備矣外饔供其脯修修者加薑桂也鱉人共䗪蠃蚳以授醢人內則卵醬卵卽鯤小魚也是魚類淹製之法歷史之

最古者。今人淹製其類不一。有以酒製者。亦曰糟魚法。將魚醃至一月後。曝日中至乾。以水滌淨。切成方塊。盛筠籃中。濾乾。醮燒酒。勻貯罐內。逐層如酒釀及椒鹽少許。澆蔴油其上。可避蠅。且亦不變。食時蒸熟。不再加料。味最佳。海錯疏謂王魚醃糟食之。已酒病。則又以類相治也。其酒製介類。則醉蟹爲尤著。江海居民多有市之者。蝦蚌之類食時或和以酒。然必參以他味。與製蟹之法迥異。且不可餽遠。有以醬製者。魚類較少。惟鰛魚似馬鮫。粵海以秋至。網之連得數船。輒醃以爲醬。味頗佳。又廣東通志稱蝦醬以香山所造爲最美。新甯大襟海上下二川者亦佳。初醃時。每百斤用鹽三斤。封缸口。俟蝦身潰爛。乃加鹽至四十斤。可以久食。海物異名記所謂醬蝦細如針芒。海濱人鹹以爲醬者。江南蝦醬或雜以魚子。惟出通州長樂港尾者爲海錯疏所稱述。有以鹽製者。凡魚欲久蓄。必漬以鹽。則雖久不敗浙人醃鰳魚之法尤特別。鰳甫上水以繩繫尾而懸之其水從口濾盡即以棕櫚裹之倒插於醃艙使竄於鹽內逾一月取出去外裹之物則魚色如生而味已漬入恒以餽親朋不輕入市也鹽漬之品爲普通用醃之法不能悉數英人至添設魚官。專管醃魺之事。閩人所稱丁香魺者也。其味如蝦米凡此皆淹製之概略也

附通州頤生罐食合貲公司

海關貿易册進口貲項下罐頭一類日增而月盛中國惟廣東香港有廠製造外此未有聞焉通州江海奧區水陸物產饒有可紀同人議與此利就通州唐家閘試製今度城東四甲壩當通如海動植物產地適中之處建廠置器專製各種食品並延良工以廣傳習此在實業界中爲最小數。然爲開通風氣計。事無大小。在爲之而已。

罐詰品類每月製造分列於後

冬筍

水沙魚　本筍　本筍

蛤蜊　蟶　菌

蛼螯　銀魚　刀魚　本筍　玉米筍

正月　沙參　小黃魚　枇杷　桃

二月　蟶　蠶豆　豌豆

三月　櫻桃　鰣魚　密炙火腿

四月　白鱔　白鱔

五月　甲魚　雞脯　茶豆　白果　鵪鶉　冬筍

六月　甲魚　扁豆猪肉　梨　麻雀　兎

七月　甲魚　椒雞　洋葱牛脯　野雞　野雞

八月　脊鴒　蛤蜊　鳩　蜱蝛

九月　蝗　鴿　蛤蜊

十月　兎　蝗

十一月　銀魚

十二月

藥用品　分爲二曰鱗類曰介類

鱗介類之爲藥用者蓋繁矣。李時珍謂鱗蟲有水陸二類類雖不同同爲鱗也龍蛇靈物魚乃水畜種族雖別變化相通鱗屬皆卵生而蝮蛇胎產水族皆不瞑而河豚目眨藍蛇之尾解其頭毒沙魚之皮還消膾積苟非知者孰能察之唐宋本草虫魚不分乃析爲鱗部凡九十四種分爲四類曰龍九種曰蛇十七種曰魚三十一種曰無鱗魚二十八種附錄魚九種又介蟲三百六十而龜爲之長周官鼈人有專職其可充藥品者唐宋本草亦混入虫魚復析爲介部凡四十六種分爲二類曰龜鼈十七種曰蚌蛤二十九種其同物異名同類異性具載原書茲不覼錄自海市交通水產之學與生理學相比附魚肝油盛行內地往往爲搢紳先生所服習今閩中海錯疏所載鰵魚長丈許重百餘斤味腴在腦而不及肝其名亦遂爲本草所不錄然則有益生人之具亟待搜攷而研究之者爲何如也實業之增進率視輸出品爲之盈縮區區藥用云乎哉

工用品　分爲二曰使用具曰文飾具

使用具　凡魚油可以然火或制燭嶺南嬾婦魚似豪豬雙乳垂腹取以煎油其膏百斛澆蜡作燭相傳飲酒則明讀書則昏非篤論也鰃魚如指長七八寸曝之亦可作燭閩海濱人言魚油然火光𤏲黑味腥不可嚮邇

漁戶習用之瓊州志稱海䲭多油貨至萬錢則亦入市矣殼類可以爇香
鱟皮殼堅銳焚之避蚊香螺雜衆香中則芳益烈本草謂之甲香其爲器
用者皮日休以鱟魚殼爲樽曰訶陵樽潛龍魚鱗大如掌可爲帶及酒器
見南越筆記閩人以螺似鸚鵡者作酒盃嶺南以石首魚腦中二石子貯
於竹器以植酒籌頗不俗鱟圓如熨斗殼可爲杓尾可爲如意海䲡脊骨
可爲舂臼至於魚鰾有膠用以粘物海獸之皮貯爲革囊鱷魚一名忽雷
枯骨可製樂器烏鰂膽墨取以書字蠣房煆粉利於圬壁海綿海藻利便
使用尚難悉數姑從略焉
文飾具　鯌魚南越謂之環雷魚皮有珠文可飾刀劍口說文鮫魚皮可
飾刀是也又可以飾函左思賦扈帶鮫函並可鑪物珠貝之屬爲服御所
致飾禹貢淮夷蠙珠暨鐵論夏后氏以元貝從來蓋遠矣螺彩如鈿初以

飾鏡近則文具之細鏤刻之觀璀璨奪目比比皆是中邦士夫以飾領鈕闤闠之間且充牣矣海月形圓亦曰蠣鏡磨礪其殼飾諸戶牖鱗次通明亦曰明瓦石華石蛪皆其類也珍寶之飾繫於水產另箸於篇

孫仲容主事云古鮑魚即乾魚見周禮及史記貨殖傳今鮑魚乃水蟲之一種古名鰒魚見漢書王莽傳今於食用品條照此更正作者識

養殖第七

中國嚮言治生者必託始陶朱公顧吾聞陶朱公十九年之中僅三致千金今人處之必夷然不屑然其權子母析錙銖預計歲出入之盈縮且爲計學家所自祖夫治生之法五水畜居其一尋常養殖之法海濱人多能道之日本創設水產學校養殖之法益有發明凡人工交接之要點保護蕃殖之效果搬運鍼治之傳習一一箸錄編爲課程別三學級三年卒業

蓋如是其勤也中國古書養殖亦頗有紀載顧蠢蠢漁戶類不識字無研究改良之階級然瀕海居民致力於種蟶種蠔稱爲蟶田蠔田者亦自有私相授受之成法擴而張之範之淬之俾知識以互換而愈增成法以實驗乃益進非細故也養殖舊聞歷史可證者有三曰移殖法曰保護法曰飼養法

移殖法農圃四書載魚種古法俱求懷子鯉魚納之池中但自涵育或取左近江湖藪澤陂澨水際之土數舟布底則二年之內土中自有大魚宿子得水即生也今人惟購魚秧汎江乘潮布網取之初時如鍼鋒然飼以雞鴨之卵黄或大麥之麩屑或豆末稍長則畜池中閩録云仲春取子於江曰魚苗畜於小池稍長入䕶塘曰䕶鱸可尺許徙之廣池飼以草九月可取有難長之秧曰艋鱁其首黄色曰螺獅青以其食螺獅也爾雅翼鱒

魚螺蚌其口尖期年而鼻竅始通不得通則死惟鱓魚爲良口闊盈首似
鯉而身圓謂之草魚食草易長爾雅翼鯇魚食草白鰱於白露左右始納
池中或前一月或後一月皆不育漁人携於舟若煎炙油氣觸之則目皆
盲鰡魚於潮泥地鑿池仲春捕盈寸者養之秋而盈尺腹背皆肥爲池魚
之最惟食泥百藥無忌又廣東新語載南海九江村以撈魚花爲業魚花
產於西江其類不一取時知某方有雨某方之水長則某魚至西南爲南
甯左江多士鯩正南爲柳州右江多鰱鰫西北爲桂林多草魚草魚者鯇
花四者畜池易長初取時盛以白磁長至針許已能辨其魚類浮者爲鰫
在中者鰱在下者鯇最下鯩也分養池中向陽易長稍長曰䲚鰾　蠔蜆
蟶蠵之屬閩粵浙人多殖之南越筆記東莞新安有蠔田與龍穴洲相近
以石燒紅散投之蠔生其上取石得蠔仍燒紅石投海中歲凡兩投兩取

謂之種蠔又以生於水者爲天蠔生於火者爲人蠔成田分界尺寸不踰踰則爭生蠔之所曰蠔田生蜆之所曰蜆塘塘在海中亦無實土也廣州海中蜆塘長三百里皆產白蜆蠕大於蜆聞雷則生春初種之冬月乃取田在海中亦曰蠕塘蟶閩粵人種之謂之蟶田饒平有竹節蟶浙江瀕海種蟶亦多穀雨節時象山人用夏布小綱向塗邊取子名蟶秧小如米粒大者倍之將泥淘淨播散塗內如播秧穀即蟶田也潮汎漲入蟶秧鑽入泥中上有小洞此蟶即活塗泥肥者逾年即可採取獲利恆倍蓰不如法則折閱亦甚

保護法凡鑿池養魚必以二有三善焉可以蓄水鬻時可去大而存小可以解汎此池汎可入彼池不可以漚麻漚麻則汎魚遭鴿糞亦汎均以圊糞解之食楊花亦然池不宜太深深則水寒而難長魚之遊行晝夜不息有洲島

環轉則易長池旁樹芭蕉則露滴可以解汎樹楝木則落子池中可以飽魚樹葡萄架子於上可免鳥糞種芙蓉叢生岸周可避水獺池之正北三面有日魚必聚焉浚宜特深飼草亦宜北方飼魚不可撩水草恐有黑魚鮎魚等子在草上是能食魚池中不可着鹼水石灰能令魚汎凡池之瓢太密則魚鬱死必去其半又山中暴雨入池帶惡蟲或蛇氣俱令魚生虱魚虱如小豆大似團魚魚生虱則瘦宜細檢視之有則以松毛遍池中浮之則除凡大池之旁宜有小池以便冬月寄魚具栽荇焉

飼養法凡育魚之所須擇泥土肥沃蘋藻繁盛爲上魚小時草必細飼至冬則不食凡魚嘯子必沿水痕雖乾涸十年遇水即生其長甚易江西養魚法掘小池方一丈深八尺底又作小池方五尺深二尺用杵築實畜水至清明前後買鰱魚鱓魚長一寸許者每池鰱六百鱓二百日以荇帶草

喂之無草可用鹽蛋殼食之冬月大魚無食法用積舊草薦罝僻處人溺其上久之冬月剉細以稻泥或黃土和草成團大如碗晒乾置池中心深處大魚則并泥食之中魚剉草更宜細入水二三日和土成團冬月乾取起魚寄別池內或入大桶速乾水起生泥壅池主泥只取爛泥勿去乾者一法作羊棬於塘岸上安羊每晨掃其糞於塘中以飼草魚而草魚之糞又可以飼鰱魚但不免略有滯味耳要之水畜之利宜背山面湖山聚水曲之處建築屋舍開軒面圃僕從以暇從事播穀種蔬樹植蠶繅以經紀其衣食衆維魚矣實維豐年實業之發達意在是乎

孫仲容主事云周禮有毒魚之禁今亦多沿此惡俗毒魚古用芫花莽草今人亦用毒草宜考查補列以去魚害又凡獱獺之類食魚獸者亦宜求驅除之法猶農學之去害蟲云

水產第八

水產品爲古今中外所必需而不可一日無一人缺者鹽是也稽古以來鹽法屢更大要祇兩端曰收鹽收稅曰官賣商賣數千年來朝野上下旁皇而周諮者鹽政蓋如是矣自海綱既弛民間食用之具服御之飾外人殫思竭慮必求悅於吾意凡不便者益致力改良俾無不稱便乃已中國舊有之粒鹽末鹽其品瑩潔白恆不逮外來之鹽於是外來之鹽稍稍浸灌內地我國嚮恃爲官山府海者至是又多一漏卮絀於商戰實絀於學戰也今次鹽類析目爲三曰鹽政曰各省鹽說略曰通州呂四場改良之鹽說略水產珍寶皆談海錯者所有事故附見焉

鹽政

古諸侯夙沙氏煑海爲鹽以資民食此有鹽之始管仲曰海王之國謹正

鹽筴國用富强蓋計其鐘釜而出之漢吳王濞封於海陵招致亡命煑海爲鹽國無賦而用饒此榷鹽之始武帝時募民自給費因官器煑鹽置幹官長丞及水衡都尉均輸官皆主鹽事所謂鹽器者牢盆也此設官之始後則衞覬請置使者監賣鹽魏武從之陳文帝則立煑海鹽賦後魏宣武收鹽池利迄永熙傍海置竈此有竈池之始唐開元年間江淮轉運使裴耀卿置輸場鹽倉以受淮鹽此官收之始乾元初第五琦變鹽法就山海井竈近利之地置鹽院籍游民業鹽者爲亭戶免雜徭此民灶之始至德十四年以劉宴爲轉運使置吏及亭戶收鹽轉鬻任商所之歲獲鹽利至六百餘萬緡以利國之權行愛民之政故言鹽政者首推晏此商運之始宋制鹽聽州縣給賣致軍吏困於轉輸舟卒侵盜雜以沙土鹽惡不可食多露積此鹽有攙和之始天聖中用盛度言罷官鬻聽入錢京師榷貨務

而以淮鹽給之其後西事劇募商人輸芻粟塞下又置折中倉聽商以金錢輸於京師予券以所在鹽給之此中鹽之始元太宗庚寅歲始定鹽法或銀或鈔其制不一郝彬請建六倉江河之商市易皆賴其營建之功此建倉之始明初因予券之制而改爲引目每引四百斤運司請戶部印造召商中鹽每引輸銀八分凡鹽出塲經批驗所定行鹽地界引與鹽離及越境者即以私論永樂中令商納米於邊米二斗五升粟四斗淮鹽一引成化中更其法輸銀於運司銀四錢支鹽一引此造引定界之始嘉靖五年用御史戴金言每正鹽一引許帶餘鹽一引正引納粮草於各邊餘引納銀於運司其夾帶者割沒入官此正引餘引割引之始其後邊穀踊貴又勢要占中賣窩商人輸邊輸銀而挨單候掣非五六年不行復分爲邊商內商水商三項沿邊土著者爲邊商輸芻粟於邊領倉鈔賣於向居揚

州之内商内商卽赴場買鹽賣與水商所謂占窩卽後來根商之始邊商卽窩商之始道光十一年裁鹽院時根窩作爲廢紙淮商自運並無窩商矣内商卽今之運商水商卽今之水販也往者李雯論鹽之產於場猶五穀之生於地宜就場定額天下皆私鹽則天下皆官鹽其意亦取法劉晏後人習聞之舉以聞於朝諗之當事之吏胥而不行則所謂鹽利之不可興實鹽吏之不可罷也然馮氏桂芬又以李說爲書生之見則今昔之勢殊而其所著利淮鹽議按之今日亦不盡有效者事無十年而不變膠柱焉皆覆車也今天下產鹽之地曰兩淮曰兩浙曰長蘆曰福建曰廣東曰河東曰甘肅曰雲南曰四川曰奉天鹽課居天下財賦四之一兩淮最鉅其弊亦最甚爲鹽之策者亦獨繁不能備舉以余所習聞者別爲各省鹽說略俾有所攷焉

各省鹽說略

密縣王守基咸豐年間官戶部山東司最久鹽法綜於山東司著鹽法議略持論頗與李雯相砥礪書中載各省鹽法致贍多可取證者撮略如後

兩淮產鹽之場二十有三隸通州分司者九泰州分司者十一海州分司者三海州三場鹽出於晒行銷淮北餘則出於煎而行銷淮南淮鹺紀要誌之尤詳淮南鹽滴鹵煎成其法擇海濱之地有鹵氣者平治之名曰墩置罩成名曰筦場取鹵時鋪草灰於墩上俟一二日灰色轉黑遙望之有白光則知鹵氣已升豫於高處挖有一池入以潮水攙和之名曰灰池低處亦有一池用蘆竹管通於灰池使灰水澄清灌入名曰鹵池池旁設土灶灶上安鐵𨫼以草煎之俟𨫼中起大泡則點以皂角水而成鹽凡產鹽則旺於春秋在夏則燥烈而無鹵在冬則鹽花入土非數日西風不能也

約計草十束可煎鹽一桶淮北則以日晒其法於濱海處挖深溝冬令東北風緊潮水必大灌入溝池即以蘆草塡塞口使在溝之潮不退謂之寒潮其鹽池於平地挖深尺許用磚鋪成俟日煖時引潮入池晒一二日潮水即起泡池丁持帚入水掃之隨掃成鹽太平局之鹽顆粒較大俗名棋竿斗以牙色爲中富鹽色稍紫則次之西臨臨浦青口則白而細爲下矣每小滿節前後掃鹽極易故諺云小滿十八掃此十八日之内即可收足一綱之鹽過此亦能晒掃第成鹽較遲耳酷暑所掃爲火鹽粒必中空酷寒所掃爲寒鎗其形尖而長作凌氷色皆不堪用從前鋪池按引額有一定丈尺不准私放寬大池丁作奸則將池之四旁沙土平築如底名沙基小滿時潮水過此不待入池即可成鹽是以淮南有缺產之慮淮北則恐餘鹽太多透私害價也

兩浙產鹽之場三十有二其轄於甯紹分司者二十嘉松分司者十二各場之鹽皆出於煎故統謂之末鹽煎鹽之法先於傍海近潮之處開闢坦地剷去草根光平如鏡名曰攤場又謂之灰場分上中下三節潮汛分上半月下半月兩次初三十八以後潮勢日減次第晒之盛夏二日或三日秋冬四日晒力方足嚴冬則西北風尤勝俟地起白霜用鐵鏟收起名爲刮土所刮之土三月爲桃花土六月謂伏土九月謂菊土伏土最鹹桃土菊土次之傍築小槽廣四尺長八尺封塗於底覆以刮竹鋪以淨茅下承以池實土二十四擔於槽沃灌清水滲及周時泥融水溢流入池中即成鹽滷試滷之法採廣東石蓮用兩竹管約長六七寸並縛於細竹竿頭分置十蓮於管內管口用竹絲隔定探入滷井滷沃蓮浮浮三四蓮味重五蓮俱浮尤重浮取其直若橫直相半則味薄蓮沈於底則滷不能入煎矣

煎鹽用盤盤以鐵版湊合底平如盂四周高一二尺其合縫處以滷和灰嵌之一經塞結永無罅漏嘉慶四年詳定設立官廠領鐵開鑪不許私鑄煎滷於盤未即凝結將皁角末和米糠攪沸滷中頃刻結成蓋皁角結鹽猶石膏之結腐耳其鹽色白但味稍淡不如淮鹽之爲勝也

長蘆即滄洲也滄洲舊治去長蘆四十里後移治於此人遂以爲滄洲而莫知長蘆所在五季以來即於其地設鹽司故直隸之鹽以長蘆名歷遼金元皆二十四場明隆慶間裁爲二十場　國初又裁爲十六場雍正十年裁并爲十場（今則興國富國亦裁祗八場）十場產鹽由煎而成者三爲石碑爲濟民爲歸化由曬而成者四爲興國爲富國爲海豐爲嚴鎮若豐財越支蘆臺三場舊皆半煎半曬今則蘆臺如故而豐財晒越支煎矣凡鹽出於煎者其形散名曰末鹽出於晒者其形顆名曰盬鹽周禮所謂盬鹽是也盬鹽

味稍遜末鹽爲上煎鹽之法秋日刈蕩草以煎鹽而藏其灰至十一月鑿海水藏之待開春晴暖以後攤灰於亭場俟鹽花浸入用海水淋之成滷其試滷也投以石蓮北方石蓮難得代用雞卵沈而下者淡浮而橫側者半淡煎皆耗薪必浮而立於滷面者乃鹹注鍋煎之可頃刻成將成時投皂莢數片始凝爲鹽周十二時爲一火伏可成六鍋鍋得鹽百斤詰旦出坑灰仍攤於場滲取鹽霜灰以年久爲艮因滷水浸潤成鹽尤多也旱則土燥潮氣下降鹽花不生雨則客水浸淫亭場沾濕晒灰反致銷蝕故煎雖由人工亦必雨暘時若鹽乃豐收曬鹽之法近海豫掘土溝以待潮入溝旁堅築曬池九層或七層自高第下潮退兩人繩繫柳斗戽溝水入第一層池中注滿曬之然後放入第二池則又灌首池使滿次第放至末池投石蓮試之蓮直立滷即成趁晴曝一日即成鹽矣

山東鹽場舊一十有九嗣後歷經裁并定爲十場皆膠萊分司所轄煎鹽之場三爲登甯爲石河爲信陽晒鹽之場三爲永利爲永阜爲王家岡煎晒兼者四場爲西繇爲濤雒爲富國爲官臺煎鹽之法亦候潮汐其攤灰刮土淋滷試蓮與浙粵大同小異惟負海最近之場晒鹽較他處爲便或就灘地周圍掘溝見水其前築員池一以納溝中之水名爲馬頭員池之旁開大方池一大池之旁列小池四先用柳㪷將員池汲入大池一二日可成滷然後引入小池數日即可成鹽或就灘中掘井周圍闊十二丈井上畔開五圈圈之外開四池汲井水入頭圈盈科而進放至第五圈水已成滷謂之滷臺於是分引入池曝晒數日卽可成鹽煎鹽須刈草蕩以後秋冬爲多晒鹽惟藉烈日之功春夏爲便厥民蓬跣滷蝕膚剝故煎鹽之戶多盲以目爍於火也晒鹽之戶多跛以骨柔於鹹也

河東鹽池居中條山麓以北東據安邑西據解州廣袤長五十里南北闊七里四面皆高池居其中形如釜底北高南下最南爲護寶長隄隄爲黑河即池積水之處其味鹹鱗介不育其性温降冬不氷泥土純黑稍深顯露硝版此即鹽根池水不溢不涸或曰海眼即山海經所謂鹽販之澤也池北利地治畦爲種鹽之處圍以土墻名曰禁垣池分三場曰東場中場西場禁垣北開三門曰育寶成寶祐寶祐寶門外爲運城蓋運治所在也運城西六十里許有六小池產鹽無幾又有女池客澇時注水滿則淡生魚水涸則苦生硝故又名硝池水經注所謂女鹽澤是也顧保護鹽池之法最重渠堰渠堰既治則鹽池之患消而利始溥夏令甫屆薰風南來附岸池面綴珠凝脂鹽顆自結虞舜所歌薰風阜財即指此池上有歌薰樓中條山陰有薰風洞俗謂之鹽風洞自元迄明皆調派蒲解十三州縣

鹽丁赴池撈採謂之撈鹽宋崇寧間開二千四百餘畦百官入賀爲治畦
種鹽所自始　國初裁去鹽丁鹽歸商種而種治之法始詳先就池上治
地爲畦每畦闊七八丈或十餘丈三塲各異其制長則隨其地之所極兩
邊疊土作埂堅築如砥以入水不滲爲度畦旁各掘港道以洩雨水一畦
爲一號就中界爲數段每歲二月一日畦工入垣蓋庵治畦淘溝俟南風
至時引水澆晒用桔槔挹水注於畦之首段時以鐵扒攪之日曝味作移
注次段首段月注新水次段水鹹色赤移注三段俟其澄清開隙滕隅以
灌四段要俾清流盈科而進水深不過一二寸經時鹽花浮上望如皎雪
乃用木扒偏揚謂之榻花花落水底風力震蕩逼以烈日映水視之如編
貝然則鹽成矣若得小雨顆愈鮮明夏月生鹽尤美春秋生鹽多硝歲旱
粒細而芒雨多日不烈則青頭色故有青鹽白鹽之分南風東風則鹽成

一夕東北風西南風則鹽花不浮滿畦如沸稀粥謂之粥發色惡味苦須刮棄畦邊待風轉時再上水澆晒方堪食用惟池深岸高內無不竭之源外無可引之派雨則病澇旱又病枯勢使然也

花馬池本西秦牧地即土治鹽方言謂之花馬花馬池大池小池共三池在陝西慶陽府甯州之北與馬槽等池星羅棋布於百里之內若三池之相間亦有遠至百里者花馬一池爲靈州之重鎮周四十三里大池自沙漠中來周八十里小池控靈夏之全勢周二十七里向屬河東兼管明末遭賊蹂躪池廢工散鳳興邠三屬向食花馬池鹽者改食土鹽洎改爲民運之後花馬池鹽之行銷陝甘各州縣應納課稅及土鹽之按縣征稅者均由陝甘總督題報焉

吉蘭泰鹽池當乾隆五十七年河東課歸地丁蒙古阿拉善王將其鹽池

進獻商人領辦蒙鹽順流而下河東引地半爲所佔嘉慶五年甘肅奏稱甘肅全省食花馬小池鹽者十之三食各縣私池鹽者十之一食阿拉善王之鹽者約十之六後復招商辦運將鹽池　敕還停其水運引額即加於河東咸豐八年陜甘總督奏請酌改商稅濟餉指定運往路徑不准侵及漳鹽漳鹽即花馬小池鹽也顧亭林云余游大同所食皆蕃鹽堅緻精好此地利之便非國法所能禁信然

福建近海之縣十有一統煎晒之場十有六其賫海而成形質較細者曰細鹽塲晒鹽之場有鹽坵鹽埕鹽坎鹽墈之分疊土作埂四圍周築名爲鹽埕以埕截而爲坎以坎折而爲坵名雖異而實則同即晒鹽之池因地異其制耳至於鹽墈則空土爲窟其下承以溜池擇鹹之地刮取白霜實之於墈沃水淋之滲入溜池再淋之滷即可用挹入埕坎日暴成鹽煎鹽

之法築土爲斛畎於竈旁以盛滷接以竹管注之旋盤如畎澮之流盤用篾織以蠣灰塗由盤注之於釜釜上亦織篾爲釜牆周圍繞之堅以蠣灰蓋取其受滷之多海物異名記云編竹爲盆熬波出素南越志所謂織篾爲鼎和以牡蠣即指此而言也

廣東產鹽三十五場有生鹽熟鹽之分有場官主之惟瓊屬各場四面環海徧地產鹽俱係灶丁自煎自賣並不配引徵餉亦不設官場課歸州縣徵解羈縻之而已各場濱海皆係沙田其收沙晒滷專以海潮爲期潮汐與月盈虧每月祇有初一十六日兩次平日將沙田耙鬆其旁掘成濠溝俟潮水至引水入溝把灌沙田漬晒三四日將水放出沙復翻鬆風日晒乾即起鹽花一遇天落水至則漬晒皆不成功天落水者粤人所謂雨也故陰雨過多場鹽即缺產焉鹽花既結將沙收起實之於塥其塥或以木

製或用土築皆編竹篩爲底使通氣下注仍沃潮水淋之即成滷可以煎晒其晒鹽則挹滷水於池暴晒成鹽池用石鋪砌甚爲精潔大概夏秋日燥一日可一收春冬日柔須三四日一收其煎鹽則有竹鍋鐵鍋之分鐵鍋不能甚大一灶架鍋三口引通火氣使之齊燃煎方迅速竹鍋大者周圍丈餘小者亦六七丈用竹篾編成塗以牡蠣另用鐵條數幅支架使之骨立其受火處以白蜆殼灰盪五六分厚即能敵火不至焚燬想蜆殼得水之精故耳實滷於鍋加柴燒煑約五六時即可成鹽至鹽將成時或點用麻仁或點用米粉各塲不同此與淮南煎鹽用皂角同法然物性亦因地而異矣

四川古未有鹽也前代多以解鹽易蜀茶宋史皇祐四年范祥置制解鹽舊禁鹽一切通商聽鹽入蜀公私稱便熙甯七年熊本討瀘夷降之淯井

長甯皆內附淯井在敘州府長甯縣北泉有二脉一鹹一淡取以煎鹽宋初爲淯井夷所據後置監於此此蜀鹽見於記載之始然所產無幾不能及遠　國朝雍正初年河東鹽池猶歲辦川鹽五萬席運蜀行銷嗣後蜀人識泉脉者始漸闢鹽井徧於各州縣井深百餘丈淺亦數十丈井透滷涌以竹筒汲之煎之於釜自然成鹽其釜大者千餘斤煎鹽有巴鹽花鹽之分花鹽者散碎如雪水氣大而耗多巴鹽者堅凝如氷水氣淨而耗少煎鹽用煤者多獨敘州之富順嘉定之榮縣則皆有火井其井鑿之甚難鑿透時火苗自生然以氣成不得凡火不然井口覆以銅帽四面穿空以竹筒接而引之一井之火可供數十灶之煎井火竭時間或出油即猛火油也其油入水能然得風愈烈地不愛寶諒哉

雲南鹽井二十四區不詳始於何時多傍山依水似池而深中有滷源自

涌汲滷以罐十六罐爲一背每罐六斤濃滷可煎鹽十八兩淡者遞減井上爲屋附近建煎舍鹽倉周外圍以大隄以防客水惟石膏箐井出於極南環山深箐之中生滷係屬礦礁先入釜融化鍊去渣滓再煎成鹽沙丁入井採礦皆開挖礦洞日久洞深兩旁用短木撐抗須裹糧張燈佝僂而前屈曲探鑿運至井口桔槔而上視汲滷之便難易懸殊井有數口引風出入呼吸相通否則礦洞火不能燃此亦如内地之開採煤窯必須闢風也同爲鹽井而滷源滷礦所產迥別則前人所紀西域鹽生於木生於草生於石者皆無足異矣蓋滇蜀之鹽皆產於井蜀井鑿於人滇井則成於天焉

奉天沿海各州縣處處產鹽未嘗有課然遼東之鹽非不可榷也金時上京東北二路食肇州鹽速頻路食海鹽皆征其稅元時北京路徵收遼陽

鹽課立隨車隨引載鹽之法史有明文我　朝以東三省爲湯沐邑世世無所與恤旗民培根本也咸豐後籌餉設防於是或議辦鹽課或請辦鹽厘紛紛見於章奏自甲午一役東三省情勢屢變歲乙巳日俄協約告成
朝廷念根本重地將大加整治於是黑龍江將軍程德全有設立魚鹽公司之奏略謂呼倫貝子城所屬河泡產魚極多珠爾畢特暨巴彥察罕等泡出鹽尤旺旗丁惑於風水之說向以捕魚爲厲禁且重在游牧於他項利益素不講求魚鹽而外尙有木植一宗亦爲歲入鉅欵擬設局試辦有　詔施行況奉天瀕海水產尤饒近年調查鹽業者謂奉省沿岸鹽田之產額以雨旱之多寡及鹽田之位置而異平均之數每畝約三百石每鹽田一年除去人夫工食雜費可歲獲利一百兩三年即收回開築時所費之資本遼東半島產鹽地東自普蘭店起西至皮子窩及散在沿海各

地方其在普蘭店附近者爲三官廟交流島等地在旅順附近者爲雙島大井口羊頭窪鷰䲭嘴營城小磨子等地在皮子窩附近者爲夾心子畢利河等地此爲歷來鹽政書所畧故附參考焉

要而言之奉天長蘆山東兩淮閩浙廣東所出者皆海鹽也四川雲南所出者皆井鹽也河東安邑西夏靈州所出者皆池鹽也并州河北取鹻煎鍊而成者曰鹻鹽階成陵鳳諸處生土崖之間狀如白礬者曰崖鹽五者皆食鹽也海鹽井鹽鹻鹽出於人池鹽崖鹽出於天周禮鹽人掌鹽之政令祭祀供其苦鹽散鹽賓客供其形鹽王之膳羞供其飴鹽夫苦鹽卽顆鹽顆粒未鍊其味鹹苦散鹽卽末鹽煎煮而成者是形鹽卽印鹽所謂鹽虎形者是飴鹽不得其碻解顧余聞南通州呂四場之鹽昔人所謂色味甲於天下者也日本工師來調查謂撈鹽之色瑩潔可及日本若它處所

見至白之鹽裁及日製之中下至餘味含甘則日產所無稱爲獨絕儻所謂餡鹽者耶抑周已有之而今失其傳耶張謇營呂四鹽業公司致力頗瘁其言曰舉數十年委散於地之國權聽其不收而澌滅焉將必有人焉收之而爲我全國之害此不得不盡吾力以圖維至於毫髮無可用吾力而後已又曰時會所迫民智開亦開不開亦開嗚呼獨鹽也與哉獨鹽也與哉

通州呂四場改良之鹽說略附表

張謇營呂四鹽業公司藩通九場鹽法之弊瞿然曰謇通人也議所以變通通九場者先變一切之死法曰鏾曰草曰鍋曰運言之蓋詳矣既而籌出產統一之計謂即用舊法煎制亦無不可顧不參用新法則狃於淋滷必用灰攤灰必擇場之說必不能統一故參仿日本鹽田爲必不可緩蓋

擇場必取滷氣易升之地因乎天然人又各取其居之近者而圖之故散散則便於私賣故煎丁皆堅持利散不利聚之說日本鹽田即滷氣易升之法法由人工故聚聚則可久久則滷氣醞釀愈濃事亦練習愈熟鹽出愈多本愈輕而利益愈厚又精製以求至白之色化分以明含甘之理爲他日鹽業專家學問之嚆矢今日本海鹽陳列所附列鹽品細白者呂四之鹽得與其列又標別用途有三一曰食味用（鹽漬味噌釀造醬油味噌豉也）二曰農業用（肥料餌料）三曰工業用（曹達鹽酸硫酸製造揉革石鹼）其副產物則分硫酸石灰硫酸苦土硫酸曹達鹽化加里鹽化苦里等目鹽學之繁重蓋如此茲將呂垣煎鹽舊法鹽田日本法洋鹽歐洲法爲鹽質分析比較表列後

甲表

成分／種別	呂垣煎鹽	鹽田苦汁和煎	鹽田苦汁去煎	洋鹽
鈉	三三、四三	三三、二九	三三、九九	三八、五八
鈣	、三六	、三一	、三三	、三一
鎂	一、〇一	、六一	、七一	、〇一
綠	五二、五一	五一、七六	五二、八〇	五九、五八
硫養四	三、六一	二、六二	三、一六	、九九
水內不溶解之物	、二八	、二四	、四一	、〇九
水	八、八〇	一一、一七	八、五八	、四四
合計	一〇〇、〇〇	一〇〇、〇〇	一〇〇、〇〇	一〇〇、〇〇

凡數種不同之鹽類同時溶解於水其各金與各酸基化合之狀態常隨水之冷煖濃淡等種種原因而異不能一定故甲表祇就各金各酸

基分列然欲知鹽之純雜分列頗不醒目故復假定綠全合於鈉合於鈉而有餘乃合於鎂依此原則更列爲乙表

乙表

成分＼種別	呂垣煎鹽	鹽田苦汁和煎	鹽田苦汁去煎	洋鹽
鈉綠即純粹鹽	八四、九八	八四、六四	八六、四二	九八、〇六
鈣硫養四	一、二三	一、〇四	一、一〇	一、〇六
鎂硫養四	三、四四	二、三六	二、九八	、〇六
鎂綠二	一、二八	、五五	、五一	
鈉二硫養四				、二九
水內不溶解之物	見甲表	見甲表	見甲表	見甲表
水	見甲表	見甲表	見甲表	見甲表
合計	一〇〇、〇〇	一〇〇、〇〇	一〇〇、〇〇	一〇〇、〇〇

一斗滷中主成物實驗表

滷濃度	鹽分	水分	苦汁及夾雜物
零度		升	兩
半度	二〇二〇四五		三五六五五
一度	四〇四〇九〇	九九四五八七	七一三一〇
一度半	六一九五〇〇		一〇七三三〇
二度	八三一五二一	九八九二八五	一四六七三九
二度半	一〇四八一六九		一八四九七一
三度	一二六四八二五	九八三九四九	二二三二〇五
三度半	一四九八八五六		二六四五〇四
四度	一七三二八九五	九七八六四三	三〇五八〇五
四度半	一九五九七一九		三三九九五一

五度	二一七六五五二	九七二〇二九	三八四〇九八
五度半	二四三四〇七七		四二九五四三
六度	二六七四六〇一	九六八三三九	四七七一九九
六度半	二九四四二五五		五一九五七五
七度	三二一三九〇九	九六二五三八	五六七一六一
七度半	三四七九四六六		六一四〇二四
八度	三七四五〇三二	九五六〇九五	六六〇八八八
八度半	四〇一七六一八		七〇八九九二
九度	四二九〇二一三	九五〇五五二	七五七〇九七
九度半	四五八一九六七		八〇八五八三
十度	四八七三七二一	九四四三五八	八六〇〇六九
十度半	五一八九一一四		九一五七二六

十一度	五五〇四五〇六	九三七七一九	九七一三八四
十一度半	五八二九二四九		一〇二八六九一
十二度	六一五四〇〇〇	九三〇九一〇	一〇八六〇〇〇
十二度半	六四六六九九五		一一四一二三四
十三度	六七七九九九九	九二二一一〇	一一九六四七一
十三度半	七一〇一四四二		一二五三〇七八
十四度	七四二二六九三	九一三六二五	一三〇九八八七
十四度半	七七六一八〇九		一三六九七三一
十五度	八一〇〇九二五	九〇三四六八	一四二九五七五
十五度半	八四三五二四七		一四八八五七三
十六度	八七六九五七七	八九八五七二	一五四七五七三
十六度半	九〇四九〇四五		一五九七八八五

十七度	九四一〇一〇四	八九一五九〇	一六六〇六〇七
十七度半	九七四一四一七		一七一九〇七三
十八度	一〇〇六七六三〇	八八四七六八	一七七六六四〇
十八度半	一〇四二三五〇八		一八三九四四三
十九度	一〇七七九三八五	八七六二四九	一九〇二二四五
十九度半	一一一二四三七五		一九六三一二五
二十度	一一四六九三六五	八六八四八五	二〇二四〇〇五
二十度半	一一七〇〇六九二		二〇六四八二八
二十一度	一一九三二〇二八	八五九八五一	二一〇五六五二
二十一度半	一二四四五二二四		二一九六二一六
二十二度	一二九五八四二〇	八三九九九九	二二八六七八〇
二十二度半	一三三四七九〇七		二三五五五一三

光緒三十一年四月下旬改良鹽試驗成績(平均)表

備考(日本一斗清水四百八十兩)

二十三度	一三七三七四〇三	八四〇二〇一	二四二八二四七
二十三度半	一四一二九二一〇		二四九三三九〇
二十四度	一四五二一〇二六	八三三三五九三	二五六二五三四
二十四度半	一四九一二六〇四		二六三一六三六
二十五度	一五三八九一八二	八〇七五〇一	二七一五七三八
二十五度半	一五八七五四八四		二八〇一五五六
二十六度	一六三六一七八六	八〇二六三三	二八八七三七九
二十六度半	一六九三一一八四		二九八七八五六
二十七度	一七五〇〇五九〇		

滷池溫釜	
溫度	一〇〇〇度
比重	一七〇〇度
容量	三〇〇石
溫度	五七〇六度
比重	一五五四度

鹽釜煤炭	
容量	三〇〇〇石
每釜時間	二四時間九二分
每釜鹽量	一六〇〇斤
每釜煤量。	二一四〇斤
煤價每一斤	四二二文
鹽每一斤煤費	五六三文

備考　鹽一斤十八兩三錢　日本一石清水四千八百兩

煤一斤十六兩

水菜類

水產可食者甚夥菱芡之屬比於果蓏不悉紀若夫可以爲蔬或幷儲之藥籠爲衛生家所研究者撮舉於左

紫菜　閩粤海邊悉有之大葉而薄附石正青色挼成餅狀晒乾貨之其色正紫亦石衣之屬也

石蓴　生南海附石似紫菜色青

石花菜　雞脚菜　生南海沙石間高二三寸狀如珊瑚有紅白二色枝上有細齒以沸湯泡去砂屑沃以薑醋食之甚脆其根埋沙中可再生枝一種稍粗而似鷄爪者謂之雞脚菜味更佳二物久浸皆化成膠凍郭璞海賦所謂水產則土肉石華卽此

鹿角菜　南越志猴葵一名鹿角蓋鹿角以形似猴葵因其性滑也生江

南之海州及山東登萊沂諸處海中石厓間長三四寸大如鋉線如鹿角狀紫黃色土人曝之貨爲海錯水洗醋拌則脹起如新味極滑美久浸則化如膠用以梳髮粘而不亂

麒麟菜　生海濱石上瓊州產此又奉天志龍鬚菜生東南海邊石上土人呼爲麒麟菜鹿角菜乾之可爲海錯金州海邊有之然則麒麟鹿角殆一物二種與

龍鬚菜　生東南海邊石上叢生無枝葉狀如柳根鬚長者尺餘白色以醋浸食之和肉蒸食亦佳按博物志此卽石髮

睡菜　亦名綽菜南方草木狀云綽菜夏生池沼間葉類慈姑根如藕條南海人食之令人思睡呼爲瞑菜或采根爲鹽葅食之

眞珠菜　生水中石上四川戎瀘等州有之以蜜熬食或以醯煮可致千

里不變按黃山志眞珠菜篠本蔓生暮春發芽每芽端綴一二蕊圓白如珠葉翠綠如茶連蕊腊之香甘鮮滑他蔬不及也

鷓鴣菜　連江志生海石上色微黑漳州府志鷓鴣菜散碎花微黑出漳浦

紅海粉　嶺南有蟲狀如蛞蝓大如臂所茹海菜於海濱淺水吐絲是爲海粉鮮時或紅或綠隨海菜之色而成或曰此物名海珠母如墨魚大三四寸濱海之人冬養於家春種之瀕湖田中遍插竹枝其母上竹枝吐出是爲海粉以點羹湯佳

蓴菜　蓴本作蒓從純絲名其莖似之齊民要術云蓴性純而易生種以淺深爲候水深則莖肥而葉少水淺則莖瘦而葉多其性逐水而滑故謂之蒓菜詩薄采其茆茆卽蒓也生南方湖澤中者佳吳越人善食之夏月

開黃花結實靑紫色大如棠梨中有細子春夏嫩莖未葉者名稚蓴葉稍舒長者名絲蓴至秋老則名葵蓴或作豬蓴言可飼豬也

蘋　萍蓬草　蘋本作薲左氏傳蘋蘩蘊藻之菜其草四葉相合中折十字故俗呼爲四葉菜田字草皆象形也爾雅萍蓱也其大者曰蘋後人聚訟輒不得其解李時珍本草綱目謂一一采視頗得其眞其葉徑一二寸有一缺而形圓如馬蹄者蓴似蓴而稍尖長者荇其花並有黃白二色葉徑四五寸如小荷葉而黃花結實如小角黍者萍蓬草楚王所得萍實卽此萍之實四葉合成一葉如田字形者蘋也此說最明

藻　蘊　藻有二種水中最多水藻葉長二三寸兩兩對生卽馬藻也聚藻葉細如絲及魚腮狀節節連生卽水蘊也俗名鰓草又名牛尾蘊爾雅莙牛藻也二藻皆可食米麵糝蒸爲茹甚滑美

海藻　昆布　海藻生海島上黑色如亂髮登萊等處皆有之昆布葉如手大似蓴葦紫赤色其細葉者卽海藻柔韌可食爾雅綸似綸組似組東海有之今靑苔紫菜皆似綸而昆布亦似組陳藏器以綸組爲二藻殆亦同類異種者

荇菜　詩作荇俗呼荇絲菜亦謂莕公鬚淮人謂之靨子菜江東謂之金蓮子說文謂之䓨爾雅莕接余也或曰符葵又云凫喜食之亦稱凫葵叢生水中葉圓在莖端長短隨水深淺江東人食之與蓴菜一類而二種也

菰　說文作苽有米者謂之彫菰江南呼菰爲茭以其根交結也根生水中葉如蒲葦江湖陂澤皆有之春末生白芽如筍卽菰菜也又謂之茭白生熟皆可啖

香蒲　卽甘蒲春初生嫩葉出水時紅白色茸茸然取其中心入地白蒻

大如匕柄者生啖之甘脆又以醋浸如食筍大美周禮所謂蒲葅者是詩云其蔌維何維筍及蒲蒲固水蔬之可貴者

珍寶類

希世之珍匪曰以供玩弄也入五都之市璀璨彌目有同好焉地不愛寶奚獨於水產而遺之條列於左

珊瑚　生海中磐石上白如菌一歲變黃二歲變赤枝幹交錯高三四尺今廣州有之紅油色者細縱文可愛如鉛丹色者無縱文入藥中多有孔亦有無孔者李時珍謂珊瑚生海底五七株成林謂之珊瑚林居水中直而軟見風日則曲而堅變紅色漢趙陀謂之火樹是也亦有黑色碧色者昔人謂碧者謂青琅玕說文珊瑚色赤或生於海或生於山按生於海者爲珊瑚生於山者爲琅玕禹貢雍州厥貢惟球琳琅玕是也青琅玕以形

似得名不必牽合

眞珠　嶺表錄異廉州邊海中有洲島島上有大池謂之珠池每歲刺史親監珠戶入池採老蚌剖取珠以充貢池雖在海上而人疑其底與海通池水乃淡此不可測也土人採小蚌肉作脯食亦往往得細珠如米乃知此池之蚌大小皆有珠也而今之取珠牡者云得之海旁不必是池中也其北海珠蚌種類小別人取其肉或有得珠者不甚光瑩亦不常有不堪入藥又蚌中一種似江珧者腹亦有珠皆不及南海者奇而且多宗奭曰河北溏濼中亦有圍及寸者色多微紅珠母與廉州者不同但清水急流處其色光白濁水流不及處其色暗也按禹貢淮夷蠙珠後世乃出嶺南今南珠色紅西洋珠色白北海珠色微青各隨方色也予嘗見蜑人入海取得珠子樹數擔其樹狀如柳枝蚌生於樹不可上下樹生于石蜑人鑿

石得樹以求蚌甚可異也又南越志云珠有九品以五分至一寸八九分者爲大品有光彩一邊似度金者名璫珠次則走珠滑珠等品也格古論云南番珠色白圓耀者爲上廣西者次之北海珠色微青者爲上粉白油黄者下也西番馬價珠爲上色青如翠其老色夾石粉青油煙者下也凡蚌聞雷則瘷瘦其孕珠如懷孕故謂之珠胎中秋無月則蚌無胎左思賦云蚌蛤珠胎與月盈虧是矣陸佃云蚌蛤無陰陽牝牡須雀蛤化成故能生珠專一於陰精也龍珠在頷蛇珠在口魚珠在眼鮫珠在皮鼈珠在足蛛珠在腹皆不及蚌珠也

車渠　車渠大蛤也大者長二三尺闊尺許厚二三寸殼外溝壟如蚶殼而深大皆縱文如瓦溝無橫文也殼肉白皙如玉亦不甚貴可飾器物謬言爲玉石之類或云玉中亦有車渠而此蛤似之故也沈存中筆談云車

渠大者如箕背有渠壟如蚶殼以作器緻如白玉楊愼丹鉛錄云車渠作盃注酒滿過一分不溢試之果然

貝　貝類之最小者亦若蝸狀長寸許色微白赤有深紫黑者今多穿與小兒戲弄北人用綴衣及氈帽爲飾髭頭家用以飾鑑畫家用以研物時珍曰貝子小白貝也大如拇指頂長寸許背腹皆白諸貝皆背隆如龜背腹下兩開相向有齒列如魚齒其中肉如蝌蚪而有首尾貝之大者如輪可以明目

紫貝　南州異物志文貝甚大質白文紫無姿不假外飾而光彩煥爛畫家用以研物故曰研螺按貝類極多古人以爲寶貨而紫貝尤貴陸機詩疏紫貝質如白玉紫點爲文皆行列相當大者徑一尺七八寸

珂　珂馬勒飾也亦名馬珂通典云老鵰入海爲珬卽珂也亦貝類大如

鰒皮黃黑而骨白堪以爲飾異物志云馬珂螺大者圍九寸細者圍七八寸長三四寸

後記

農耕文明是中華民族的根，是中華民族傳統的底色，作爲中國傳統農業精髓的主要載體，古農書的搜集、整理與研究是弘揚我國優秀傳統文化極爲重要的内容。二〇一七年一月，中共中央辦公廳、國務院辦公廳印發《關於實施中華優秀傳統文化傳承發展工程的意見》，標志著中華優秀傳統文化傳承發展正式上升爲國家戰略。習近平總書記指出，『讓收藏在博物館裏的文物、陳列在廣闊大地上的遺産、書寫在古籍裏的文字都活起來』『使中華民族最基本的文化基因與當代文化相適應、與現代社會相協調，以人們喜聞樂見、具有廣泛參與性的方式推廣開來』『把繼承傳統優秀文化又弘揚時代精神、立足本國又面向世界的當代中國文化創新成果傳播出去』。可見，中華優秀文化遺産『活化』傳承受到黨和國家前所未有的重視。

古農書是中國傳統農業精髓的主要載體，也是我國文化遺産的重要組成部分，新中國成立以來最大的古籍整理出版工程《中華大典》將《農業典》列爲二十四典之一，足以説明農學文化遺産的重要性。我國古農書極爲豐富，涉及農業科技史的各個領域，書中蘊涵的農業思想和技術，既是研究我國農業科技史的重要依據，又爲中國古代農業帶來了巨大效益，對現代農業發展具有巨大價值，更有助於提升中華文化影響力。而我國江海湖泊衆多，漁業自古爲原始生業之一，從一開始的漁獵并稱，到隨著人與自然關係變化而在農業生産中佔據越來越重要的地位。水産、漁業類農書記載了我國漁業的延綿發展以及古人在漁業生産、管理中積累和創造的經驗、技能、知識和智慧，沉澱有豐富的漁文化信息。系統訪求、整理和再現這些古漁書的原始面貌與完整知識，有助於我們汲取中國古代農業文明發展的精華，借鑒中國古漁書中蘊藏的思想和智慧。

本書是二〇二一年度國家社會科學基金重大項目『中國古農書的搜集、整理與研究』（項目批准號：21&ZD332）子課題二『古農書序跋總集的彙編與珍稀文獻的選編』的階段性成果之一。子課題擬從『中國古農書總目』

和『海外譯本古農書目録』中遴選出一批版本優良、校勘精審、内容完善、品相完整、能够代表我國古代農業管理和治理水準、農業科技發展最高水準的農書珍本，輯録、析出中國古農書珍本目録，并將所選珍本全部影印。

在進行子課題研究時，我們發現中國漁業類古農書并没有系統影印出版，大多是對漁業的歷史時間段進行梳理，研究漁業、魚類在古籍中的某一方面，很少涉及古籍本身的整理出版和漁業古籍的研究、保護利用。因此，我們擬著眼於中國古代海洋和淡水漁業的源流和發展，從突出特色、填補空白、做細做精方面著手，確定以漁業類古農書爲第一階段的研究主題。

以《中國農業古籍目録》所列三十四種水産類古農書爲線索，分兩輯影印出版《中國漁業類古農書萃刊》。第一輯，整理湖北省内古籍收藏單位所藏漁業類古農書，影印出版，爲每種古農書撰寫一篇提要；第二輯，整理其他二十七種漁業類古農書，影印出版，爲每種古農書撰寫一篇提要。力求遵從學術規範，不擅自删去版心重排，不顛倒篇章順序，不遺失序跋，不妄改題名，不做二次影印，以保留影印古籍現存狀態下的原貌。

從確定選題開始，課題組成員做了大量的底本訪求和溯源工作，從《中國農業古籍目録》《中國古籍總目》中共選出三十四種漁業類古農書，計一百一十六個版本，遴選出目前湖北地區公藏單位的古漁書版本和存藏信息；根據底本目録，走訪藏書單位，目驗原書，對擬選底本進行仔細核查，包括書名、卷數、著者、版本、序跋、題辭、圖表、葉次、書品、牌記、全殘及清晰度等，并做記録，以最終確定所需要的底本和補配的内容。

在獲取了湖北地區公藏單位七種古漁書底本後，又對每種古漁書撰寫提要，對其基本著録、題著説明、著者簡介、内容要旨、篇章分合、刊印者、行款版式、題名頁牌記、刊寫題記、刻（寫）工、避諱、批校題跋、鈐印、書目著録、遞藏、按斷考證、版本價值等進行了爬梳理析。

保留古籍現存狀態下的原貌，并不是毫不修飾，對於一些葉面妨礙文字閱讀的明顯污損，如髒點等，在不犧牲原底本刻寫的藝術特徵、不傷害内容完整的前提下，進行審慎地、有限度地去污修復，以便更好地反映原貌。

全書由謝春枝負責總體策劃和文稿審核；范志毅和柳巍輾轉多館，訪求底本、目驗原書并進行仔細核查，保證了影印出版的品質；柳巍爲每種漁書撰寫了提要，梳理古漁書撰、校以及多次刊刻的過程，以期對後期學者進一步研究古漁書提供線索和指引。

本書出版過程中幸得農業農村部全球重要農業文化遺産專家委員會副主任委員、全國鄉村文化産業創新聯盟專家委員會副主任曹幸穗先生指點，并撥冗作序，使我們深受鼓舞；湖北科學技術出版社章雪峰社長對於本書的出版給予了大力支持，參與了選題策劃到項目推進的整個過程，編輯羅萍、秦藝和湖北人民出版社的楊猛在本書的編排、審校和裝幀設計等方面付出了大量心血；恩施州圖書館譚華梅和汪泓成對目前漁業類古農書研究現狀進行了梳理和提煉，在此一并致謝！

謝春枝

二〇二三年六月二十六日